榜样师大人

2022—2023年度安徽师范大学先进典型师生风采集

安徽师范大学党委宣传部◎编

安徽师范大学出版社
ANHUI NORMAL UNIVERSITY PRESS

·芜湖·

图书在版编目（CIP）数据

榜样师大人：2022—2023年度安徽师范大学先进典型
师生风采集 / 安徽师范大学党委宣传部编 . -- 芜湖 : 安徽师
范大学出版社, 2025. 5. -- ISBN 978-7-5676-6959-8

Ⅰ. K820.7

中国国家版本馆 CIP 数据核字第 2024726ZZ2 号

榜样师大人　2022—2023年度安徽师范大学先进典型师生风采集

BANGYANG SHI DA REN　2022—2023 NIANDU ANHUI SHIFAN DAXUE XIANJIN DIANXING SHISHENG FENGCAIJI

安徽师范大学党委宣传部◎编

责任编辑：丁　立　　　责任校对：李　娜

装帧设计：王晴晴　　　责任印制：桑国磊

出版发行：安徽师范大学出版社

　　　　　芜湖市北京中路2号安徽师范大学赭山校区　　　邮政编码：241000

网　　址：http://www.ahnupress.com

发 行 部：0553-3883578　5910327　5910310（传真）

印　　刷：安徽联众印刷有限公司

版　　次：2025年5月第1版

印　　次：2025年5月第1次印刷

规　　格：700 mm × 1000 mm　　　1/16

印　　张：20.75

字　　数：339千字

书　　号：978-7-5676-6959-8

定　　价：168.00元

前　言

一个典型就是一面旗帜。近年来，学校坚持把典型宣传作为开展思想政治教育工作的重要内容和践行社会主义核心价值观的有效抓手，开展"榜样师大人"专题宣传工作，深入挖掘长期扎根教学一线的优秀教师以及勤学笃行的学子事迹故事、奋进历程，大力选树了一大批富有时代特征、反映师大特色、具有较大影响的先进典型，以榜样力量引领校园风尚，为高水平大学建设注入了强大的精神动力。

由安徽师范大学党委宣传部组织编印的《榜样师大人：2022—2023年度安徽师范大学先进典型师生风采集》一书，分为教师、学生和校友三个篇章，收录了学校2022—2023年度集中宣传的70多位典型师生的先进事迹。这些先进典型，有的以德立教，爱生如子，成为引领学生健康成长的人生导师；有的勇于担当，锐意进取，在平凡岗位上创造了不平凡的业绩；有的勤学笃行，创新求索，在学术探索和社会实践中谱写青春华章……在他们身上，反映了我校落实立德树人根本任务取得的丰硕成果，体现了"厚重朴实、至善致远、追求卓越、自强不息"的师大精神，是学校弥足珍贵的精神资源和宝贵财富。我们将把先进典型的崇高精神内化于心、外化于行，转化为推动学校各项事业发展的强大动力，深入实施"大学生护航""学科振兴""基础教育振兴"三大行动计划，接续奋斗、砥砺前行，为强国建设、民族复兴伟业作出安徽师大新的更大贡献！

合辑中还存在着疏漏错讹之处，恳请广大师生和读者批评指正！

编　者
二〇二三年十二月

目　录

教师篇

学 生 篇

校　友　篇

教师篇

严谨治学　敬业奉献　教书育人　为人师表

刘运好

老当益壮 宁移白首之心

刘运好教授潜心学术20余年，覃思精研，笔耕不辍，共出版专著10部，750万字；发表论文150篇，其中南大核心（CSSCI）期刊80余篇，多项成果填补中国魏晋文学研究空白。特别是退休8年来，已出版专著6种，近500万字；发表论文70篇，其中包括《文学评论》《文学遗产》等南大核心期刊43篇，在攀登中国魏晋文学研究的过程中，彰显了治学大家的不倦追求。

作为中国魏晋文学研究的专家，刘运好的治学之路处处彰显着学者为学术理想刮摩淬励的诚挚追求。

笔耕不辍，潜心笃志

根据北京一家网站的统计，2010至2020年，关于魏晋文学与学术的五项研究中，刘运好占据了三项第一，一项第二，一项第三。如此斐然的治学成就很难让人相信如今魏晋文学研究的领头人刘运好在20年前的知识结构中最为薄弱的正是魏晋文学。

刘运好选择研究魏晋文学有一个重要原因，就是因为魏晋文学正是他知识体系中最为薄弱的环节。他希望通过潜心研究，弥补自己知识结构的短板。"治学一定要建立完整的知识结构，不然有了弱项，知识结构不完整，将来的研究就走不远。"这是刘运好与青年教师经常讨论的话题。学者治学要迎难而上，潜心笃志，方能成就学术理想。

当然，因"好奇"而产生兴趣，也是他选择魏晋文学研究的另一原因。"三国时期人才辈出，诸葛亮曹操各有智谋，为何偏偏是司马氏统一了三国？""在中国文化史上，为何魏晋被称为'文学自觉'时代？""在魏晋文学研究中，对建安文学的研究十分充分，为何对两晋文学的研究仍然非常薄弱？"正是带着这样的好奇，刘运好踏入了对魏晋历史与文学的研究领域。

确定研究方向后，刘运好从原始文献入手，反复查阅翻读，决定从陆机、陆云、王羲之、支遁和慧远这几位颇具影响力的人入手研究。这一研究就是20年，截至2023年，刘运好除了已发表的150篇论文外，还申报了省部级以上（含省部级）项目14项，出版了《陆士衡文集校释》《陆士龙文集校释》《曹操集》《王羲之集校释》，另有《魏晋经学与诗学》《陆机陆云考论》《文学鉴赏与批评论》《魏晋哲学与诗学》《先唐文史考论》《新时期中国古典文学研究述论》等专著10余种。

谈及自己的学术成果，刘运好最为自豪的便是《曹操集》。《曹操集》是中宣部支持指导、文化和旅游部委托国家图书馆组织实施的2017年国家社科基金重大委托项目《中华传统文化百部经典》之一，意在激活经典，熔古铸今，立足学术，面向大众，以优秀传统文化滋养当代读者。如此重要的编撰任务对解读人提出的要求很高，"在专业高度上有同行审核要求严格，在通俗度上要求为中等教育水平即可读懂"，为此刘运好精心撰写、谨慎解读。甚至在除夕之夜，编委会办公室电话慰问时，他仍在伏案写作。这种孜孜治学的精神受到了《百部经典》编委会的充分肯定,在给中宣部的工作报告中,作为典型事例特别加以汇报。《曹操集》出版后受到著名学者、中央文史研究馆馆长、《百部经典》编委会主任袁行霈先生的高度评价:"《曹操集》有根有据,解读很有说服力"。国家图书馆特地来函致谢,反映了国家图书馆、编纂委员会对刘运好潜心著述的充分肯定和对图书质量的高度认可。

如此成就皆来源于刘运好一贯秉持的潜心治学、苦干实干的精神,治学20年间,从未懈怠,笔耕不辍,直至年届六十之后,仍然孜孜不倦,勇攀学术高峰。

刮摩淬励,厚积薄发

刘运好于1979年考入安徽师范大学中文系。"大学读书时,在前辈老师的引导下,我就做起了五彩缤纷的学术梦想。"然而,刘运好的治学之路并非一帆风顺,1983年,刘运好大学毕业时以第一名优异成绩考入西北大学唐宋文学研究生,但出于家庭与环境的原因,使之与学术之路失之交臂,被分配至六安师范学校从事教学工作。

"但是当一名高校老师仍然成为我破碎的学术之梦中唯一残存的一个亮点。"在学术园地外盘桓十三载,刘运好从未放弃过自己的学术理想。那时,恰逢国家高等教育的蓬勃发展,专业教师奇缺,凭借自己曾考上西北大学研究生的经历,刘运好受到多个学校的聘请。"那时教授哪一门专业课不是我自己所能选择的,缺哪一科的专业老师,就请我上,我也只能硬着头皮顶上去。"他先后在六安多个高校的中文专业中分别讲授过中国古代文学史、中国古代文化史、古代汉语、现代汉语、写作教程等多门课程。"虽说是临时聘请,但是认真教好每一门课却不能有丝毫马虎!"刘运好在大学读书时尤爱先秦两汉、唐宋文学,用功颇多,其他时段的文学却基础薄弱。于是他就遵循"勤能补拙"的古训,在备课上狠下功夫。除了系统阅读众多古籍,背诵和赏析文学作品、厘清文学史发展线索及每一个节点外,他特别注意学科前沿知识的汲取、消化和吸收。备课时,六安师范图书馆有限的几种杂志也成为他了解学科前沿的窗口。他通过这样艰苦的训练让自己成为万金油式的"通才"。在后来和青年教师的讨论中,刘运好反复强调"要以学术研究的态度教学"。这段特殊的教学经历,不仅为他后来以优异成绩考上南京师范大学博士研究生,更为他后来专门从事古代文学研究以及别集校释工作,打下了坚实的基础。

博士毕业后,刘运好回到母校安徽师范大学任教,才真正开始学术研究。他的研究领域也由纯粹的文学文献研究向文学与学术边界研究不断拓展,在整理出版了"二陆"文集后,刘运好开始专心研究所申报的国家社科基金项目"魏晋经学与诗学"。

在研究经学与诗学关系的过程中,刘运好发现有两个学术领域根本无法绕开:一是玄学,一是佛学。说来也是机缘巧合,他在六安师范工作时,由于没有进入系统研究,读书颇为庞杂,却有两件小事对他后来学术研究产生了深远影响。一个是在一次卖废品时,刘运好用自家的废品换来两本对此后研究颇为影响的旧书:汤用彤的《魏晋玄学论稿》与梁启超的《古书真伪及其年代》。他对玄学兴趣特别浓厚,反复阅读,直至烂熟于心。另一个是在六安师范工作期间,因生活压力大常常失眠,那时他在书店买下南怀瑾系列佛教著作,每当夜深人静,就以阅读佛教著作作为疗愈失眠的良药。何曾想到这不经意的两件小事,却成为他日后研究玄学和佛学的基本门径。

后来,刘运好通过专门研究,不仅在经学上推倒了流行于学界的皮锡瑞的魏晋经学"中衰说",而且在诗学上提出了以经学为体、以玄释为翼的"一体两翼"的理论观点,同时认为"经学化诗学"是中国诗学最具有民族话语体系特征的一个理论建构。

"我简单地梳理了一下我60岁(2015年)以后的研究成果,自己也吃了一惊。"8年时间,之所以取得如此辉煌成就,他自己总结说:"这固然与我60岁后心境渐趋平淡、潜心于学术密切相关,同时也是我早期孜孜追求、日积月累的结果。"

刘运好的治学之路在2015年后开始步入顶峰,大部分的学术精品都产于这一时期。其中最新出版的《陆士衡文集校释》《陆士龙文集校释》虽是原先"校注本"的修订本,却恰恰体现其厚积薄发的治学特点。

他第一次撰写《陆士衡文集校注》《陆士龙文集校注》时,前后花费了7

年之久。由于初入治学之道，知识积累不够，加之古籍整理经验不足，他只能以"人一能之，己百之"的态度严格要求自己。7年间，他几乎没有上床睡过一个囫囵觉。实在困倦了，就躺在沙发上打个盹，醒来再继续工作。那时，电子搜索引擎还没有如今这般发达，每一个典故史乘、文字训诂他只能在历史文献、字书词典中查阅。《汉语大字典》以及经典文献，他翻烂了一本又一本。"那时候真的是不分白天黑夜，苦啊！"回想起最初的治学之路，刘运好颇为感慨。后来的两次修订，虽然在内容上有"脱胎换骨"的变化，但是对于他来说，因为日积月累，学问已能随心裕如，前后仅用了不到两年时间就顺利完成编撰任务，"我真佩服自己当年所下的苦功夫！"

秉承师训，不断攀登

刘运好1996年9月负笈南京，师从著名文史专家郁贤皓教授攻读古代文学，郁贤皓教授的治学理念对刘运好产生了极大影响。

在刚回安徽师范大学工作时，刘运好在学术研究方向的选择上，也曾有过迷茫。"我的老师教导我，不要去跟别人写商榷文章，做学问一定要有自己的理论，要建立自己独有的学术体系。"在这样的治学理念指引下，他怀抱"辟新路，丰后学"的学术理想，不仅把"二陆"研究做到了极致，填补了魏晋文学研究的空白，而且他在"一体两翼""经学化诗学"的理论观点引导下，也建构了具有个性特点的魏晋经学与诗学的理论体系。

在治学方法上，刘运好贯彻了老师传授的"彻上彻下，彻里彻外，彻头彻尾"的十二字方针。即在研究过程中要把纸质文献与金石考古结合起来，追根溯源，考据严谨；研究人物不能单从人物本身进行评价，而要将人物放在历史与时代的背景下进行考察；研究历史事件，不能违背历史语境，断章取义，历史是一条无法切断的长河，研究事件一定要追溯因果，重点关注历史的节点问题。

在多年的学术研究中，刘运好也逐步形成了自己的学术理念。在《陆士衡文集校注》出版之后，刘运好在作品误收与底本选择上受到了同行的异议，这引起了他高度的重视。此后在做文集校释时，他特别注意两点：第一，一切电子版所涉文字一律回归纸质文献；第二，举凡校勘，必亲自搜罗诸种善本，不可相信耳食之言。做《陆士龙文集校注》，有的版本藏于台北故宫博物院，他就亲自去台湾查考。第二次修订二陆文集校注时，又抽换了原来所使用的底本，重新加以勘校。繁重的工作与精细的考证，使他一度患上肘肌劳损症。刘运好笑着自我调侃说："看来，燃烧的学术激情也仍然不敌岁月对生命机能的侵蚀啊！"

"回顾走过的学术之路，我深深感受到三点：第一，学术研究要有明确的目标意识、深厚的家国情怀以及历史责任感。宋代张载说'为天地立心，为生民立命，为往圣继绝学，为万世开太平。'这是学术的意义，也是学术研究者的使命。第二，学术创新需要深厚的积累、丰富的阅历、深刻的思考以及驾驭语言的能力。刘勰说'积学以储宝，酌理以富才，研阅以穷照，驯致以绎辞。'这是学术创新的基本规律。第三，学术动力源于超越功利的精神满足、追求真理的献身精神，唯有如此，才能如王羲之所说'当其欣于所遇，暂得于己，快然自足，不知老之将至。'"

从泡在图书馆里一本本查阅《报刊目录索引》而确定研究方向，到建立自己完整的学术理论体系，刘运好用自己的治学历程诠释了"下硬功夫、坐冷板凳、做真学问"的学者风范，更是用实绩向我们展现出他对学术理想不断攀登追求的治学精神。

"我踏出了一条小路，哪怕是窄小的泥巴道，也是为后面修建水泥大道开辟了方向。"每一次著作的修订都饱含着对学术理想的不懈追求，每一篇论文的发表都蕴藏着对中华民族传统文化的深深热爱。刘运好细数着自己的作品，讲述他未来的学术计划，"我这辈子以后就守着这诗学与经学、诗学与佛学领域了！"

曹丕《典论·论文》把文章视为"经国之大业，不朽之盛事"，"不假良史之辞，不托飞驰之势，而声名自传于后"。刘运好教授的学术理想正是学以致用，为中华民族传统文化贡献一己之力，这也成为他孜孜不倦、不懈攀登的动力。

（陈玥羽）

2023 年 3 月 7 日载于安徽师范大学官网

王习胜
思想引渡启青年　奋楫笃行见矢志

　　跨界建设学科未来，潜心深耕思政沃土。作为安徽省宣传文化领域拔尖人才，学术、技术带头人和安徽师范大学首批学科领军人才，王习胜自始至终躬行践履、坚守育人，致力于以思想之光照耀学子前进的道路。

　　"思想政治教育人文关怀研究要用切实可行的方法解决教育对象的思想问题。"秉持这样的原则，王习胜开创思想咨商启润青年，潜心研究投身学科建设，心怀赤诚编写国家教材，他热忱地记录下55764字的建议回信，集邮式地走遍一个又一个省份，从理论提出到实践落实，他用坚实的脚步诠释着自己心中的思政教育。

怀至诚坚而毅往，领军投身学科振兴

　　白手起家，从零开始，曾在哲学、管理学、心理学、逻辑学多学科辗转的王习胜来到师大就职后，出于学科建设的需要，他顶着"逻辑学博士"的头衔"跨界"走入思想政治教育学界。开辟新领域的困境让王习胜感到学路迷茫，但他不曾停下前行的步履。

　　"内行人最怕说外行话。"作为思政教育领域新人，王习胜马不停蹄奔赴各大学术会议，汲取学术前沿知识，潜心探究学术科研成果。自学苦读、与同仁切磋、向学术大家求教，此中艰难让他一度十分煎熬。值此之时，华中师范大学张耀灿教授特意为王习胜的专著《思想政治教育人文关怀的理论与方法研究》撰写书评，表以肯定，给予了莫大鼓励，这让王习胜十分感动："一直很感谢体恤后学的张老先生对我的帮扶，时至今日我仍保留着张先生特地写的书评。"在学科建设爬升期又得到教育部思想政治工作司原司长、北京师范大学思想政治工作研究院院长冯刚教授的支持，连续在安徽师范大学举办了三届全国思政基础理论高峰论坛，为安徽师大思政学科建设巩固了坚实基础。转弯的路上，王习胜对前人用心帮助感恩不已，也更让他坚定了扎根思政学科建设的决心。

　　凭借孜孜不倦地求知求学的精神与扎实牢固的功底，王习胜如今也不负众望，从学术跟跑者成长为学科领军人。他先后成功主持1项国家社科重点项目、2项国家社科一般项目与后期资助项目、2项国家社科重大招标项目子项目、10余项省部级项目，先后入选安徽省学术和技术带头人后备人选、安徽省第二批宣传文化领域拔尖人才、安徽省第六批学术和技术带头人，荣获学校首批文津学者、学科领军人才等称号，成为具有全国影响力的思政学者，带领着马克思主义学院向更高峰、更实际的研究领域迈进。

　　"身在其中，谋其职，尽其责。"王习胜谈及为马克思主义学院思政学科建设奋斗的这些年，责任感是他不竭的原动力。马克思主义学院学科历史悠久，思政学科建设走在前列，王习胜就曾慕名前来硕士班进修思想政治教育课程。来到安徽师大教授思想政治教育课程的王习胜勇挑重担，"进一步扩大思想政治教育学科的影响力"的重担悄然降落到他的肩上。作为一线思政教师，王习胜连年承担逻辑学、逻辑科学方法论、思想道德与法治等本科生课程，带领"思政课创新"教研团队摸索有趣且有益的思政课堂，积极打造省级重点学科和教育教学团队；作为资深科研学者，王习胜在A&HCI刊物《哲学与文化》、在马克思主义理论学科代表性刊物《马克思主义研究》等发表百余篇专题文章，并凝练出"思想咨商"科研团队，为学科教学团队建设贡献心力。

编写教材、发表论文、主持国家级研究项目……王习胜在思政教育的星光下，以韦编三绝的毅力，以囊萤映雪的劲头，带领团队成员为着师大的学术攀高而踔厉奋发、笃行不怠。细数现在所带领的学生后，王习胜预计几年内将带出数位80后青年教授，"等到我退休后，他们这年轻的一代还能在这条学科建设的路上走很久。"王习胜笑喃喃地说。学校"两大振兴行动"计划在引领与追随的交错更替中散发荧荧之光，终要熠熠生辉。

脱虚向实育才，高山上的理论实践家

"搞学问不能成为书本上的、书斋里的学问，思想政治教育的理论要真正有效转化到现实当中去解决实际问题才不会沦为'纯学术'。"王习胜秉持着这样的观点不断探索新的思政育人模式。

2020年《安徽师范大学学报》刊登了王习胜的专题研究论文《"思想咨商"的叙事疗法》，此文受到国际学术界的关注，王习胜将国外的意义治疗等方法技术与思想政治教育中的困惑结合起来，在思想政治教育界开创性地提出了人文关怀的新方法——思想咨商。王习胜邀请心理咨询师及思政教师组建团队，在安徽师大校内设立思想咨商工作室，以非直接干预的咨询方式，运用思想咨商"七步法"为学生释疑解惑，化解青春的纠结。"教学效果是课堂的、短暂的，教育效果课外的、持久的，做人文关怀其实也就是让思想政治教育深入人心，要真正在心理上、思想上实现尊重人、鼓舞人、鞭策人、关心人。"提出这一人文关怀新理论和方法后，王习胜以思想咨商师的身份在实践中将其真正地落实、落地。

"理论要向下走——落地；实践应向上走——提炼。"怎么解决实际问题始终是王习胜科研团队和教研团队奋斗的理念。回溯到2018年春季，王习胜主编教育部统编普通高中思想政治教材《逻辑与思维》时，实践的火焰早已点燃。

"写教材是国家事权，而不是学者个人的思想表达，要站在国家而非个人的学术爱好的角度去做这个工作。"教材内容反映着国家的价值导向，字字句句关乎国家形象。可说起这里面的酸甜苦辣，王习胜依旧满面春风地笑道："作为一名教师，能够为国家基础教育实打实地做一件事情，内心是很满足的。"作为教材主编，王习胜高度重视各方来信，乐于接受意见和建议。通过各大公共平台的意见反馈，广大教师成为编者延展出的第二个眼睛和大脑，"编写这本教材，从初稿到正式成稿，反复修订了有20来次。"时至今日，王习胜坚持给来信者回复的习惯不变，他将1万余条来信回复整理后，不经意地发现，已经有55764个字了，而且还在不断地增加。"来信者的意见都很有意义，我想把这些来言整理成书，或许可以更好地帮助教材解读和教师教学。"王习胜对理论研究的切实可用性产生更深层的思考，之后更是跑遍几乎全国所有省份前去调研教材教学效果。

2023年的炎炎8月，王习胜横跨大半国土前往西藏为中学老师答疑教材。高原空气稀薄，教室内的王习胜却讲得格外激昂，"在上海，老师们讲这门课的教材是寻常的，在北京讲也寻常，但他们是在西藏讲，是给在高原上的孩子们讲，教师和孩子们都不容易！"王习胜当场向他们鞠了一躬，鞠给高山上坚守的教师，感于亲眼见证自己主编的教材实打实地为国家的基础教育作出的贡献。一个理论研究学者，在西藏云层缭绕的山峰之上见证到理论实践迸发出的顽强生命力。

以身作则化人之志，启润不止一种青年

王习胜是一线思政课教师，亦是资深的本硕博导师，他也同时指导着两种学生——青年学子和青年教师。

"青年教师也是成长者，不能仅把他们当老师看，还要把他们当学生看。"指导青年教师如何做课题，如何写论文，如何确定选题研究方向。课程组许多青年教师的成长与王习胜的指导是分不开的。汤小宾是课程组的一位青年教师，王习胜得知其博士学位论文写作遭遇瓶颈之后，带领团

队其他骨干教师一起为其制订计划,每月开展写作辅导,拓展写作思路。现今,王习胜已指导两名青年教师荣获安徽省高校优秀青年人才称号,指导多名青年教师晋级高级职称,青年教师获批省部级以上科研项目十余项,指导发表高级别学术论文数十篇,荣获各层级奖励、表彰。

提取出王习胜的工作模块,他可以是连年获得教评优秀的金牌教师,也可以是指导硕博生科研、本科生竞赛的全能导师,还可以是带领青年学生畅游思想殿堂的引路人。

"我教书近40年了,但是每年上课我都要重新备课。"面对新一届的学生,王习胜第一堂课的任务就是收集学生心目中想听的课堂内容,在此基础上设计新的课堂模式,有针对性地让学生得到启发。"他们想听什么我就关注什么,在他们感兴趣的话题上才能更好地引导他们理解思想政治教育,领悟习近平新时代中国特色社会主义思想的真谛。"王习胜语重心长地说。"关注教育者和教育对象的需要,通过思想智慧去帮助学生、说服学生是我们要研究的。"每堂课的背后深入思考在教学实践中形成师生间良性的互动和反馈,王习胜的课堂赢得无数师大学子的喜爱。

对学生保持贴切的人文关怀,是王习胜的教育出发点,让学生在转变过程中培育人文素养则是他教育理念的落脚点。"一个人的人文性可能就是决定他事业成功与否的一个重要参量。"关注如今的大学生对未来怎么规划缺少明确的方向,大多只是按照学期的时间按部就班地前行,不明白目前的所作所为对未来长远发展的意义和价值在哪儿,有的甚至掉入"躺平"的颓废主义陷阱,针对这些问题,乐教爱生的王习胜连续多年开展《大学之智》《我的大学不纠结》等专题讲座来启迪学生心灵、引导思想方向,为无数迷茫者立起了前进道路的方向标。谈及大学之智,王习胜强调人文性在提升综合能力方面的作用。古言道:"文质彬彬,然后君子。"人文素养不仅体现在对知识的掌握度上,更是表现在日常待人接物的方方面面之中,大学不只是技能性的培养,更是人文素养提升的天然课堂。

"我想做的思想政治教育是能在当下受欢迎,在未来影响他们一辈子。"长年投身于思想政治教育的教育与科研,"做思政教育而非单纯的文件解读"是王习胜明晰的教学理念,将"教材体系转变为教学体系"是他秉持的课堂设计理念,"教学效果是课堂的,但教育效果实际是非课堂的,做人文关怀其实也就是让思想政治教育深入人心，要真正在心理上、思想上尊重人、鼓舞人、鞭策人、关心人。"这是站上讲台多年来他所坚守的教育理念。他编订《"思想道德修养与法律基础课"大学讲演录》，将每一次课都作为一个专题讲演的形式讲授，"这是对教学方法新探索的一种表达方式，要切实地将教材体系转化为教学体系。"正如《大学》中所说，"大学之道，在明明德"。若只是对教材知识的简单搬运，这样机械的传输过程实非高等教育阶段应该存在的课堂。"要与时俱进、要因材施教。"这是从教37年的王习胜总结的教育箴言。

"每个人在这个世界上都是一个接棒者，尽自己最大的努力做好分内之事就是跑好这一棒。"人类的历史是一代又一代智慧的传递，学术研究要在前人的基础上创新知识。王习胜将上一棒稳稳接下，正在努力传好下一棒。

（李美莹　王佳睿　陈玥羽）

2023年10月18日载于安徽师范大学官网

张正光
用一束光照进学生的心田

　　"教师是一种职业,更是一份塑造人的灵魂的事业。每一位教师都应该坚守从教初心、育人使命,不负党和人民的托付,用自己渊博的知识、高尚的情操育人,像蜡烛一样燃烧自己,照亮学生的前程。"这是张正光教授写在工作札记中的一段话,也是始终激励他做好教书育人、立德树人的座右铭。从教27年来,张正光教授始终忠诚党的教育事业,传播马克思主义及其中国化的理论,用理论的光芒照亮学生前行的路;无私奉献,为人师表,关照学生,把教书育人、立德树人作为自己人生的第一坐标,以爱的力量助力学生砥砺前行。

杏坛耕耘，用"四真"传播当代中国马克思主义

张正光教授热爱讲台、珍惜讲台、敬畏讲台。在工作过程中，他曾有机会离开校园，从事行政工作，但他选择留在讲台上。他曾说过："我这一辈子就是为讲台而生的，只要能登上讲台，面对学生，哪怕是生病了也能自愈。"工作以来，他从未因私事请过一次假，缺过一堂课。作为一名长期从事思政课教学的教师，他坚信思政课想要引起学生的思想共鸣，前提是教师必须真学、真懂、真信、真爱马克思主义。因为，老师在教学过程中，只有真学透才能领会理论的真谛，只有真懂得才会教得自信，只有真信仰才能理直气壮，只有真心爱才会有感染力。为了做到"四真"，提升思政课堂的核心竞争力，他不断学习马列经典和党的创新理论，创新课堂教学形式，并把这些成果转化为教学语言，进而感染学生。听过张正光教授讲课的学生评价道："张老师的课富有理论的力量和逻辑的魅力""张老师的理论自信深深地感染着我们每一个同学"。 2013级卓越语文班在课堂教学任务完成后，还特别邀请张老师给他们额外加上了一堂思政课。他欣然接受，认为这是学生对自己，对思政课教师的最高奖励。

近年来，在学院的统一安排下，张正光教授积极探索"社会实践+课堂"的教学方式，鼓励学生结合所学专业选题，并上台讲演。他在学生进行自讲互评的基础上，再结合我国社会发展成就进行总结提升。这种方式起到了"点燃"思政课堂的作用，深得学生的欢迎。"思政课也能结合专业学习！""我们感到自己成了思政课学习的主人，在这样的课堂上，我们不再是'客人'和被动的接受者。我们喜欢这样的教学方式，更喜欢张老师最后充满正能量的总结。"张正光教授授课班级的同学们如是说。老师从台上走到台下，学生从台下走到台上，这种角色互换，激发了学生主动探索的热情，锻炼了学生运用马克思主义理论分析问题、解决问题的能力，增强了学生对中国特色社会主义的自觉自信，激发了学生为实现中华民族伟大复兴的中国梦而奋斗的使命感和责任心，也增强了思政课的针对性和亲和力。

关爱学生，用"四心"服务学生成长

张正光教授在日常教学和生活中时时处处围绕学生、关照学生、服务学生。他认为一个思政课教师要走进学生的心里，必须具备真心、热心、爱心和赤心。以一颗真心对待每一位学生，一颗热心帮助学生答疑释惑，一颗爱心促进学生成长，一颗赤心学"道"、传"道"。

张正光教授始终坚持学高为师、身正为范的师训，为人师表，用健康的心态、积极的姿态去影响学生。他积极宣传当代中国马克思主义，大力弘扬社会主义核心价值观，为学生解答人生应该在哪里用力、对谁用情、如何用心、怎样做人等涉及学生身心健康的问题，做好学生思想转化及正确的世界观、人生观、价值观的确立工作。他以其自身的言和行，教育和影响了学生，也赢得了学生的尊敬和爱戴。因为是第一次离家在外求学，有些学生貌似独立的外表下其实掩藏着一颗忐忑的心，有时遇到问题一时难以解决，很多学生都愿意找有亲和力的他倾诉以求得帮助。张正光教授也敏锐地捕捉到了学生这方面的需求，他便利用课余时间接待学生。一段时间，2号教学楼一楼的教师休息室就成了他接待学生的"专用场所"。近年来他已累计为数百人次答疑解惑，助推学生成长成才，有些学生在外地攻读研究生学位期间还曾专门返校寻求张正光教授的帮助。他指导的近四届13名本科生中，1人本科期间在《思想理论教育导刊》上发表学术论文。2人保送复旦大学，2人保送上海交通大学，1人保送南开大学，5人分别考取南京大学、大连理工大学、中山大学、河海大学、中国矿业大学，3人考取编制成为光荣的中学教师。

潜心研究，用科研为教学育人助力

"思政课教师必须做教学和科研的两面手，必须在搞好教学的同时，搞好科研教研，用良好的研究成果促进自己的教学，要善于把握机遇把自己逼成大师。"这是北京大学马克思主义学院陈占安教授对张正光的谆谆教导和期望。他始终牢记陈老师的教海，在认真教学的同时，潜心科研，获得了喜人的成果。近年来，张正光教授出版专（合）著3部，发表学术论文30余篇，其中CSSCI刊物近20篇，教学研究论文10余篇，多篇文章被人大复印资料全文转载；主持完成国家社科基金项目1项、教育部人文社科项目4项、省哲社重点项目1项，其它省部级教科研项目10余项。通过教学科研两手抓，他较好地实现了教学推科研、科研促教学的良性互动。正是因为有良好的工作业绩，他两次获得安徽省哲学社会科学奖二等奖，成功入选教育部"高校优秀中青年思想政治理论课教师择优资助计划"和高校思想政治理论课教师2014年度影响力提名人物名单，被评为安徽省优秀教师、安徽省高校优秀思政课教师和安徽省师德先进个人。

"花的事业是甜蜜的，果的事业是珍贵的，但让我们去做叶的事业吧，因为叶总是谦逊地垂着她的绿荫。"思政课教师的岗位是平凡的，但是思政课教师的责任是重大的，能与学生一起学习、共同成长是莫大的幸福。张正光教授坚信，只要坚持置身引领学生成才成长和服务社会的奉献中，就一定会成为"四有"好老师，并实现自己的光荣与梦想。他将继续用真心、热心、爱心、赤心在平凡的岗位上谱写新的动人篇章。他愿意自己是一束充满正能量的光，照亮学生的心田！

党委宣传部 党委教师工作部

2022年9月6日载于安徽师范大学官网

汪盛玉

三尺讲台三十载　笔耕不辍育英才

　　学高为师,身正为范。她执教杏坛三十春秋,始终坚守教育一线;她秉持铸魂育人初心,引领青年学生知行合一。她是汪盛玉,安徽师范大学二级教授,马克思主义学院副院长,博士生导师,先后主持各类科研教研课题20余项。

坚守一线，做教育的"传承人"

汪盛玉自本科开始便与师大结缘，一直研学至博士，并留校任教扎根一线至今。在20世纪90年代的大学时期，汪盛玉所学的是师范类专业，谈及教育理想，她坦言道："其实我们一开始上大学，很多事情是很迷茫的啊，也没有那么强烈地想要做什么，目标是慢慢地明晰，老师们就是指引前方的指路明灯。"在学习过程中，她的视野逐渐开阔，老师们树立了榜样，她逐渐领悟到教育事业的"言传身教"。实习期间，汪盛玉真正将专业核心课程融入到实践当中，这为她此后的教育工作打下了坚实基础。她回忆道："看到孩子们特别欢迎我，尤其在他们面临离别流下眼泪的时刻，我真正感受到一个灵魂影响另一个灵魂，感受到教育事业的神圣和伟大，真正感悟到教师是人类灵魂的工程师。"经过这一段历程，汪盛玉对教育事业产生了强烈的责任感和使命感，真正热爱这份事业，真正想要投身于为党育人、为国育才的教育教学工作当中。

谈到影响人生最深刻的阶段，汪盛玉表示："应该是我求学的时期，尤其是读硕士和博士的时光。因为我是在工作后再去读书的，有了一定人生阅历，体验是不一样的。人文社会科学的特点是要有生活的经历，这使我对后来的教学和研究过程有了更深的认知。"她说，硕博时期的导师陶富源教授对她影响很大。"导师春风化雨式对思想的引导，抽丝剥茧地循循善诱，我们从中感受到人生坚毅的力量。"教师职业的意义在于铸魂育人，汪盛玉给出了阐释："铸魂，是要铸就灵魂；育人，是使学生成为一个人，一个三观很正的人。"教师，不仅是传道授业解惑，更多的是在精神上激励学子，是"精神食粮"的感染与传承，创造良好向上的氛围。她说："我身边的教书育人典型比如党的十八大代表房玫教授，党的二十大代表路丙辉教授，以及学院的领导、老师和同事，大家共同拼搏奋斗就是最大的动力。师大有着向上的文化氛围，我们其实就是把这种文化一代代传承下去。"师大不仅是精神家园，更多的是现实生活的舞台。师大90多年积淀下来的历史底蕴和文化，传承下来的校训精神，一路铸就梦想，一路铸就辉煌。汪盛玉真挚地说："没有师大就没有我们，感谢学校的发展，感恩学校提供的机会。"培育学生成人成才的情怀，早已深深根植在汪盛玉心间，并不断地厚植与传承下去。

教研相融，做学术的"领军人"

做好教学离不开科研的支撑，科研能够促进教学。"教学是立身之本，科研是发展之道。"汪盛玉说道。"要让教学有灵性、有灵动感、能够触及学生的灵魂，要把教材体系转化为教学体系，使教学内容活起来，有生活味，有学术味。"她主张建立一个让学生能够听得懂、听得明白、愿意接受的话语体系。汪盛玉谈到科研当中最难忘的是问题导向，深入挖掘去探究问题背后的规律性事物，诠释问题背后的道理，再回归课堂给学生讲道理，所以科研来源于教学。科研工作绝不是一个人奋战，是一个团队的力量，要保持教学、科研"两手抓""两条腿走路"。2019年，马克思主义学院被评为全国重点马克思主义学院，也是安徽省唯一入选的马克思主义学院。作为参与申报的骨干教师，她分享道："当时有很多材料需要整合，需要调研，对人消耗很大，有时候会觉得焦虑，但是精神是慢慢凝练出来的，我身边的同事都是这样子的。院里的同事在关键时刻能拧成一股绳，这是集体团结起来通过艰苦奋斗取得的成果。"

教以共进，研以致远。重视教学，是科研的根本，科研的最终目的是回归于教学。汪盛玉对待教学要求很高，同事眼中她特别能"拼"。说起工作状态，她这样讲："工作忙起来的话，还是要相当投入的，可能也有各种事情要处理，但是集体的事，影响的是学院教学和科研的发展，影响的是团队，再苦再累，再艰难也要啃下去、钻下去。"近年来，汪盛玉带领团队获全国各类教学比赛奖30余次、省各类教学比赛奖近40次、教研项目50多项。2020年，汪盛玉的专著《马克思社会公正思想论》获得第八届高等学校社会科学研究成果奖二等奖。她表示："这是学校学术传承和社会发展的结果，相信将来会有很多老师比我做得更好。"

师生共长，当学生的"引路人"

"师生共同成长，老师与学生是一个实践共同体。"汪盛玉以身作则，诠释教学论中的教学相长。她坚持以学生健康成长为中心，引导学生树立正确的三观。平时，她教育学生"严于律己，宽以待人"。她说："一定把中华优秀传统文化中的包容性吸纳进来,化成为人处世的基本方法。"作为"双肩挑人员",她担负着更重的担子。她笑着说:"我对工作要求很高,可能脾气不太平和,有时候有点急,可事后后悔啊,生怕做得不好,深夜辗转难眠,怕影响他们。"

她定期开展交流会,倾听学生们的阶段小结,根据不同阶段的具体情况提供方向性的建议和具体的指导,她的学生在专业学习和科研竞赛方面都取得了不少佳绩。来自2020级本科生思想政治教育专业的王钰说:"汪老师作为我们的'家长',在潜移默化中培养了我们同门之间的凝聚力。"另一方面,在平常,汪盛玉会经常鼓励学生,为学生打上一针"安心剂"。不管多忙,她都会及时回复学生的消息。2020级本科生马克思主义理论专业的刘倩倩说:"我一直把汪老师的微信设置为置顶,就是为了时刻提醒自己不要懈怠,在遇到困难时不要退缩,要勇敢面对,踏踏实实、步履不停地往前走。"已经毕业的学子们在谈到汪老师时,无不是充满了感激之情,情到深处不禁热泪盈眶。

多年前,在思政课上一位学生上课总是爱睡觉,汪盛玉和他讲:"老是上课想睡觉的同学是没理想的,没有梦想的,是在浪费青春时光。"她多次反复提醒,慢慢地这位学生就开始不打瞌睡好好听课。事情过去很多年之后,汪盛玉有一天收到了一封来自武汉大学的信,正是当年这位打瞌睡学生的来信:"老师,我很感谢您,您不厌其烦地一遍遍地叮嘱我,让我意识到学习的重要性,我才能不断进步,考取研究生,不断深造,在武汉大学读博。"汪盛玉感慨道:"老师的教导都是每天的积累,都是春风化雨的行为,是在慢慢地滋养,这都是教学中平凡的事情。"

汪盛玉用自身的"能",化作对学子的"严""慈"与"爱",成了学子们不断前进的动力和不能懈怠的内驱力。"能成为汪老师的学生是非常幸福的,我们打心底里爱汪老师。"这是学子们共同的心声。

心系家国,是爱与责任的"传播者"

工作间隙,汪盛玉走进乡村开展农村公共文化服务课题研究;指导学生积极参与暑期社会实践,开展基层治理调研工作,带领团队聚焦乡村振兴战略开展理论探索,为乡村振兴贡献更多思路和智慧,连续多年荣获暑期社会实践优秀指导教师。她表示:"重要的是学生在共同协作过程中,学会了热爱生活、关注家乡,共同致力于国家的发展。我们都应该共同去做追梦人、圆梦人,实现中华民族伟大复兴的中国梦。"她指导的学生论文《安徽省精准扶贫实践的经验与启示》获安徽省脱贫攻坚理论研讨征文三等奖,学生论文《论精准扶贫实践的科学内涵》《论"两个结合"的生成逻辑与实现基点》获安徽省大学生学习马克思主义理论成果大赛一、二等奖。她撰写的《"时代新人"之"新"解析》获省委教育工委学习贯彻党的十九大精神征文二等奖。其中一些建议被有关部门采纳,实现了项目落地。在这个过程,也使汪盛玉对国家、对经济社会、对基层产生了更深刻的认识。教师的科研成就通过不断传承与创新,教师的价值通过学生的成长来体现。

此外,汪盛玉坚持下基层开展理论宣讲,为老百姓传递党的思想精髓。她认为,"这正是联系基层的纽带,与民众建立好联系的桥梁。"从学习研究马克思主义理论的学者到党的最新理论的传播者,这是将原理大众化的过程。在疫情期间,汪盛玉毫不犹豫支持爱人(抗疫一线医护人员)积极参与新冠疫情确诊病人的救治。她表示:"我们俩都是党员,这都是应该做的。"在执教三十周年之际,汪盛玉真挚地说:"感恩这个时代,感恩社会,感恩学校,感恩所有学生们,大家共同成就了我们现今教育的发展。"

汪盛玉于2019年获安徽省三八红旗手荣誉称号,2023年获安徽省三八红旗手标兵荣誉称号⋯⋯她笑着说:"这些荣誉不能仅仅属于我个人,而是属于我们所有的女性老师。像我这样的老师在师大还有很多。"汪盛玉诠释了新时代女性的力量,树立起时代标杆。

三尺讲台,教育路上,汪盛玉始终坚守教育初心,潜心立德树人。她心怀感恩,无私奉献。她用一言一行践行着她的人生信条——做青年大学生健康成长的引路人。

(李佳媛)

2023年3月15日载于安徽师范大学官网

汪盛玉 三尺讲台三十载 笔耕不辍育英才

谢长根

关爱学子心　不褪法学情

　　86岁高龄的谢长根老师历经人生长路，参悟法学真谛，投身法学教育，做青年学生的引路人。他创办师大青年法学社，获丰硕成果。即使退休，他也依然坚守普法初心，致力法学事业。他曾获"全国优秀教师"荣誉称号，现任法学院关工委常务副主任，芜湖市人民检察院专家咨询组成员。

历人生长路，悟法学真谛

　　自20世纪50年代与法学结缘，至今已有60多年，谢长根老师始终没有离开法律，他曾经历了北大求法、师大教法、芜湖执法的人生旅程，积累了丰富的经验，形成了自己对法学的独到见解。在他看来"学习法律的目的就是要成为一个真正懂法律、精通法律，并能正确运用法律知识参与社会治理的人。"这个信念一直伴随着他几十年来的教学工作，他对法学的初心始终如一。作为一名法学教师，谢长根老师有着崇高的志向，依法治国，是党领导人民治理国家的基本方略，他要为建设法治中国尽绵薄之力。他说："我希望能够培养出一些真正忠于法律的人，让他们在各个岗位上都能全力保护国家和人民的权益。"

　　谢长根老师始终以身作则，努力争做依法治国的践行者和法治中国建设的推动者。他表示："我们应该尽力为建设法治中国作出贡献。"当谈及为何选择学习法律以及如何在这个专业中成长为一名优秀的法律专业人员时，他坦言："当年我选择学习法律，希望能够通过积累社会经验成为一名称职的法律从业者，以自己的言行捍卫法治的尊严。学法的目标初心要明确，信心信念要坚定。一切活动和行为都必须在法律规定的限度内，竭尽所能去履行自己应尽的职责，以满足社会和人民群众的期望。"他倡导要将法律与道德相结合，注重以文明的方式和法律程序维护法治的权威。

投身法治教育，引领学生成长

　　"师范师范，学高为师身正为范，教师就是范本。"这是谢长根老师对教师的见解。在几十年的教师生涯中，谢长根老师始终用实际行动践行这句话。1995年他获得"全国优秀教师"荣誉称号。如何真正做到关心学生？谢长根老师说："老师也需要约束自己，我从到安师大开始跟学生相处，心中时刻装着学生，想着怎么样能和学生在一起互相学习，多帮助一点学生，让他们能够在学生时代真正懂得到大学的学习对今后人生成长的作用。"在多年与学生相处的过程中，他对学生的思想也非常了解，他说："我们要尽自己最大的努力，多关心学生的成长，要以更高的标准来要求自己，多做一些关心学生的事情。"

谢长根老师对学生的关爱，是落到实处的。他不仅经常陪伴学生上晚自习，还会定期到学生寝室看望学生，甚至会为学生尽可能提供法学实践机会，给他们提供一切有助于成长的环境和条件。他在注重课堂教学的同时，邀请公检法机关的一线司法干部进课堂，宣讲法治内容；利用周三下午，带领学生走出校门进法庭旁听。让学生们在实践中学习和运用，增长才干和能力，助力理论和实践相结合。他常常与青年学生座谈交流或促膝谈心，鼓励不同年级的学生逐步树立规则意识、培养程序思维、明确理性思维、涵养法治思维。他还特别强调青年人的德行修养，引导学生"心有所畏，行有所止""知法于心，守法于行""弘德扬善，守法感恩"，从而成长为德法兼修的法学学子。他说："我作为一个教师，时时刻刻就是要为学生服务。自己的事情都可以耽搁，但学生的事情不能耽搁。鲁迅先生说"俯首甘为孺子牛"，我们应该甘为学子牛，自己的一举一动都要让学生感到你这个老师是他们的知音和榜样。"

提及教师身份，谢长根老师甘心做学生成才道路中的铺路石和阶梯，能帮助他们成人成才，这是教师的使命担当和责任。他说："我到安师大选择了'上黑板'，牢记一点，与世无争，面向治学。一切为了学生，服务学生。"多年的积累，谢长根老师培养出众多优秀人才，有的已在法学业界卓有名气，但谢长根老师还是谦虚地说："虽不是桃李满天下，但至少陪伴一代人成长起来，其中有教授、博导、院校领导、大法官、十佳人才等，看到他们今天能够在自己的领域里挑起担子我很高兴。"谢长根老师展现了师者仁心，发挥了法学教师的引领作用，堪为大学生法治思维培养道路上的知心人和引路人。

建青年学社，获丰硕成果

早在改革开放初期，谢长根老师创办了安徽师范大学法学会，关于它的创立，还有一些珍贵的故事。由于那时学校没有法学院，也没有法律系，为了能成功创办法学会，谢长根老师携手两位老先生尽自己最大的努力去筹建。他说:"当时只有"法学概论"这一门课,根据政教系课程安排,要尽量扩充内容,提高学生的学法积极性,认识学法、用法的重要性。我们不但要教法学这一课,还要把它变成新专业,于是就利用双休日和晚上的时间开课,这样不是政教系的同学也能听我们的课。能够让更多的学生学习法律,我们内心也很知足。"法学会一成立,谢长根老师就带动政教系和学校其他专业的学生,在校园里开展普法教育、法律宣传和法律咨询。他说:"那时,普法工作的目的是通过宣传,让大家明确什么叫法治,怎样提高法治观念和法律意识,这都要从基础工作做起。所以法学会在最初不但是要走向社会,还要向社会提供法律资源。"

在谢长根老师的指导下,青年法学社普法宣传成果丰硕,做到了"法治课堂"针对化、"法治故事会"常态化、"法治微电影"广泛化、"普法小剧场""模拟法庭"品牌化。青年法学社荣获安徽省"法润江淮·聚焦基层看法宣"典型事迹等多项荣誉,被人民网、新华网等主流媒体报道500余次。青年法学社志愿普法师生群体于2017年被评为安徽首届"十大法治人物";"壹心普法"获评第五届安徽省青年志愿服务项目大赛银奖。当谈及指导青年法学社的经验时,谢长根老师说:"一个好的社团必须要有一个真正能够为学生提供关心帮助的好的指导老师。要热心要尽心,做到全心全意。谢长根老师为学生的成长贡献自己的智慧和力量,法学社在他的指导下茁壮成长。

退休不褪色,守普法初心

谢长根老师现已近90岁高龄,在他退而不休的20多年里,他凭借扎实的法律基本功和高度的社会责任感,仍坚持深入教学一线。每年他都会与青年法学社指导教师及学生骨干座谈,就普法团队建设、品牌创建与运营等工作展开交流讨论。他仍然坚守着普法初心,担任安徽深蓝律师事务所顾问,始终坚守"守道而忘势、行义而忘利、修德而忘名"的准则,努力践行"服务社会、造福人民、扶助弱者"法律援助宗旨。他说:"退休之前是站讲台,退休之后是上法庭。"他的担当、正义、爱心赢得了当事人的好评,获得了同行的尊重,树立了法律人的良好形象。2019年谢长根老师被安徽省律师协会授予"律师执业30周年荣誉纪念章"。

谈及退休生活,谢长根老师说:"现在感觉到生活很愉快,精神上很充实,退休之后我仍然与很多学生进行多方面的交流。我常常思考怎样当好教师、当好律师。做自己应该做的事情,不要辜负了自己的初心。"现在,他与许多老师和学生仍然保持密切的联系。对于之后的生活规划,谢长根老师坦言:"我永远不退休,尽管可能脑细胞越来越少了,但我不怕,只要还能动,学生有什么需要,就尽力为学生做点什么。教师的天职就是想学生之所想,不能忘记自己是一名教师。"

他希望正在师大学习的法学学生不要忘自己的初心,努力践行,做一名无愧于心的合格法律人,为法治中国建设多做贡献!

谢长根老师用实际行动书写了老一代师大法律人的情怀与担当,心系法学,教书育人,做默默奉献法学事业的践行者。

（涂静雯）

2023年10月11日载于安徽师范大学官网

榜样师大人

张 琼

不弃微末久为功　启研新路终铸材

　　三跨专业进阶建模领域，顺天致性挖掘少年所长。执教三十春秋里，经济与管理学院张琼教授先后获得安徽师范大学优秀教学一等奖、安徽省教学成果一等奖、国家高等学校科学研究优秀成果奖(人文社会科学)二等奖并成功入选安徽省学术和技术带头人，在国内外重要学术期刊上发表论文20余篇，指导学生在国内外各种赛事中屡次获奖。从"受"教到"授"教，张琼始终怀抱进取之心，以坚韧的态度不断耕耘在科研之路上，为师大学科建设和事业发展贡献力量。

日积跬步行致远，无问西东向山巅

所有经历，皆有意义。从乡小教师到如今的学术带头人，张琼的科研之路可谓"一波三折"。"一间光线昏暗的教室，一个围着池塘的四合院矮房，是当时在农村的环境。"1994年，从师范学校毕业后，张琼来到乡村小学从教。转折出现在一次与家人的对话，在哥哥的鼓励下，心怀进取之心的她决定参加高考。简陋的条件从未磨灭张琼对教育和学习的热情，她一边认真为学生上好每一堂课，一边抓紧时间复习功课，同时出于对文科的热爱，她在课余闲时阅读了大量的书籍，由此打下的语文基础为张琼的高考助力颇多。凭借优异的成绩，张琼考取安徽师范大学计算机科学教育专业。

"我读计算机的时候，我想不到我以后要学统计。我在学统计的时候，我也没想到我要学经济。"张琼本科毕业后，凭借自己的数学功底考入我校多元统计分析专业深造。在硕士学习过程中，导师郭大伟根据经济学所需的数据分析基础推荐她转向经济方向。恰巧当时，张琼在阅读了曼昆的《经济学原理》后对经济学感到很有兴趣，由此逐渐将研究方向转向经济学，后又在导师的引导下走上数学建模的研究之路，于2009年赴对外经济贸易大学攻读产业经济学博士学位。回望张琼的求学之路，3次易辙看似无心插柳柳成荫，其中却是日复一日的积累与沉淀。张琼常以此教导学生："你要有一颗不断向上不停息的心，前进中途也许会停滞一下，但只有时刻做好准备，当机会某一天突然降临的时候你才抓得住。"

没有学科基础，没有文献积累，转弯途中阻力不断，张琼却目光坚定："我做了决定之后从不遗憾后悔，后悔没用，唯有努力。"让张琼印象特别深刻的是当时学习统计时的一道题，"那道题大家都是用大学数学方法去解，我因为本科是计算机，数学基础没他们深厚，只能用很初等的方法，结果老师发现我这样是可行的，并在这个基础上面把它导出来了。"这次成功的解题是张琼3年硕士学习中的少有的一次，却给了她很大鼓舞。虽然大多数时候的她都总在各种推导难题中苦苦挣扎，可即使成绩不如意时崩溃大哭，她也绝不轻言放弃，而是"不断琢磨、不断泡"。

"这就和泡菜是一样的道理，你泡得越久，越有味道。"谈及自己的科研经验，张琼特别强调了"坚持"的过程。攻读博士时，面对周围本硕博都是经济学科班出身的同学，他们精彩的发言常让她倍感压力。在发觉自己和同学们的差距后，为求"破局"，张琼主动向导师寻求帮助，在每次汇报后都立即追问；甚至虚心向同门师兄请教，找着一同吃饭的机会也跟在后面交流，"学习就跟长跑差不多，你真的冲过那个瓶颈，后面其实也就没那么困难了。"反复提问反复练习再到提炼思考，张琼不懈气地跟自己"作对"，凭着一股韧劲为自己开辟道路。这样不断探索、挑战自我的精神牵引着她在学术科研的路上不断前行。

"泡得久了，心沉下来成果也就出来了。"当发掘出以数学理性化的思考和框架去解释经济现象的学科特点，经济模型的课上理性化、数据化的模式让张琼的心理优势一点点被激发，也让张琼逐渐"上道"。可随着研究的深入，涉及的知识领域越来越广，细节问题也会越来越多，像是探究一个深不见底的未知世界。"每个人自己的想法都是有局限的，要一起交流才会有更多的创新点。"张琼抓住一切机会和身边人交流学习，以合作打破研究瓶颈，在一次次思维的碰撞中，潜力被挖掘，科研项目中那些闪光的创意点就这样诞生了……

张琼坚定地潜心奔走在科研这场长跑之中，在摸爬滚打中积累的多学科基础正适应了经济学学科发展需要。张琼由此找到了适合自己的学科之路，并在此基础上深度挖掘，先后主持国家、省自科等项目十几项，在《中国工业经济》、《应用概率统计》、*Transportation Research Part A*、*Journal of Transport Economics and Policy* 等国内外重要学术期刊上发表论文20余篇，获得第八届高等学校科学研究优秀成果奖（人文社会科学）二等奖、第七届高等学校科学研究优秀成果奖（人文社会科学）三等奖、北京市第十四届哲学社会科学优秀成果奖二等奖等科研奖项近10项。

启师大建模新路，共学子荣登高峰

张琼在学术科研上颇有建树，在擅长的数学建模竞赛领域更是带领学生屡战屡胜。"某路口出现了车祸，怎样分配车流量才能把损失降到最小？"

"一张有重要内容的纸被撕成碎片,怎样才能让它复原?"把现实问题抽象提炼为模型,再与具体数据和具体现实结合,应用该模型解决想要解决的现实问题,"数学建模竞赛就是看谁能够将这个问题解决得好,表述得优。"张琼带领一届又一届师大学子获得数学建模竞赛国家级、省级奖项,曾带领学生获得过国际数学建模竞赛特等提名奖、一等奖。

　　一路走来,张琼见证着师大数学建模竞赛领域的发展。谈及涉足数学建模领域的契机,张琼对硕导郭大伟满怀感激:"是郭老师把学生们组织了起来,让师大的数学应用得以发展。"在张琼读研究生时,导师郭大伟专门开设了数学建模课,把张琼叫去当助教,那时的助教与现在设立的助教岗不同,"老师是自掏腰包给我助教费,一直鼓励我,希望我能往上走。"由此张琼开启了她勤勉的数学建模学习之路,认真聆听每一节数学建模课,凡学生要做的作业张琼都要先做一遍,需要辅导时就跟着学生后面辅导,"虽然是助教,但其实也是一个学生,肯定要比其他学生学得更认真。"

　　笃行不怠,朝益暮习。担任助教期间,本科期间没有任何基础的张琼也基本掌握了数学建模的相关知识。在正式成为师大教师后,张琼更是葆有这种抓紧一切机会吸纳知识的学习态度,她常去参加其他老师的数学建模培训讲座,和学生一起练习模拟,不断追求进步。"一开始拿到题我也是不会的,见得多了就有感觉了。"张琼回忆最初带学生参加数学建模竞赛时说:"算法其实有很多,参考答案也都是开放式的,所以凭着经验归类问题类型后要不断尝试,及时调整方向。"令张琼印象深刻的一个算法是TOPSIS(多目标决策规划),在一次模拟赛中,问题很明显属于排序的方向,"大家都能想到因子得分排序,但其实它是有前提条件的。"虽然用软件SPSS(社会科学统计软件包)会给出结果,但它并不完美。于是张琼和同学们当场上网查询更好的方法,最后发现了TOPSIS,"它的名字很高大上,但做起来的数学逻辑思维并没有那么难。"张琼让同学们静心思考,结果两个小时就搞定了。"有时候你看着那些东西难,但真正静下心来的时候并没有你想象的那么难。"张琼笑道。

　　谦逊努力、积微成著的学风铺垫了张琼在指导数学建模竞赛领域的成功之路,与学生的交流碰撞则是张琼指导数学建模竞赛屡战屡胜的法宝。"我常和学生说'你们不要在我面前当乖宝宝,有问题一定要问,一定要质疑'，老师也不是神，不可能百分之百正确，假如我们彼此都不能说服，那你打比赛的东西肯定也说服不了评委。"张琼很注重学生的独立思辨能力，"如果你完全听从我，那你的头脑就使不上作用了。"她带领的第一支赢得数学建模竞赛国家级一等奖的队伍便是和她碰撞出了思想的火花，"当时想要指导他们，就是因为在数学建模培训课上，队里的一个小姑娘在我讲解的时候发出了疑问。"不盲从，勤思考，张琼和学生互相引导对方的思路，一通百通，最后这支队伍成为了师大第一支拿到数学建模竞赛国家级一等奖的团队。"一点一点地磨，在积累的过程中，慢慢地熟悉。"张琼也在不断地比赛指导中自我提升，成为了学校数学建模的引路人、掌灯人，她深耕不息、聚沙成塔的态度凝聚起学校数学建模领域的微光，与学生思想碰撞的火花更是闪耀出师大数学建模领域的荣光。

因材施教躬耕润竹，厚积薄发育人不倦

作为安徽师范大学优秀教学一等奖、安徽省教学成果一等奖的获得者，张琼在多年的执教历程中凝练出了"因材施教、交流碰撞"的教学理念。数学建模竞赛、市场调查分析大赛、全国大学生"挑战杯"竞赛……张琼在教学中注重知识的应用，在潜移默化中锻炼学生用所学的知识解决实际问题的能力，注重学生的课堂听课效果，同时，她提倡学生通过竞赛提升自身应用知识的能力，以竞赛培养积极向上、善于发问、沉心积累等科研特质。

"别怕有什么不会的，只要愿意学，问题都可以慢慢解决。"张琼曾遇到过刚入学就想要打比赛的同学，在不懈地坚持和不断地发问中，大一就拿到了市场调查分析大赛国家级三等奖；也曾遇到过对模型算法感兴趣的同学，在兴趣和努力驱动下坚定地一步步迈向保研的成功之路，她常以这些例子鼓励自己的学生，"没有什么时候是真正完全做好准备的，任何时候都要先去做，先去尝试。"

建模比赛很考验对问题分析的敏锐度，一个好的建模团队需要不同方面的人才携手共进解决问题，这就要求指导老师"知道团队缺什么，知道每个人擅长什么"，能够因材施教为团队磨合出最佳组合。因此，"老师跟学生之间相互的配合也很重要，学生要信赖老师，并且跟老师之间应该有毫

无保留的交流。"张琼平时经常与同学沟通交流了解学生的个性与特长，结合自身求学经历不断调整着自己的教育方式，"教育方法不像数学题，你永远做不到100分的，我们都只能是不停地学习。"在与学生交流过程中，张琼也不断通过学生的反馈尝试不同的教学方法，"我很喜欢与学生交流，每次都会让我有很多新的感触"，这样的教育理念让张琼在教学路上行稳致远。

回顾教学之路，"积累"是张琼最常提起的词语。最初在小学教学时，张琼凭着严谨负责的态度将倒数的班级在一年内带到了第二，积累了丰富的教学经验。"在那里上课的时候，我从未想过有一天会站在大学讲台上，成为一名大学老师。"张琼忆起往昔时这般感慨道，"学校当时开一门叫计算机检索的新课，因为我有过图书馆助理馆员的经验，正巧没人接，我就接了这门课。"这又为她之后的专业转变埋下伏笔，在张琼看来，"很多时候，你做的事情在当下你并不知道它会有什么用，但它会生根发芽，在某一天开花结果。"

"现在的竞争压力越来越大，大学真的只是起点了。"起点代表着无限可能，正值青春的大学生有着不断试错的资本，张琼谈到了教学过程中常遇到的学生思维误区：经常给自己设限，想着现在什么都不懂，等再多学一点再去找老师，再去打比赛。"那到最后肯定没有勇敢的人收获的多，凡事要先干起来。"她反复强调："学生进入大学其实就有了一个无形的契约，一定要学好专业课，打好基础，利用课余时间多提升自己，凡是努力都不会白费。"

葆有认真的态度做好每一件事，超乎勇敢的无畏不断挑战自我，这样坚韧的品质让张琼在学术科研上攻破道道难关，在带队比赛时获得累累硕果，也在不知不觉中感染着每一位学生，她也将始终保持一颗向上的心，坚定地走在师大人才培养和学科建设的大道上。

（阿秀奕　王佳睿）

2023年12月20日载于安徽师范大学官网

朱小芸

弦歌不辍心永爱 砥砺深耕育"音"才

　　39年从教历程,她弦歌不辍坚守教育教学一线,先后荣获安徽省教学名师、安徽省最美教师等称号,所培养的学生在国内外声乐大赛中多次获奖,为安徽省乃至于全国诸多省份音乐基础教育团队、艺术院校和专业团体培养了众多专业教师和演员;43载音乐之路,她灼耀芳华点亮艺术舞台,先后前往上海音乐学院、中央音乐学院、俄罗斯格涅辛音乐学院深造,受邀参加"庆祝中国共产党建党80周年""第四届莫斯科之春"专场演出并担任独唱,先后3次在国内外举办个人独唱音乐会,获得国内外同行的肯定与赞扬。

热爱不熄，攀登不止

朱小芸对音乐的热爱在她年幼时就已显现，从小她就总是哼唱着音乐，歌唱是她最开心最自豪的事情。可在她读书的那个年代，学习艺术并非是她这个成绩优异的芜湖一中学生应该选择的道路。于是在1980年，朱小芸听从家人的建议报考了安徽师范大学，进入生物系就读。进入大学后的朱小芸并未放弃自己对歌唱的爱好，积极加入校大艺术团参与文艺演出和比赛。那时，与朱小芸同台竞技的都是音乐系的专业学生，"可是我获得的掌声并不比别人少啊"。热爱就是不灭的火种，只要有清风一吹，火就燎成一片。"我还是喜欢音乐，就是想唱歌。"恰逢当时安徽省推行专业转考政策，怀抱着对音乐难以割舍的热爱，朱小芸毅然决然地参加了转专业考试，并以全省靠前的高分成功进入她梦寐以求的音乐系进行学习。

如愿进入音乐系的朱小芸师从李学韩先生，先生的悉心栽培与师大校风的影响为朱小芸的音乐教育事业种下了种子。1985年，朱小芸毕业后留校任职，走上音乐教育的道路。在学校的推选下，她得以进入上海音乐学院与中央音乐学院交流学习，在中国顶尖音乐学府的学习经历让她的专业水平得到提升，同时，她认真学习先生们的教学方法，在教学相长中将先进的声乐教育理念运用到教学实践中，在师大的教育天地里培养出了一批批优秀的学生。"无论是作为一名老师，还是作为一个普通人，我们始终要坚持终身学习。"经过多年的教育实践，她发现要想教好学生，一定要与时俱进地先丰富自身，坚持学习实践，再学习再实践。于是，她于2003年前往俄罗斯莫斯科格涅辛音乐学院研修深造。

在俄罗斯莫斯科格涅辛音乐学院，朱小芸师从俄罗斯人民功勋演员Lebko BalerlmuHa HukolaebHa教授。由于早年间中国艺术界尚处于建设阶段，她对中国歌唱界没有直观印象，她在和朱小芸见面的第一句话便是："中国没有歌唱家"。这句话像一根刺，狠狠地扎进了朱小芸的心里。"我没有立即反驳她，我要靠实力证明。"在那之后，朱小芸虚心求教、刻苦练习，克服刚刚生育女儿又远离家乡的思念之情，她不叫苦叫累，语言不通就苦练语言，哪里欠缺就不断练习。终于，凭借过硬的演唱功底和细腻的作品表达,朱小芸赢得了老师的认可,在俄罗斯成功举办两次个人独唱音乐会。在毕业音乐会上,最后一曲唱毕,所有老师无一人离席,为其鼓掌、叫好。"我当时特别自豪,我就是要给他们证明,我们中国人不输人!"

对音乐的不懈热爱让朱小芸不断攀登,不服输的精神和坚强的毅力让她在音乐的修行中步步坚定。朱小芸将国内外声乐艺术教育规律运用到教材研究、教学内容更新、教学方法改革与人才培养中去,对声乐演唱艺术和教育教学开展探索和研究,积极开展教材改革编写,多次组织安徽省声乐艺术研习活动、全省高等院校本科声乐教材建设和改革研讨活动,音乐学院声乐教研团队成功申报省级优秀教学团队,参与编写安徽省"十一五"高等院校规划教材《声乐》(6册),主持省教育厅重点项目两项,撰写10余篇教育理论论文。

弦歌不辍,砥砺深耕

"学生就是我最好的作品和最大的荣誉。"从意大利贝洛克国际声乐比赛等国际赛事到金钟奖等国内赛事,朱小芸培养的学生捧回了一个个奖杯,一届又一届优秀学生在舞台上用歌声赢得阵阵掌声,一批又一批优秀学生成为安徽乃至全国音乐事业的顶梁柱,朱小芸用艺术施以真善美的教育,将教育谱写为真善美的艺术。

"音乐这个专业,好的老师是要能够成为学生的伯乐。"朱小芸在音乐教育之路上最为看重的就是对学生潜力的挖掘,"每个学生都有自己的闪光点。"不同于其他专业的大班教学,声乐课堂为一对一教学,每个学生的发声条件和各方面的能力不尽相同,要想让一个学生的音乐之路走得长远,那就一定要因材施教,找到适合他的歌唱方式与教学方法。朱小芸积极深入研究声乐课教学的内在规律,根据不同专业学生的基本需要和不同学习阶段的嗓音特点,加强个别课、小组课和集体课三者的均衡结合,解决学生歌唱的个性问题与传统教学方法之间的平衡问题。每一堂课上,她根据学生自身条件调整教学方法,以求达到对学生最有效的教学效果。多年来,她带的学生往往在最初入学时并不是最突出的,但经过朱小芸的培养后逐渐找到了学习的方法,崭露头角后跻身朋辈前列。

"艺术实践是声乐教学成果展示不可或缺的部分"。作为音乐专业的学生,舞台是他们必须要面对的。朱小芸提倡教学与艺术实践相结合,以课堂教学保证艺术实践的高质量,以艺术实践促进课堂教学质量的提高。"我经常和我的学生讲,一代更比一代强,要对自己有信心,我们绝不输人。"朱小芸言传身教地为学生提供力量,以伯乐的眼光挖掘学生身上的闪光点,以丰厚的学识为学生插上坚实翅膀,给予他们飞翔的能力与勇气。

谈起教育,忆起和学生们相处的点滴,朱小芸觉得自己是位实打实的严师。"一个人的认识有四个阶段:首先是不知自己有不知道的,其次是知晓自己有不知道的,然后是知晓自己有哪里还需要知道,最后是不知自己已经都知道了。"面对初入学开始音乐学习的学生,他们往往处于第一阶段,在教学上严谨以待,对学生严格要求,这可以让学生快速发现自己的不足,以进入到最适合于学习的第二阶段。作为一名声乐老师,她的任务就是带领学生进入第三阶段,引导学生发现自己有哪里还需要知道。"感受到自己的进步,学生们自然就会信服。"在教学方法上,朱小芸积极坚持"以学生为主体、以老师为主导、以训练为主线",努力从传统的经验式的口传心授的教学方法走向符合时代要求的科学教学法。在她严格且科学的教导下,学生们逐渐充实着自己,更明白了严谨认真与努力刻苦的重要,严师出高徒正是如此。她十分关切学生们的生活与心理情况,在需要时,她总是陪伴在学生身边给他们春风化雨般的关心关爱。"我爱我的每一个学生,真心希望他们的路能走得远、走得好。"

朱小芸的万千桃李之中,有人站上舞台成为闪闪发光的音乐演员,有人站上讲台延续对音乐教育事业的爱,还有人远赴重洋对音乐艺术上下求索。她的朋友圈中充满了声乐比赛与音乐学府招生的相关信息,"声乐学习,要想在这条道路上走得长远,那就一定要多交流多学习。"朱小芸悉心对待每一位学生,在教学观察中根据学生个人特点为其制定发展规划,鼓励他们抓住机会充实自己,勇敢地追求音乐梦想。她放飞一群又一群的音乐学子,看着他们在属于自己的天空中自由翱翔。"每当听到学生们获奖的好消息,我就感觉特别幸福。"朱小芸分享着自己的学生在刚刚结束的金钟奖安徽赛区夺得银奖,江苏赛区夺得金奖,北京赛区夺得金奖的好成绩时,满是幸福与自豪。

虽微不足道，却要"认真做好每一件小事"

从音乐舞台到教学一线，"我心永爱"是朱小芸面对自己的音乐事业与教育事业最真挚的情感。"我是被我的老师们一步步领着走来的，先生们对我的影响十分重大，我的每一点进步都是先生们倾注了心血的成果。"有良师的引导和学校的栽培，朱小芸对教师教书育人的职责使命的感悟尤为深刻，她成为教师后也延续着师者鞠躬尽瘁的育人情怀。"上好每一堂课"是朱小芸从教39年来一直坚持的教育信条。从自我学习不断进步，到教书育人诲人不倦，朱小芸的万千桃李用闪耀的成绩回报着她不变的认真与永恒的热爱。她先后荣获安徽省教学名师安徽省最美教师等荣誉称号。多年来，她爱岗敬业，年年超基本教学工作量数倍，可她从未觉得劳累。2023年朱小芸即将退休，"我近40年的从教生涯里，上的每一堂课我都是幸福的。"

40余年的音乐之路，朱小芸面对的从不是一片坦途，可她用"认真做好每一件小事"的信念步步坚实地走好每一步。她的幸福来自她站在音乐舞台上赢得的每一个掌声，来自学习音乐知识不断攀登的每一次突破，来自良师引领学校栽培的每一个机会，来自音乐课堂上学生领悟的每一次进步，来自奔赴四方的"桃李"传来的每一个佳音。多年来，她用信念与青春坚守在自己热爱的音乐教育工作一线，凭着对事业的良心、对学生的爱心、对工作的热心，兢兢业业地做好每一件事、教好每一名学生，诠释着一名人民教师的"四有"大爱。

朱小芸把这份对音乐与教育的热爱播撒在每一节课中，随着桃李芬芳，这份最简单、最长久的幸福感也将传承不息。

（陈玥羽）

2023年5月17日载于安徽师范大学官网

朱小芸 弦歌不辍心永爱 砥砺深耕育「音」才

赵文坦
教学应是"技"与"道"的统一

　　挥毫泼墨间,他在创作中一丝不苟;课堂教学时,他对学生全心投入;立德树人,他言传身教培育英才,他所教的学生们无一不尊敬爱戴他。他为人低调、淡泊名利,虽深居简出,但也绝不是一个遁世者。他始终保持着艺术家应有的孤独和对生活的热忱,他就是安徽师范大学美术学院赵文坦教授。

"我定的目标是每年创作不少于100幅作品"

赵文坦于1988年毕业于安徽师范大学美术系国画专业。当年,他以位居全省前列的高考成绩进入安徽师范大学学习。在校读书时,他担任4年班长,严于律己,不断追求进步。大学毕业后,分配到宿州学院任教,后负责美术专业工作。2004年调回安徽师范大学美术学院。于他而言,画画不仅是热爱,俨然成了生活的一部分。从小学开始,赵文坦就与绘画产生了不解之缘,一画就未曾停歇。"做事就怕认真二字。"大学毕业时,赵文坦就给自己定下了一个坚定的目标:"我每年要努力创作不少于100幅作品。"这是一个说起来简单做起来极不容易的事情,但他做到了,并且坚持到至今。量变的积累才会促使质变的提升,他认真地讲:"粗略地算了一下,任职以来应该有近3000幅作品。"这其中参展、发表的作品有200余件,《国画家》《艺术界》《艺舟》等期刊曾专题介绍他的作品。画功的进步与提升靠的不是天赋,而是日复一日、年复一年地潜心磨炼,靠的就是比常人花费更多时间的努力。他真切地讲:"尽可能地提高自己的能力水平,要有真本事。"

在40余年的学习与工作中,赵文坦深受师大厚重扎实的研究环境与教学氛围的濡染,树立了高远的学术理想和奋斗目标,"入古者深,出古者远"。也许是因为一直从事美术教学工作的原因,他表现出了对传统应有的尊重和敬仰。世界上从来没有无源之水,对中国画的学习更是如此。同时,他也深刻地认识到对于传统的继承除了技法与形式层面的学习,更重要的在于对传统文化精神层面的继承。赵文坦虽然在精神上立足于中国传统绘画的本根,在表现形式上却能博采众家之长,尊古而不拘泥于古,兼备包容与开放的现代精神,他讲:"教学要传统,创作要现代",这是一个教育家和画家深思熟虑后的真知灼见。从这个意义上讲,赵文坦为传统绘画在当代的重建作出了有益的探索。

赵文坦的作品以山水画见长,无论是黄土深壑、太行绝壁、皖南村落,都与现实场景保持着"似与不似之间"的微妙关系,他所努力营造的是基于现实而又超越现实的心灵家园。每个系列虽然审美取向不同,但"静"是其中一个共同的特点。赵文坦的山水画属于"壮美"范畴的较少,大多是对平凡景物的描绘,这与他的性情和平民品格密切相连。如果说还有其他原因的话,那就是他大部分时间几乎是一个"独处"的状态,这种状态使他更倾向于自己内心世界的表达。当我们观赏其作品时,总能深深地感受到作为一个普通人的平和、适意和些许淡淡的宁静。

今年,赵文坦带领美术学院学子前往四川写生,时间长达1个月。他说:"生活是艺术的唯一源泉。"创作离不开对现实生活的挖掘,"要走出去,不能闭门造车。"生活中有不竭的源泉给予创作新的灵感。

"画画讲胸有成竹,教学亦然"

为学不能浅尝辄止,几十年来,赵文坦始终专注于中国画的研究并灵活运用到教学上。中国画教学是美术教学中的重要内容,在讲授传统中国画技法体系的同时,也要贯彻人文精神的教育。"教学一定要认真,这是教师的天职。"赵文坦语重心长地说。在教案的设计上不断构思,在笔法上不断研磨,力求每一次课都能让学生技艺有所增进。美术教学一个重要的特点就是示范,理论教学与技法教学并重。"文化课与实践课都不能差,要互相促进。"他指着贴在工作室墙上的几幅示范作品,用浅显易懂的话语将美术教学的本质娓娓道来:"美术教育工作者和职业画家不太一样,职业画家注重个性化的彰显,然而作为美术教育工作者一定要按照教育规律来教学",紧紧抓住美术教学的特点,精心设计教学环节,努力让每一节课都成为精品课。"画画讲胸有成竹,教学亦然。"赵文坦的全校公开课《梅花的画法》取得很大反响,他将热爱的诗词歌赋融入艺术创作中,梅花的"凌寒独自开"酿成了中国画美的感受与崇高艺术精神。

"育人是教师的第一要务"

赵文坦教导学生要做一个有情怀、有责任、有担当的新时代大学生。他讲道:"育人的根本在于立德,一定先要在德行上教育好学生。这样他作为一个善良的人,技能上又获得了提高,我觉得这种教育才更有意义。"他一直鼓励学生传播正能量，"我们应当是传统人文精神的继承者和弘扬者。"对于赵文坦来说，人生要义的明确和操守的坚持，不仅仅是理念上的，更是实践上的，在他身上也确实体现了一位师者的优良品质。

"技"与"道"交织在一起，他对中国画的历史进行了详细的梳理，将其置于中国文化史这个大背景下，并将文化自信落实到实处。通过对主要画派和代表画家作品的分析，找到人文精神教育的切入点，注重可行性和时效性。他在润物细无声的教学当中，提升学生成绩。2019年、2020年、2023年在《安徽日报》安徽省高校绘画专业应届毕业生创作选登上分别刊登了赵文坦工作室韩秉华、邵珊珊、杨梅的作品，获得了高度评价。据不完全统计，工作室的学生近几年发表的论文、参加省级画展的作品在30篇（幅）以上。

他持之系统的山水理论与教学思想、行之有效的具体计划和实施措施，创造出稳定的、高标准的系统化学术成果。"师大是安徽省美术学'龙头'院校，我们一定不负前辈的期望，不辱使命，让师大山水画教学体系更加清晰、科学。"

人民教育家陶行知有句名言："为一大事来，做一大事去。"在学生的毕业典礼上，赵文坦这样说过："我们虽然无法与陶行知先生比肩，但我们可以'为一小事来，做一小事去'。只要你想做，就一定能做好。"2023年下半年赵文坦教授达到退休年龄，谈到这里，他眼中有光，笃定地讲："我会继续做好我余下的事情，绝不会放弃，能做多少就做多少。"半生心血投入到中国画当中，他是一位画家，更是一位学子们尊敬的师者。岁时流转，他的学子随笔墨沁润，在技法中洞见灵动意趣，描绘艺术无疆。

（李佳媛）

2023年7月7日载于安徽师范大学官网

赵文坦　教学应是「技」与「道」的统一

王世华

徽商研究的举旗人　矢志不渝的治学者

　　一个有代表性的学人，是一个大学的光荣。80余篇论文、上百万字的著作、上千万字的资料集，从徽商研究团队开立门户到把徽商研究编入国家社科基金特别委托项目《中国大百科全书》。王世华作为徽商研究一路发展的带头人与见证者，倾心徽商研究三十载，他高擎徽商研究的学术大旗，引领着后学者前行。

徽商研究的坚守者

王世华如今在徽商研究领域研究成果颇丰,可这竟是他"中途易辙"后的成果。"研究兴趣是可以培养的,融入团队是极为重要的。"这是他从自己曲折的研究经历中凝练的宝贵经验。

1970年,全国推荐工农兵上大学,王世华下放所在的公社恰好有一个上大学的名额,经过推选,公社把这个宝贵的名额给了他。由于名额对应的学校与专业是固定的,根本没有选择的可能,原本想要学医的王世华就这样进入了安徽师范大学历史系学习,成为全国第一届"工农兵学员"。"我进入大学时根本不知道历史要学些什么。"他本以为历史就是高中课本上的那些知识,直到进入大学走进资料室才知道历史研究原来是这样的浩如烟海、奥妙无穷。他在跟着老师学习后才逐渐对历史学习有了更深入的了解,也在学习的过程中逐渐培养起了对历史的研究兴趣。

1973年,王世华本科毕业后留校任教,起初被分在党史教研室,后又调到中国古代史教研室,并于1985年考上研究生,师从张海鹏先生研习明史。研究生阶段,王世华对明代政治制度史兴趣尤为浓厚,特意买来整套的《明史》开始阅读,这一研究就是5年,他逐渐取得了一些成果,硕士毕业论文也是关于明代政治制度史的研究,先后在《历史研究》上发表了2篇相关文章,王世华当时已有在这个方向发展下去的想法。

然而,王世华的老师张海鹏教授在1983年做出战略决策,组织团队开始研究徽商,王世华就是最早的团队成员之一。团队建立后,王世华在寒暑假期间随团队奔赴多地查阅收集徽商资料,与团队一起编写徽商有关书籍。但这个时候他的兴趣却仍在明代政治制度史研究上,对徽商研究采取应付态度。这样两条战线同时作战必然使两个方向的研究都受到影响。在痛苦煎熬中,王世华终于认识到,人的精力有限,五个手指分开出击自然无力,只有攥成拳头才有力量,既然已加入了团队,就不能"身在曹营心在汉",必须一心一意、全身心地融入团队。于是,下定决心后的王世华毅然决然放弃明代政治制度史的研究方向,服从大局,专心徽商研究。

此后30年来他再未改变过自己的研究方向,即使是在团队中两位先生先后去世，一位先生调走，两位师弟开辟新的研究方向并走上领导岗位，后又调走的情况下，一段时间搞徽商研究的只有他一人，他也从未放弃徽商研究。"张海鹏先生树起的这面旗帜决不能倒，作为张老师的学生我一定要保住这面大旗，并让它发扬光大。"王世华通过培养研究生，使徽商研究后继有人；通过出版书籍，发表论文，扩大徽商研究影响力。现在团队人员逐渐充实，新生力量不断加入进来，团队的影响力也在持续扩大。正因为张海鹏先生树起的"徽商研究"旗帜未倒，师大徽商研究的影响仍在，所以国内几项大的有关徽商研究的活动，师大始终都没有缺席。

2013年，王世华申报的国家社科基金重大项目"六百年徽商资料整理和研究"在与复旦大学激烈竞争中成功脱颖而出，体现了国家有关部门对师大徽商研究的认可。安徽电视台拍摄的大型政论片《天下徽商》（9集）在央视播出，王世华7次以专家身份出镜解述，为进一步宣传普及徽商作出了重要贡献。《中国大百科全书》第三版是国家社科基金特别委托项目，作为国内最重要的文化工程之一，此书特加入徽商模块，体现了国家对徽商研究的高度重视。当时正是"六百年徽商资料整理与研究"重大项目进展的关键时期，王世华受到《中国大百科全书》（第三版）编委会的邀请，担任"徽商"专题主编。面对如此繁重的科研任务，王世华毫不犹豫地接下了这个担子，"这对我们徽商研究具有特别重要的意义，再大的困难也要克服。"作为徽商研究的见证者与举旗手，王世华深感责任重大。在省委、省政府和教育厅领导的关心以及学校、学院的大力支持下，王世华和他的团队最终顺利完成《中国大百科全书》"徽商"专题的编撰任务，如今已经正式上网。在历时10年之久的苦心研究后，"六百年徽商资料整理与研究"这一重大项目也顺利结项，得到7位鉴定专家的高度肯定，一致建议给予"优秀"等级，从而巩固并扩大了师大徽商研究的地位和影响。

一步步走来，从初立门户到受到学术界的青睐与政府的高度重视，王世华一路见证着徽商研究的发展，他用30余载矢志不渝地倾心研究为徽商研究尽了一份力量。

只争朝夕的耕耘者

徽商研究的起步是非常艰难的。徽商作为明清时期驰名全国的大商帮，从商人数众多，经营范围广泛，商业资本雄厚，足迹"几遍宇内"。因此，关于徽商的资料也就非常分散。但是，再大的困难也要上，"史学研究是一件老老实实的事情。不掌握资料，研究就成了无源之水，无本之木。"这是王世华的老师张海鹏教授的一贯主张。于是在张海鹏教授的亲自率领下，王世华跟随团队利用2年4个寒暑假，北上合肥、北京，南下徽州各县，开始了徽商资料的搜集工作。

让王世华印象最深的是1983年的夏天，那一年似乎特别热，他们出发去安徽省图书馆查阅资料。他们的住地距离图书馆还有一段路，为了节省交通时间，更有效率地查阅资料，他们每天上午在图书馆还未开门时就赶到，中午到下班时才离开，下午又顶着烈日，冒着40℃的高温，徒步赶到图书馆，一直干到下班。晚上旅舍条件很艰苦，没有空调，蚊叮虫咬，根本不能入睡，王世华与团队成员也不浪费时间，就坐在旅舍外面交流一天的收获，常常午夜之后才能成眠。虽然吃了不少苦头，但着实查到了不少资料。之后，他们又利用寒假去上海、下徽州，在凛冽的寒风中马不停蹄地跑博物馆、图书馆，走访各个单位。在这样争分夺秒的努力下，经过4个寒暑假的奔波，收集了近百万字的资料。为了避免干扰，集中精力，王世华又在张海鹏教授的带领下利用暑期在黄山脚下的汤口镇租了两间屋子，开始整理、誊抄徽商资料。"当时一天要工作十来个小时，对一些费解或有歧义的资料，我们就在一起共同讨论，常常为一个标点、一个字义争论好久，非要求得文通句顺不可。"王世华与团队一行在黄山脚下一住就是20多天，虽然黄山风景区近在咫尺，但为了工作，他们却从未上过黄山游览。

"着力耕耘，必有收获。"他们遍访图书馆、档案馆、博物馆、科研单位，访求珍藏，广搜博采，埋首于史籍、方志、谱牒、笔记、小说、文书、碑刻、档案之中，爬梳剔抉，钩沉索隐，抄录了百余万字的资料，涉猎各类书籍共230余种，其中徽州各姓的宗谱、家规近百种，为后来的研究工作奠定了坚实的基础。终于在1985年，《明清徽商资料选编》顺利出版，在国内外学界产生了较大的影响。

"治学是一件老老实实的事,来不得半点投机取巧,必须要下苦功夫、笨功夫,这是张海鹏老师一再教诲我们的。"这段治学经历让王世华深知做学问要严谨认真,更深感时间于治学之宝贵。

除了艰苦的研史经历,谈及治学道路上的困难,王世华最为遗憾的便是真正可用于学习研究的时间太少。王世华自1995年调任学校教务处副处长,1996年任校长助理,1997年任学校副校长,2008年卸任,又任安徽师范大学皖江学院党委书记、院长,直至2012年退休,可以说人生最宝贵的17年时间都奉献给了学校。尽管行政工作很忙,但王世华仍坚持担任一定的教学任务、指导研究生,绝不放松专业,尤其是不忘科研,他认为这是一个教师在高校安身立命之本,绝不能放弃。那时他分管的部门多,国内高校之间交流又频繁,工作任务很重,每天到家一般都在晚上9点左右了。即使天色已晚,他仍然立即投入到读书写作中,一直干到凌晨才休息。他也从没有什么双休日概念,他的很多文章就是利用双休和每天晚上的时间完成的。

2013年,王世华申请获批国家社科基金重大项目《六百年徽商资料整理和研究》,因团队的主要成员当时都担任领导职务,工作繁忙,虽然学校曾派助手协助工作,但助手本身科研任务很重,无法全身心投入,所以项目任务大多由王世华独自一人带着一届届研究生开展工作,项目成果之一《六百年徽商资料集成》1100万字(其中有八九百万字的古文),完全由他一人分段标点。10年来,王世华极少有休息天和节假日,连春节也基本在办公室忙碌。疫情之后为了抢抓时间,他索性住在办公室,每天工作10个小时以上。他曾说过,自己是工农兵学员,底子差,没有系统读过很多书,加上资质中下,如果再不笨鸟先飞,那真的会一事无成。所以他几十年来只能以只争朝夕的精神,抓紧一切时间学习和耕耘,终于完成了这一浩大的工程。

不鞭自奋的治学者

"做学问要先做人。这是张老师一贯教导我的,亦成了我今天的治学准则。"王世华说。那么，要做一个什么样的人呢？就是要做一个老实人。"老实人总会吃亏，老实人不怕吃亏，老实人最终不会吃亏。"这是王世华总结出的道理。人不老实，做学术必然投机取巧，虽然可能也会出些成果，但终究不会取得大成果，也不会得到学界公认。"老实而不迂，精明而不滑"，做人治学要老实，观察问题要精明。其次要守时守信，这是做人最起码的准则。他以此要求自己，也一直教导学生。每年新招研究生的第一课就是要教导学生如何做人。在跟从张海鹏教授学习时，他观察到老师做事极为认真，对后学的要求是非常严格的。学生的文稿写成后送给张海鹏教授审阅时，他总要从文章布局、观点材料、文字表述等方面进行审查，提出意见，甚至对文字的书写、字迹的工整也要求很严。王世华仍记得自己刚写论文时，文字写得很潦草，受到了先生的严厉批评。张老师即使是对自己所写的便条与信件都会反复阅读、仔细修改。也正是通过对老师一言一行的细微观察让王世华领会到了"认真"二字的真谛。"认真做好每件事"，这不仅是王世华的座右铭，也是向学生提出的要求。勤奋的精神、严谨的学风、认真的态度也就逐渐被应用到了治学之中。

治学50载，王世华也总结出了自己的一套治学方法。那就是一定要有"滴水穿石"的精神，滴水之所以能够穿石，就是因为做到了两条：目标不变、持之以恒。目标不变就是专注一个研究方向，固守阵地，心无旁骛，深耕细作，自然会有收获。持之以恒就是不能一曝十寒，三天打鱼两天晒网，要始终不渝，坚持到底。在这个前提下做到"三勤"：勤看书、勤思考、勤动笔。勤看书指的是要多读、广读、勤读。既要看原始资料，也要看今人著作。勤思考指的是要善于发现问题，有问题意识。"要在创新上下功夫，一篇文章一定要有新意。所谓新意，就是观点新、方法新、角度新、资料新。即使不能做到全新，但总要有一新或二新。"王世华说道。勤动笔，就是随时将思想中冒出的火花、看到的有用资料立即记下来，否则时过境迁，有时会永远无法弥补。做学术研究，稍有一段时间停笔，则思维滞塞，退步显著。勤于动笔是保持学术研究的思考力与动力的重要手段。

如今，历史学院除徽商研究外，徽学其他的研究方向也成果显著，研究队伍不断壮大，徽学正在成为"我们这个时代学术潮流中的一个主流。"前途光明,前景无限。王世华扛着徽商研究这面大旗走了30年,此后的岁月他也将继续努力,让徽商研究的旗帜在学术园地里继续迎风招展。

（陈玥羽）

2023年4月1日载于安徽师范大学官网

榜样师大人

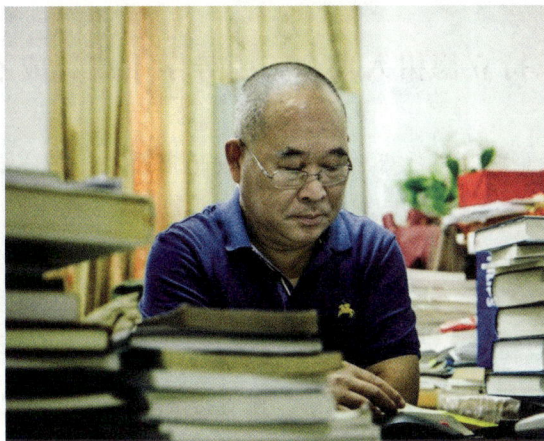

周兴国

在平凡的教学工作中践行教书育人使命

"总是假设在你班上有个沉默的学生，他无论在理智还是性情上都远胜过你。"从事高等教育教学工作26年，周兴国教授始终将此作为自己教育教学工作的座右铭，以此来激励自己开展教学工作。来自学生的教学压力转换成一种不断思考与探索的动力，进而转化成他教书育人的职责和使命。

秉持立德树人理念，引导学生成长成才

　　一名真正意义上的大学教师，不仅仅是自己走进教室面对大学生讲课，而是通过对话式教学引导，实现学生的心灵转向，让学生进入理性思维之中，开启学生的理智与智慧，提升学生的精神境界。

　　他是研究生导师，也是本科生导师。自担任研究生和本科生导师以来，周兴国教授和同学们一道阅读教育名著，一起撰写读书笔记。为了能够更好地指导学生论文，对于学生论文选题不熟悉的研究领域，他会先做一番研究工作，并撰文以示范。这种先行一步的示范性写作，对于研究生的学术发展起到了较好的引导作用，不少学生在修完儿童哲学等课程后将完成的作业以学术论文的形式发表出来。

　　大学课堂传统的教学方法之弊端，为世人所针砭。周兴国教授汲取传统的课堂讲授法之精义，同时又根据大学生的认知能力及高等教育教学改革之趋势，运用可利用的教学资源，围绕所教课程的基本理论、基本结构以及基本问题，激励学生实质性地参与课堂教学，突出概念思维与实践思维相结合，尝试将学生带入概念世界，再由概念世界进入到教育生活世界；在此基础上通过对教育生活世界的理性分析，使学生再进入到概念世界。课堂教学注重讲、读、思、写、论结合，所指导的本科生作业论文也有在学术期刊公开发表。

坚持教学研究，推进教学实践创新

　　现代大学提出"以学生为中心"的教育理念。如何将此教育理念落实到高校课堂教学之中，乃是教学改革的关键所在。2007年，周兴国教授开始探索学分制下本科教学质量管理体系和制度问题，和团队成员一起提出的基于学分制的本科教学质量管理体系重构的思想，获省教学成果特等奖、国家教学成果二等奖。课程是培养目标实现的重要载体，也是教学改革的前提和保证。基于课程建设的重要实践价值，他申报并主持国家精品课程"公共教育学"的建设工作，尝试将案例教学引入公共教育学的教学实

践,其后设立的省高校名师工作室以此为重点进行了探索,整理出 30 余万字的公共教育学教学案例。作为课程负责人,周兴国教授数十年与教学团队共同努力,领衔申报的《教育学专业论坛》入选教育部"双万计划"一流课程。他参与教育部马克思主义理论研究和建设工程《教育学原理》教材编写工作,彰显了教育学团队在全国的影响力。他主持的安徽省规划教材《基础教育改革研究》编写并出版发行,后又再次入选省级规划教材再版发行。他参与专业建设,领衔申报的教育学专业建设实践探索成果"从'特色'跃升'一流':教育学本科专业的十年探索进路"获安徽省教学成果特等奖。

注重团队建设,助推青年教师发展

青年教师的健康成长和发展,是学科建设和学术持续发展的根本。发挥老教师的传帮带作用,加强对青年教师的培养,推进科研与教学工作的老中青相结合,也是当下学科建设中的重点和难点所在。周兴国教授充分利用主持安徽省级教育学教学团队建设的契机,围绕高等学校人才培养及教学改革中的社会关切,和青年教师一道探讨和思考高校教育教学改革问题。他对青年教师面临家庭、教学、学术等多重压力的纠结充满着关切和尊重,在与青年教师交往中总是平易近人,充满慈爱。很多青年教师都表示,周兴国老师能给人一种"哪怕你的选题再偏颇,哪怕你的文章逻辑再混乱,你都'敢'请他指导的心安和希望感。"他会在慢走时为了青年教师的课题选题表述冥思苦想,会轻声询问青年教师一些问题并给予指导。大家都为课题立项的老师点赞时,他会给落选的青年教师发来一条鼓励的微信……

坚信"沉默的学生"将胜于师。这既是周兴国教授的教育理念,更是他立身立教的真实写照,因为他始终对教育满怀着深情与热爱!

党委宣传部 党委教师工作部

2022 年 9 月 8 日载于安徽师范大学官网

宣 宾

心至诚　理致真　学致用

宣宾,安徽师范大学教育科学学院教授,博士生导师,认知心理学学科负责人,教育科学学院学术分委员会主任委员。她的办公室简洁、明朗,恰如其人,梳着干净利落的齐肩发,为人谦逊,待人温和。交谈中,在她身上,你能感受到科研工作者突破困境追求真理的韧性,能看到为人师者爱生重教的赤诚之情,能体会到她温和话语中闪耀的智慧光芒。学生们私底下都亲切地称呼她为"学术女神"。

精益求精，做紧密关照现实的科学研究

近年来，宣宾主要围绕认知老化及干预开展系统而深入的研究，先后主持了3项国家自然科学基金项目、1项国家社会科学基金项目，在 *Neuro-image*、心理学报等国内外权威期刊发表多篇论文，其中"Larger stimuli are judged to last longer"被国内外同行引用550余次。

这些成果的取得一方面得益于宣宾对心理学科研究浓厚的兴趣，另一方面更源于其对人口老龄化等现实社会问题的高度关注和深邃思考。宣宾最先观察到周围的老年人随着年龄的增长所产生的认知老化，出现记忆力下降，语言表达改变等现象，再结合我们国家老龄人口占比越来越高，她开始思考如何通过所学去帮助老年人延缓认知和脑功能衰退，使得他们能够更好地、积极地参与社会活动，提高老年生活质量。

心理学是文理交叉的学科，在研究过程中需要开展严谨的实验研究，但如何找到合适的"被试"（心理学实验或心理测验中接受实验或测试的对象）成为令人头痛的问题。面对实验开展中遇到的困难，她积极地联系老年大学、养老院和社区，打消老年被试的顾虑，有时候好不容易找到老年被试，却发生实验中途退出的情况，导致实验只能暂时搁置。在实验过程中与老年人进行沟通也非常具有挑战性，很多实验任务需要在电脑上完成，教育程度低的老年人在理解实验任务和操作计算机上相对困难，这需要课题组有更多的耐心和细心，指导老年人熟悉实验流程，配合实验完成。

探索之路困难重重，有时遇到瓶颈期，宣宾也会产生迷茫、无助的情绪，她选择通过外出访学，参加学术活动等方式"充电"，在开阔学术视野的同时也调节科研压力，以更好的状态继续投入科研工作。

"困难是一直存在的，需要自己去逐个击破，这个过程很耗费心力，有时也会有犹豫，这需要自己去调整、去抉择。"宣宾在不断地实践探索中也坚定了自己的研究方向，"每当实验取得进展，发现自己的实验对提升老年人的认知能力是有效果的时候，又会鼓舞我继续前进，未来期待自己在这个方向上做出更多有意义、有价值的东西。"

在认知老化研究之外，宣宾还在高自闭特质、重度听障人群等特殊人

宣宾 心至诚 理致真 学致用

55

群中,不断摸索新方法来开展行为干预和神经调控,希望有所贡献。

安徽师范大学年度科研人物,安徽省领军人才特聘教授,中国心理学会认定心理学家,中国心理学会普通心理学与实验心理学专委会委员,安徽省心理学会副理事长等荣誉称号背后不仅是对她专业能力的肯定,还闪耀着她对科研的赤诚之心。

言传身教,营造开放包容的学术氛围

在教科院4楼的一间屋子里,宣宾正带着自己的硕士生和博士生开组会,分析前沿文献,交流科研进展,优化实验方案……师生们热烈地讨论着,让人感受到浓厚的学术氛围。

宣宾坦言每次参加组会都很有压力,"硕士和博士的论文选题具有独创性,这对老师来说也是一种考验,因为学生提出的设想到底可不可行,我的意见会对他们产生影响,如果我判断失误有可能会导致学生放弃一个有价值的选题,或者浪费大量时间去做无用功,我需要对学生负责。"

这种压力实际上来自于她内心强烈的责任感,来自于她对学生的尊重,对学术的敬畏。尽管如此,她从不会要求学生与自己的研究领域保持一致,相反她会认真了解学生感兴趣的方向,鼓励他们大胆去做,带领着学生一起瞄准学科前沿,跟踪发展趋势,同时给出建设性的意见,帮助学生找到正确的前进方向。

这种开放包容的学术氛围引导着学生各抒己见,在多样思维的碰撞中发掘专业兴趣和潜能,给学生找到自己真正热爱的研究领域提供了最大可能性。她指导过的研究生为数不少进入中国人民大学、北京师范大学等高校继续攻读博士学位,其中多人在高校任职,成为学校的青年学术骨干。已经毕业多年,在外读博的学生还经常来"蹭"线上组会,只为再次感受纯粹的学术氛围。学院的其他老师有时也会来旁听组会。

宣宾支持研究生开展频繁有益的学术交流活动,组内研究生积极参加全国心理学大会、普通心理学与实验心理学分会的学术年会以及多项技术培训,多名同学的会议论文被评为全国优秀论文,部分研究生还前往中国科学技术大学等知名高校的实验室开展交流学习。

"宣老师治学严谨、博学谦逊、为人低调，能成为她的学生非常幸运，我要努力追随老师的脚步前进。""'源于热爱，终于坚持'是我在老师身上学到的科研精神，热爱可抵岁月漫长，要想做好科研首先要热爱心理学；其次还要有韧性，遇到困难也要坚持做下去。"学生们都给予宣宾很高的评价。

勇于探索，打造开放探究型实验教学模式

宣宾承担认知心理学、心理学实验编程技术、认知神经心理学研究进展等多门课程的教学任务。她的课堂教学设计巧妙，教学逻辑清晰，广受学生好评。"每次听宣宾老师的课都会被深深吸引。老师总是能深入浅出、层层递进地介绍研究设计，逻辑清晰、引人入胜，把心理学实验的魅力展示得淋漓尽致。"

针对本科生科学素养不足、动手能力较差等问题，她积极探索开放探究型实验教学模式，进行开放式的项目训练，着重培养学生自主学习和创新能力。"认知心理学"是一门注重实验的课程，在上这门课的时候，她要求学生每学期以个人或者小组合作的形式去做课程设计，以感兴趣的心理学问题为核心，通过自主设计实验方案去研究解决。同时，宣宾开放自己的实验室，让本科生跟着研究生一起做实验，培养学生的学术思维和能力，这对想要走学术道路的学生很有帮助。在此基础上，她鼓励学生积极申报大学生创新创业等项目，并给予多方位的指导。

宣宾会根据不同的教学内容和目标来调整教学方法。教授心理学研究方法，她选择细致讲解帮助学生尽快理解和掌握；教授研究逻辑和思路，她采用文献研讨的方式与学生深入讨论；针对学科热点和专业进展，她通过梳理文献、形成专题讨论来提高学生对学术问题的敏锐度。

在课堂一线默默耕耘数十载，宣宾认真传授知识，用心培育学生，两次获得安徽师范大学师德典型称号。

教学之外，宣宾还投入大量时间牵头建设心理学实验中心，从无到有地创建省级实验实训中心——心理学实验实训中心，先后主持新建眼动、脑电、生理多导、直流电刺激和近红外脑成像实验室，改造心理测评、认知行为和团体辅导实验室等，促进了学校的心理学及相关学科的教学科研

发展。

　　"凿井者，起于三寸之坎，以就万仞之深。"回首学术生涯的起点，宣宾从带有一定偶然性地踏入心理学，到如今成长为专业领域的学术骨干，离不开她对心理学的热爱，更离不开她数十年如一日地专注在自己热爱的领域，以坚定的信念和不懈的努力，将时间凝练成坚持的力量。路漫漫其修远兮，未来，她将继续保持求真的学术精神，积极关注社会需求，做紧密关照现实的科学研究，在科研的大道上砥砺求索。

（康京京）

2023 年 12 月 4 日载于安徽师范大学官网

榜样师大人

詹 蓓

坚守教育初心　打造大外金课

詹蓓,安徽师范大学外国语学院教授,安徽省教学名师,硕士生导师,安徽省基础教育教学专家委员会主任,"十四五"国家级培训计划专家,安徽省中小学教师培训省级专家库人员,省级教学团队负责人。

扎根一线，成果丰硕

2007年以来，詹蓓教授先后承担大学英语、大学英语视听说、学术英语、读写英语口语等公共英语教学，授课学生人数近5500人次，出版编写教材7部。曾任大外教学副院长的她坚持对标"金课"标准，推动大学英语改革，推进课程教学"四化"（教学侧重导学化，导学强调问题化，问题凸显思维化，思维注重品质化），践行线上线下混合式教学，打造立体化课程教学，注重思政元素融入，建立了"2224"多维立体评价体系，实现"课堂教学引领、网络拓展学习、课外语言实践"三课堂环环联动，主持申报的大学英语课程获批安徽省一流课程。近年来，学生在各类英语竞赛中频频获奖，获得全国大学生英语特等奖100余人次，连续10年名居全省各高校之首，在全国名列前茅。学生连续3年在安徽省大学生跨文化交际能力大赛中获一等奖第一名，4人获"外研社杯"全国英语写作、阅读大赛一等奖，2人获2019年"批改网"杯全国大学生英语写作大赛决赛特等奖，3人在华东地区高校大学生英语互联网听说大赛中分别获一等奖、二等奖和三等奖，8人获全国英语阅读网络大赛特等奖，6人获全国英语写作网络大赛特等奖，1人在第五届全国大学生学术英语词汇竞赛中荣获一等奖。我校学生英语综合应用能力不断提高，学校学生四级通过率高达90%以上，极大地提升了我校在省内外的影响力。

弦歌不辍，团队传帮

作为一名有着丰富教学经验的老教师，詹蓓教授一直致力于青年教师专业素养和业务能力的培养，通过建立有效的团队合作机制，促进教师间的合作交流，发挥老教师的传帮带作用，加强对青年教师的培养，推进教学工作中老中青相结合。通过队伍建设，积极促进教学研讨和教学经验交流，推动教学内容、方法的改革研究，开发教学资源，努力打造一支高素质的大外教学团队，从根本上提高教育教学质量。詹蓓教授负责指导的王瑜、杨元等青年教师，都取得了显著成绩，王瑜多次荣获国家级、省级教学比赛奖项，获安徽省"教坛新秀""五一劳动奖章"，第三届全国高校教师教学创新大赛省赛二等奖;杨元曾获外研社"教学之星"大赛三等奖、安徽师范大学青年教师基本功大赛二等奖、第十三届"外教社杯"全国高校外语教学大赛安徽赛区大学英语课程思政教学案例特等奖和大学英语跨文化教学案例特等奖等。近年来,大外教师也在各类教学大赛中荣获佳绩,获得"教学之星"全国微课大赛一等奖1项、全国师范院校教学大赛一等奖2项、全国教学竞赛三等奖3项、安徽省青年教师教学基本功大赛一等奖1项(第一名)、"外研社杯"全国大学英语教学大赛安徽省赛区特等奖2项,安徽省高校英语教学大赛二等奖2项、三等奖2项。与此同时,获批国家社科基金项目2项、省振兴计划重大教学改革项目1项、全国高校外语教学科研项目各4项、省级学团队1项、省级科研项目10项、省级质量工程重点项目3项、省级质量工程一般项目15余项,获校级课程改革项目30余项,发表学术论文50余篇,出版译著7部,出版英语各类教材10套。

孜孜不倦,持续发展

　　詹蓓教授曾说,"从教40多年来,从来不敢懈怠,站在三尺讲台,学在花津河畔,以心相伴,教学相长,我分外珍惜大学所提供的教学科研平台,即使退休在即,也欣然接受学校续聘,继续在美丽师大校园发光发热。"近年来,詹蓓教授在教学岗位上兢兢业业,累计培养硕士研究生70余名,指导研究生公开发表专业论文近20篇,其中1篇被人大复印资料全文转载。9名学生获国家奖学金,多人获优秀毕业生称号。先后主持省级精品课程建设项目、省级重大教研项目、省级重点教研项目以及安徽省高等学校省级示范基层教学组织(教研室)建设项目等研究工作,主持完成"国培计划"项目30余项,受聘担任首席专家10余次。主编教材7部,出版译著1部,先后在《中国翻译》《外语研究》《教育研究》《课程·教材·教法》等一级期刊公开发表论文和译文10多篇,部分译文和研究成果被《新华文摘》《人大复印资料》等全文转载。2018年获安徽省质量工程教学成果三等奖,2019年荣获安徽省质量工程教学成果一等奖。

党委宣传部 党委教师工作部

2022年9月7日载于安徽师范大学官网

詹　蓓　坚守教育初心　打造大外金课

黄焰结

秉初心跨中西文化 "译"心"译"意教书育人

踔厉奋发,勤恳治学30载。外国语学院教授黄焰结始终以"学翻译,做翻译,教翻译,论翻译"为座右铭,致力于翻译理论与实践的研究,以"译"为刃,助力中外文化的交流与传播。他先后任安徽省外文学会副会长、中外语言文化比较学会翻译文化研究会副会长,学院学术分委员会主任委员、比较符号学研究中心负责人,发表高水平论文30余篇、著译多部,翻译累计字数逾百万;主持国家社科基金项目、教育部项目、省教研重大和重点项目等10余项。

乘东风译西言，踔厉发扬文化

缘于对翻译的浓厚兴趣，黄焰结在硕士时期就主修英语语言文学专业翻译实践与理论方向。恰逢新世纪之交翻译学学科迅猛发展，他乘时代东风踏入崭新的学术殿堂，由此开启他30年来的学术之路。

英国著名历史学家汤因比曾经说过，每个文明都有产生、有发展、有鼎盛，还有颓败，这个过程好像是必然的，但唯独中华文明一直永葆青春。这个永葆青春的"灵药"到底是什么呢？季羡林先生说就是翻译。他说，在中华文明发展的历史上，有两股大水注入了中华文化长河，一股是佛经翻译，还有一股就是19世纪末、20世纪初的西学东渐。"如今，中国特色社会主义进入新时代，如何将中华优秀传统文化推广到世界，做到'东学西渐'，翻译派上了大用处。"黄焰结解释道，翻译并不仅停留在语言转换的表层面，更应是文化交流的通道。秉持文明互鉴的学术方针，他以"译"为刃，奋进在中西文化交流一线，出版《翻译史研究方法》《自然的大都市》《成也朋友，败也朋友》等著译。在逾百万字的翻译作品中，60万字的《自然的大都市》是其代表性作品。

翻译这部书，黄焰结与两位同事从专业术语统一、翻译原则制定入手，夙兴夜寐，历时1年终于形成初稿。而让黄焰结最花费心血的地方，是他个人长达半年对译稿的统校和修订。"毕竟这是部关涉美国历史文化的巨著，里面有不少特色历史文化名词，要做到准确表达不容易。"机缘巧合，其间黄焰结赴英国利物浦大学短期研修。他抓住一切机会，充分利用身边资源解决难题："泡"图书馆查阅相关资料，"逮"着当地老师、同学请教……力求能得到最精准、地道的表达。就这样，积攒了1个春天的难题在访学期间得以解决，顺利完成译稿修订。译作一经问世，收获了大量好评。"这部著作的英文文笔极佳，既有史家之准确节制，也有文体家之优美凝练，虽然书中应用了大量数据分析，讨论了很多看似枯燥的对象，从铁路的时间安排到肉类加工业的季节性，但却如同许许多多富有诗意的故事的组合。这样的文字也给翻译造成很大的难度，中译本却成功地将这些特色呈现了出来，可以说是我读到的去年出版的学术译著中最花心思的一部，令人钦

黄焰结　秉初心跨中西文化　「译」心「译」意教书育人

佩。"北京大学历史系陆扬教授在社交平台上发布的"我的2020推荐阅读"中大力赞赏。

"《自然的大都市》是由美国历史学会会长威廉·克罗农撰写的城市史研究的巅峰之作,不仅是一部城市史,也是一部美国崛起时代社会和经济及其与特殊自然环境之关系的全景图,作为世界级经典著作,极具研究价值。"谈及翻译初心,黄焰结深切表示,要将世界优秀文化瑰宝引进来,让中国读者多读"好"书。

不消言,黄焰结在时代东风下勤勤恳恳,一直坚守在研制中华文明永葆青春的"灵药"道路上。

秉原则专翻译,融会贯通传佳作

在翻译界,千年来一直存在着有关直译和意译的争论。黄焰结认为其中任何一种翻译方法的盛行都与历史时代文化脱不开关系,"在'我手写我口'的社会背景下,五四时期大力推行白话,而中国文学传统以文言为主,现代白话需从西方语言中借鉴。"处于历史转型年代,现代汉语不成熟,鲁迅先生也推崇"引进外国句法和文法来丰富现代汉语"。较为生硬、古板的直译则成为当时翻译家们的主流。如今,现代汉语体系逐渐完整,流畅、可读性强的意译更受大众喜爱。"良好的双语能力只是翻译基础。"面对"什么才是一个好翻译"的问题,黄焰结这样回答,"做好文化过滤、文化沟通,实现有效的文化交流才是翻译能力的重要体现。"

翻译启蒙阶段,黄焰结深受导师林克难教授的影响,对富有"文采"的翻译表达颇为青睐,在之后的求学道路上他还有意识地大量阅读文言作品,自发探求富于中国传统文化色彩的表达方式。事实证明,长期的文化积累于翻译作品的呈现非常有效。"史论结合,评述得当。不是堆材料,而是真的融会贯通,很让人佩服。"豆瓣上总有热评对于黄焰结的译著发表真挚赞美。

孜孜不倦治学30载,在《中国翻译》《外语教学与研究》《外国语》《外语与外语教学》等核心期刊上发表高水平论文30多篇,黄焰结有套自己的翻译理论。在黄焰结眼中,能否经受得住读者的检验才是评判作品"好坏"

的重要标准。如同后现代的"作者已死"理论，创作和翻译完成后作/译者就无权干涉这个作品，作品内涵意义的挖掘很大程度上来自于读者的理解，就像人们对于鲁迅先生"两棵枣树"的不同阐述诠释。因此，黄焰结将"可读性"视为翻译的第一要务，在翻译《自然的大都市》过程中，时常会有长难句的出现，"这种情况下我们通常采用意译：将句子拆开或者做些变通，在内容准确的基础上书写流畅可读的译文，确保译文读者能够充分理解。"

译者，既是原作的读者又是译文的作者，作为中间承接人，黄焰结的翻译原则是"用通顺的汉语来忠实地再现原文的内容"。与作者近，直译居多；离作者远，需文笔活。"我觉得要与作者不即不离。"黄焰结笑谈。在翻译另一部《翻译史研究方法》（与其专著同名）时，他就时常与原作者探讨，询问自己是否对作品理解到位，"即使阅读汉语作品也不可能做到完全接受作者想要表达的内涵，如何还原作品的意蕴？这个时候与作者的沟通是十分必要的。"一部作品的传播范围不仅有关作者的写作水平更是在考验译者的翻译水平，翻译是对于文学作品的再创作，总会带上自己的风格和韵味。"莫言能够获得诺贝尔文学奖也离不开他的译者葛浩文，葛浩文在与莫言充分交流后，甚至修改原作的部分内容，用适合西方读者的表达方式去叙述文章，果然反响非常热烈。"再如大翻译家严复，他选择用桐城派古文翻译西方思想著作，在翻译中作了大量注释，影响力深远，可以说这也是译者展现翻译能力的重要手段。

在创造中黄焰结始终贯彻他翻译原则，忠实原文的基础上发挥文化鉴赏的主观能动性，运用翻译的"道"与"器"，最大限度为原作诠释添彩，助力优秀世界文明思想的传播延续。

紧抓手潜学术，学做教论奋前行

初出茅庐时，黄焰结对作品没有太多选择的权利，"不仅有文学性作品，连理工科论文我都翻译过。"照单全收的无奈一度让他接收的翻译任务十分"杂"。翻译五花八门的"杂学"文本，迫使他去查阅相关的知识，有文学、历史学、管理学、经济学等学科的论文，甚至数学、物理等方面的文章，

黄焰结　秉初心跨中西文化　「译」心「译」意教书育人

65

这无形之中使他"博览群书",奠定了深厚的人文学科基础,而对于自然科学知识,用他谦虚的话来说,也"略有所知"。但也正是前期来者不拒,对不同学科知识的博观约取的学习态度为他后来的科研之路打下坚实基础。

30年来,黄焰结一直在"学翻译、做翻译、教翻译、论翻译"的路上,在翻译界崭露头角,入选安徽省高校学科(专业)拔尖人才计划,获"安徽省学术和技术带头人后备人选"人才称号,先后任安徽省外文学会副会长、中外语言文化比较学会翻译文化研究会副会长。"现在,我更倾向于学术性翻译和研究,这可能跟我高校教师的气质更加契合吧。"走上科研道路,黄焰结主持完成国家社科基金项目、教育部项目、省教研重大和重点项目、省厅级项目10余项,目前在研有国家社科基金项目"张闻天翻译研究"和省哲学社科规划重点项目"近现代安徽翻译文化史研究";在外语教学与研究出版社(全国一级出版社和"百佳"出版社)出版了《翻译史研究方法》(2022)等专著,并在《中国翻译》《外语教学与研究》《外国语》《外语与外语教学》等核心期刊上发表高水平论文30多篇。

论及大力发展学术的原因与期许,黄焰结诚恳表示:"作为一名高校教师,不仅要搞好教学,更需要把教学和科研统一起来,成为教育的实践者、研究者、思想者和创新者。"在自己深入学术研究的同时,他也将目光聚焦于青年教师,无论是常规的学术沙龙还是私下的"小灶教学",黄焰结总是毫不吝啬地分享自己的经验和研究乐趣,乐此不疲地帮助青年教师们提升科研能力,增强自信,"提高他们的学术素养就是创新学术团队,推动学院的学科建设,促进学术繁荣,为咱们学校的学科振兴行动计划添砖加瓦。"

不止于埋头书斋、苦究理论,黄焰结有着自己的精神价值追求:"为学院和学校的发展贡献应有的力量,既是教师的职责所在,也是个人价值的实现。"秉持"金针度人"的教育理念,黄焰结时常研读专业理论和教育著作,认真思考教学方法和教育策略。他将翻译视为与学生联络的桥梁纽带,鼓励动员学生积极参与学术实践,带领学生参加翻译大赛、申请课题、参与校内外学术活动,指导学生多项大赛获奖,教学成果颇为丰富。

专注翻译之路30年,黄焰结期待着拥有无限可塑性的学生们能够继承自己的衣钵,潜心于翻译事业和翻译学术研究。借用林语堂先生之言,黄焰结为自己画像:"两脚踏中西文化,一心去教书育人。"

（孙裕）

2023年12月12日载于安徽师范大学官网

黄焰结 秉初心跨中西文化 『译』心『译』意教书育人

柏友萍

潜心教研　修德育人

　　柏友萍,安徽师范大学体育学院教授,博士生导师。现任华人运动生理与体适能学会会员,中国体育科学学会会员,安徽省体育学会体质分会副主任委员。作为安徽师范大学体育学院的一名普通教师,她始终坚持"育人先育己,育才先育心"的教育理念,选择既做"经师",也做"人师",以身作则,正己化人,把教书育人作为教师天职,始终坚持按照"四有"好教师标准严格要求自己,担当好人民教师教书育人的神圣使命和时代重任。勉励青年学子将人生理想融入国家和民族的事业中,引导学生树立正确的价值观、培养学生的爱国情怀。

坚持严谨治学，以生为本

柏友萍教授把大学讲台作为她工作中的重中之重，长期工作在本科生教学第一线，为体育学院本科生讲授运动解剖学、运动生理学、体育保健学、运动医学、运动处方、医学急救常识及健身理论与指导等专业基础课程。每学年的本科教学均为5—7个班级，如果是实验课分班上课每周可达到30节课。尽管教学任务多、担子重，但她始终勤勤恳恳、兢兢业业、任劳任怨，以高度负责的态度认真备好、上好每一节课。在备课中，力求体现新知识和新技能，拓展学生学习资源。课余时间耐心为学生答疑解惑，还主动给有科研兴趣的学生提供实验平台，培养学生的科学思维，提高他们分析问题和解决问题的能力。2018年，柏友萍老师被学校评为"教学名师"。

聚焦科学研究，坚持创新

柏友萍教授在做好本科教学工作的同时还带领研究生积极开展学术研究，主持省部级课题4项、厅级课题4项、校级课题4项。出版著作1部，在《卫生研究》《中国应用生理学杂志》《中国运动医学杂志》等发表学术论文60余篇。在她所指导的研究生中，有1名研究生获得安徽省教育厅科研项目立项1项，4名研究生获得安徽师范大学研究生科研项目立项4项，6名研究生获得安徽师范大学优秀毕业论文，6名研究生获得国家奖学金，2名研究生获得朱敬文特等奖学金，1名研究生获得国家发明专利1项，学生作为第一作者发表学术论文30余篇。

注重师德师风，育人为先

在学生眼里，柏友萍教授既是一位工作严谨、要求严格的老师，又是一位有着仁爱之心的家长和朋友。她虚心向德高望重的老教师、老前辈们学习，学习他们淡泊名利、不计个人得失、甘于奉献的精神，并不断加强自身师德修养。在学习上和工作上,她总是要求身边的学生养成良好的学习生活习惯,叮嘱他们不要虚度光阴,利用好时间多学习知识,多思考问题。每周定期召开学生讨论会,分析探讨课题研究以及同学们在学习中遇到的问题,交流讨论他们的实验成果。她始终坚持做好"人师"的职责,对待课堂学习态度不端正的"问题学生",她私下谈心,询问原因,主动找辅导员了解情况,配合辅导员帮助学生正确面对逆境,尽最大努力帮助他们排忧解难,培养他们积极向上的人生观、价值观和世界观。柏友萍教授还义务辅导学生运动生理学、运动解剖学等课程,她要求学生做到的,她自己必先做到。在实验室里,她要求学生要保持实验室的整洁,自己就总是在学生来实验前将实验室打扫和整理干净。她严格要求学生实验操作规范,总是不厌其烦地向学生演示规范操作。在关爱学生的同时,她还注重加强安全责任意识教育,提醒同学们在注意保护自身安全的同时还要注意其他同学和实验室仪器设备的安全,严格遵守实验中心纪律和各项管理规定,让每位同学都能安心地在实验室完成实验。2018年7月,柏友萍教授被同学们评为安徽师范大学"最受欢迎的教师"。

党委宣传部 党委教师工作部

2022年9月7日载于安徽师范大学官网

席玉宝

砥志为学　体育人生

　　席玉宝,省政府参事,体育学院二级教授、博士生导师,目前安徽省唯一的体育学一级学科博士点负责人,学校国家一流专业"运动训练专业"和学校重点扶持科研团队"体育产业研究"负责人。他积极为安徽体育事业发展出言献策,为学院发展搭建平台,为学生成长引路指向,在他的学术生涯中,奋斗和奉献是主旋律,责任和担当是人生的底色。

为安徽体育产业发展出谋划策

"建设大黄山世界级休闲度假旅游目的地,可以在健身赛事上做文章,充分利用黄山独特的自然资源和人文资源,打造'最美的马拉松赛道''最美的自行车赛道'等精品体育赛事,以景观助赛事、以赛事造景观,以体育旅游的形态带动区域经济发展。"2022年6月,在省长王清宪主持的"大黄山"生态型、国际化、世界级休闲度假旅游目的地建设发展研讨会上,席玉宝正在做专题发言。

作为长期从事体育产业研究的专家学者,他先后多次应邀参与政府部门的体育产业政策制定研讨和调研,并提供相关咨询建议。近年来,席玉宝先后参与起草《体育强省建设方案》《安徽省体育事业发展规划》《安徽省体育产业发展规划》《合肥市人民政府关于加快发展合肥市体育产业实施意见》等。此外,他还为芜湖、池州、淮南等市研制《体育事业发展规划》《全民健身发展规划》等。

在席玉宝看来,将体育与安徽的自然资源和文化资源结合起来,推动体育产业高质量融合发展,是安徽体育事业长足发展的重要方向。在做研究时,他时常思考如何将体育与徽山徽水徽文化结合起来,走出独具安徽特色的"体育+"产业发展路径,在推动体育经济发展的同时扩大安徽文化影响力。

"例如亳州以药都闻名,其盛行的老庄文化讲究养生之道,又有华佗五禽戏等传统体育项目,可以发展'体育+医药'的养生体育,让人在强身健体的同时接纳传统养生保健文化。"顿了顿,他接着说,"安徽传统体育项目是非常丰富的,我们在皖南地区调研时就收集到100多种民俗竞技游戏项目,但这些资源大都没有得到有效开发,我们就设想能否打造一个徽州民俗体育游乐园,让这些民俗体育得到集中展示,更重要的是设计一些项目,让游客亲身参与进来做游戏,沉浸式体验民俗体育的乐趣,感受徽州体育文化的特殊魅力。"

他带领学生前往皖南农村做社会调研,考察体育赋能乡村振兴的可行性。他们依据当地的自然景观,发掘、整理、设计,开发出漂流、露营、徒步

榜样师大人

等户外运动项目，在环境承载能力范围内，吸引更多的人去乡村打卡消费。"皖南地区受制于地形地貌，发展传统产业存在局限性，但发展户外运动等体育产业就很有优势，还能通过体育带动当地旅游业以及农特产品种植业的发展。"

2023年，席玉宝受聘为省政府参事，面对这个新身份，他说："这意味着一份沉甸甸的责任，在体育强国建设中，我们体育人能做些什么，在推动本省体育事业再上新台阶的基础上为国家体育发展贡献力量。"

为学生成长引路指向

在三十几载的执教生涯中，"学习"和"思考"是席玉宝人生的关键词，也是他对学生的期盼。在他的体育产业概论、体育科研方法、休闲体育概论等专业基础课程上，他更注重对学生全面学习能力和质疑精神的培养。

"体育其实是分支学科，它的母学科不在体育，像体育经济学是经济学的分支，体育法学是法学的分支，所以要想把体育专业学好学深学透，一定要掌握母学科的理论和方法，形成全面认识。"席玉宝解释道，而这些仅仅靠课堂是完成不了的，"要靠学生在课堂之外坐得住冷板凳，啃得下硬骨头。"为此，他总是在课堂上不厌其烦地强调着，同时每周定期召开学生讨论会，分析探讨同学们在学习中遇到的问题，帮助他们排忧解难。

席玉宝鼓励学生大胆质疑，批判地继承老师传授的知识，他认为："社会在发展，体育也在发展，原本的体育知识不一定适用于当前的社会，况且体育学科的发展，需要靠新观点、新认知来推动，学生只知道拷贝老师的PPT是行不通的。"

在学生眼里，席老师是大家学习追赶的目标和榜样。"席老师在科研上很厉害，我很崇拜他，他让我明白体育不仅仅是打打球跑跑步那么简单，体育可以对社会发展起到重要作用。""席老师课讲得好，学术也很厉害，还很关心我们，我们都很尊敬他。"

教学上，席玉宝先后荣获安徽省教学成果一等奖2项、二等奖1项，并先后培养出奥运会女子800米决赛第5名、"全国五一劳动奖章"获得者王春雨，世界运动会女子长拳金牌获得者赖晓晓等一大批优秀运动员。

个人发展与学院发展融为一体

站在此刻回望过去，在席玉宝个人发展的道路上，每一个脚印都清晰可循。

年少时，他是芜湖市体育学校体操队的一名队员，生活里除了体操训练就是文化课学习，辛苦而又枯燥，但当他一次次代表学校甚至是芜湖市外出参加比赛获得荣誉时，他对体育的兴趣和感情与日俱增。

"第一次比赛获奖的激动心情至今记忆犹新，那是一种被肯定的感觉，这种感觉会让自己觉得之前的辛苦没有白费，相信努力就会有收获。"这种油然而生的自豪感和成就感鼓舞着他在体育的道路上继续向前，以致他后来考取安徽师范大学体育系。

1985年，从安徽师大体育系体育教育专业毕业后，他被分配到芜湖师专工作。在师专工作的五年里，席玉宝最大的爱好就是看书。"那时候学习氛围很浓厚，加上娱乐活动又少，很多老师选择在工作之余看一些书充实自己。那时候的我还喜欢和不同专业的老师交流，他们的思维方式和对世界的认知给我带来全新的感受。"大量的阅读加上与不同专业的人对话，让他能够跳出体育本身，从多维的角度去看待体育，对体育有更系统性、更新颖性的认识，也让他对体育研究产生兴趣。

1991年，席玉宝被调入安师大体育系任教，全新的平台，使他在体育研究这条道路上愈走愈远，也愈走愈深，并在体育产业、休闲体育、体育科学学科体系等领域取得一系列研究成果，主持国家级社科基金3项，国家体育总局社会科学项目3项，安徽省社科基金1项，厅局级项目5项。出版学术著作、教材8部。在各类期刊上独撰或以第一作者发表论文近30多篇，多篇文章被奥林匹克科学大会、全国体育科学大会等录用。在2009年版《中国期刊高被引指数》中，进入全国体育学科高被引作者第18位。入选安徽省高校学科"拔尖"人才，安徽省首批学术与技术带头人。

科研之外，席玉宝把更多的精力投入到学院的建设发展中。"我是在学院提供的平台和资源上成长起来的，支持学院的发展是我义不容辞的责任，只有学院发展得更好，个体才能得到更广阔的成长空间。"2008年至

榜样师大人

2022年,他在体育学院任职副院长、院长期间,在体育硕士专业学位硕士点、体育学一级学科硕士点、体育学一级学科博士点以及国家体育总局体育文化研究基地、安徽省体育产业研究中心、安徽省学生体质健康监测与研究中心、安徽省体育类考试基地申报与建设方面做了大量的工作,为学院发展搭建平台,拓展空间。

安徽师范大学体育馆北馆内张贴的一则标语"更快、更高、更强、更团结",用来诠释席玉宝求学、教学、科研、工作历程再贴切不过,从一名体操队员到成长为体育产业研究领域的领军人物,从埋头科研到助推学院平台建设,他真正发挥出体育人永远向上、追求卓越、积极进取的奋斗精神,在自己的人生路上开出朵朵璀璨的花,绽放蓬勃向上的生命力。

（康京京）

2024年3月11日载于安徽师范大学官网

席玉宝 砥志为学 体育人生

丁云亮

快节奏时代里做一名慢节奏的"解惑者"

阳光洒在行知楼的走廊里，下课铃声、书本摩擦声、脚步声碰撞出独有青春气息的乐章……同学们回忆起"新闻学概论"的下课时光，常常是在提出疑问和解决困惑中感受这些声音的渐淡。学生们在初学专业课时，总会遇到晦涩不易懂的理论，但在老师的悉心指导下，总能拨开云雾。丁云亮教授就是这样一位"解惑者"，他已在安徽师范大学从事教学、科研工作近30年。

于思政，无声润物

那还是20世纪90年代，安徽师大新闻学专业初建，没有特定的马克思主义新闻观教材。丁云亮教授就给当时在中国人民大学新闻系工作的新闻学界知名学者童兵教授写信，请教该如何教好马克思主义新闻理论。根据童兵教授提供的图书目录，丁云亮编了一本《马克思主义新闻原著选读》。

硕士毕业留校任教之后，丁云亮教授就开始研读马克思主义经典原著，回忆起自己与马克思主义新闻观之间的故事，丁云亮仿佛是在提起一位老朋友——伴他走过半生，为他提供指导，并且也将一直并肩同行的老朋友。

"马克思主义新闻观是学习理论以及从事业务实践的原则，也能使人在学习知识的过程中融会贯通，带来新的视角，它和社会生活联系在一起，跟人民联系在一起，能够提升我们的业务实践能力。"丁云亮教授始终认为马克思主义新闻观对新闻工作者具有莫大的指导价值。

在深化"思政教育进课堂"的过程中，他致力于让思政教育与课程教学巧妙结合，以"润物细无声"的方式让同学们掌握知识，"丁云亮教授总能深入浅出地讲述传播学派的各个关系，注重把传播学思想和当代实践具体结合，让我们对传播学有更具体的感知。"来自2019级新闻学专业的徐文卓如是说。

于职业，步履不停

丁云亮教授的办公桌上整整齐齐地放着许多书籍，办公椅旁的墙面上贴着许多已经有些泛黄的学生名单，电脑里改了又改的PPT不断更新着最近的时事热点。"以前备课一直是坚持手写教案的，近几年也在使用电脑进行备课。"丁云亮教授觉得自己具备着"土星性格"的特征，"我在适应时代发展这一方面还是偏慢，这是我的一个缺点，但近些年我也在努力地研究新媒体，并在教学跟科研中进行体现。"

丁云亮　快节奏时代里做一名慢节奏的『解惑者』

"我希望我能够在这个快节奏的时代做一个慢节奏的人。"在丁云亮教授的生活中,每天都在做的事情就是读书、教学、科研,他想做一个慢节奏的人,静下心,沉淀下来做事情。

"在教学过程中我也在不断接触一些新的东西,无论在专业领域还是实践领域。"丁云亮教授作为一名高校教师,尽管从业已久,但其在自我提升方面从未松懈。"最近在读《全球化与语言》,当下这个时代的传播,跟过去很多时候不一样,因为在一个全球化的背景下,新闻事件发生后会很快传遍全球,这是新媒介技术带来的一种全新的发展"。正是坚持不断从书籍中汲取新的知识,丁云亮教授储备着扎实精深的专业知识,也拥有驾驭专业知识的能力。

从2016年起担任学院本科教学督导组负责人至今,丁云亮教授6年间在与本身课程不冲突的前提下已经随堂听过百余次课程,他每次坐公交来学校需要近1个小时,往返就是近2个小时,但随堂听课的"老传统"仍坚持了6年。"我并不觉得麻烦,随堂听课对我个人来讲,那是一个既忙碌也新奇有趣的事情,可以从年轻的老师那里汲取新鲜事物,也可以从不同专业的课程中拓宽思路,哪天回过头看,忽然发现已经听了这么多次课,很有意义。"

于学生,亦师亦友

新传学院楼的教室里,2018级新闻学专业的学生正在举行最后一场毕业班会。实习、考研、就业……丁云亮教授与在场的大多数学生已经1年未见,却没有丝毫的陌生,大抵是因为他于学生们一直是一个亦师亦友的存在,他总想要将过来人的所知所感最真实地传达给同学们。

随和,是很多学生给丁云亮教授的关键词。2018级中英新闻专业的徐子逸在填写申请研究生学校表格看到推荐人那一栏时,第一反应就是请丁云亮老师做推荐人。"不知道为什么,我就是觉得丁老师一定会帮我这个忙。"事实也确实如此,近些年来,随着中外教育交流的频繁,一些本科生申请境外留学、攻读硕士学位的机会增多,越来越多的学生来找丁云亮撰写推荐书,而他每次都会欣然接受。后来丁云亮甚至专门申请了单位邮箱,只为了方便学生们发送信息、资料。

"在我的印象里,丁老师似乎一直是眼角带着笑意的。"2017级新闻学的丁立群说道。作为丁立群的毕业论文指导老师,从选题到定稿,丁云亮教授每次提出意见时都会考虑到学生的想法与感受,"你觉得呢?""这样会不会更好一些?"这样平等的沟通与尊重的氛围让丁立群在完成毕业论文的过程中少了很多压力。

丁云亮教授认为,作为一名教师,首要的是具有一定的道德素养,教学也是一种人与人之间的交流,没有道德的教学是空洞的。其次就是要具备专业素养,学术能力水平也是一种溯源,教师在科研的过程中能够更好地抓住学科前沿。

而最后一点,丁云亮教授认为是要关爱自己的学生。"我们一个师妹的家人曾出现突发疾病的情况,那时丁老师十分积极地去号召大家援助、捐款。"2020级文化传播方向的博士研究生姚君回忆道。

"我希望新一代的青年学子能够以学习为首要任务,同时加强与人交流的能力,成为有信念,有社会正义感的人。"丁云亮教授认为年轻也意味着同学们的人生具有可塑性,要以更加积极的态度生活。

毕业班会上说到给同学们的寄语,丁云亮教授停顿了片刻:"希望你们能在不确定的时代,找到确定的生活。"这句话被2018级新闻学的郭静雅记录在了自己的朋友圈中,成为了很多在场同学心中的灯塔,照亮着他们前进的方向。

党委宣传部 党委教师工作部

2022年9月10日载于安徽师范大学官网

丁云亮 快节奏时代里做一名慢节奏的『解惑者』

郭要红

钟爱教育事业　情系莘莘学子

　　郭要红,安徽师范大学数学与统计学院教授,硕士研究生导师,课程与教学论硕士点点长。40年来,基于对教育事业的钟情挚爱,郭要红教授在平凡的教学岗位上一直默默奉献着。

爱岗敬业，勇挑重担

郭要红教授爱岗敬业，热爱教学工作，喜欢"教书""讲课"。由于专业特点，方向课教师紧缺，他担任过本科生的所有数学教育类课程的教学以及较多的研究生课程教学。他把上课当成自己的事业和生命，把每一节课都当作一份珍贵的礼物奉献给学生，上课特别投入，讲起课来旁征博引，妙趣横生。教学工作量与学生评教分数在学院一直名列前茅。在认真做好教学工作之余，郭要红教授积极服从学院安排，勇挑重担，2009年以来投身社会服务工作，撰写了50余份教师教育"省培""国培"项目申报书，主持或参与了28个教师教育"省培""国培"项目，主讲了大量的数学教学专题讲座，为学院服务基础教育、获得良好的社会效益贡献了力量。

扎根一线，服务基层

郭要红教授扎根中学数学教学一线，经常到中学与老师交流。他以中学数学教学为研究对象，撰写了大量的中学数学教学学术论文与著作，形成了中学数学教育教学的独特见解、认识和追求，积累了较丰富的有价值的教学经验和思想，也为教育理论宝库提供了新的素材、例证或新的生长点。因郭要红教授的教学成果有着很好的借鉴和学习作用，对提高该学科教学质量具有示范作用，受到同行的高度评价，他被全国仅有的两个数学北大核心期刊《数学通报》《数学教育学报》聘为编委。郭教授关心国家数学教育发展，积极投身数学教育课程改革，他担任义务教育课程标准实验教科书《数学》副主编、《数学七年级(下册)》分册主编，该教科书经全国中小学教材审定委员会审定通过，在上海、广西、安徽等地使用，安徽省每年有约50万学生使用该教材。

关爱学生，教书育人

郭要红教授关爱学生，情系莘莘学子，他乐于和学生相处，时时想着教书育人。他为人师表，热爱学习，对专业知识的学科架构来龙去脉、发展趋势能做到了然于胸、稔熟于口。在教学课间，他身边总有学生围着他交流，他总是细心指导、耐心启发。曾有1位同学因学习兴趣不足已有若干课程不及格，在课间，郭要红教授不断鼓励与启发他，使他对数学研究产生了极大的兴趣，大四1年在学术期刊上发表了2篇中学数学研究学术论文，帮助他树立了做一位好数学教师的信心，这位同学现已成长为阜阳市颍州区教体局有关负责人。"郭老师是我的指路人，是郭老师与《中学数学研究》救了我"。2005届数学与应用数学专业黄海波同学，目前是安徽省最年轻的数学特级教师，在2021年底合肥市一次教师专业成长经验交流会上，黄海波说"我成长中最关键的一步是本科毕业论文，指导老师郭老师深深地影响了我"。在研究生教育中，郭老师认真批阅每一位研究生的平时作业、课程论文与毕业论文，关注每一位学生的成长，他的办公室也是研究生的学术中心，师生在此讨论、交流。现在铜陵学院工作的2019届研究生陶文晶同学说"郭老师像父亲一样时时严格要求我们、关心我们"。

郭要红教授长期坚持教学改革，在教书育人中做出了显著的成绩，特别是在培养学生创新精神和实践能力等方面取得了显著成果，指导的本科生、研究生在学术期刊发表了大量的学术论文，在各项教学技能比赛中多次获奖，他指导的1名研究生获全国全日制教育硕士技能比赛一等奖，郭要红教授获得全国全日制教育硕士教学指导委员会"优秀指导教师称号"。

党委宣传部 党委教师工作部
2022年9月10日载于安徽师范大学官网

榜样师大人

82

费明稳

数学研究的淘金者　醉心科研的解题人

2023年，数学与统计学院费明稳教授学术论文在国际数学领域四大顶尖刊物之一*Inventiones Mathematicae*上在线发表，介绍他和合作者在基础数学中偏微分方程方向的最新研究成果，这是费明稳的合作研究成果首次在世界顶级学术刊物刊登。

数学作为基础学科，奥秘无穷也魅力无穷，于大多数人而言甚至是神秘而抽象的。从2007年开始攻读博士学位以来，费明稳一直从事偏微分方程理论分析及其应用方面的研究，获批主持国家自然科学基金面上项目2项，国家自然科学基金青年项目、安徽省自然科学基金面上项目、安徽省高校学科(专业)拔尖人才项目和安徽省高校优秀青年人才基金重点项目各1项。

在数学研究领域做出如此成绩的费明稳，2019年获评"安徽师范大学年度科研人物"并入选安徽师范大学"文津学者"，2021年入选安徽省学术和技术带头人后备人选，2023年受聘为安徽师范大学"学科领军人才"。走近他的治学之路，敏捷的脑力牵动的是他步步坚实的脚力。

用切实的打磨在抽象的数学中磨砺淘金

费明稳所研究的双相流问题实际是对物理现象及其背后的机制建立数学上的严格理论分析。何为双相流问题？费明稳用油与水两种物质举例解释：水与油因为密度不同，无法完全相融，但这两种物质在接触时会产生一个混合区域，对这一混合区域的研究就是双相流问题的主要研究对象。物质穿过混合区域发生相变，这一物理现象需要通过数学的建模、分析与计算得到更严谨的解释，这就是费明稳所要研究的问题，属于偏微分方程方向中的奇异极限问题。在实际研究中，不只有油与水的混合区域，还有气体与固体、固体与液体等不同物质形态的混合区域，双相流问题的解决将对天然气采集、石油运输、液晶设备的生产制造等产生巨大影响。

尽管已经通俗易懂地对如此抽象的数学问题做出了解释，可这样的问题仍不免让人觉得"冷门"，费明稳又是怎么挑中这个问题的呢？

"我的老师们对我的学术生涯有非常大的影响。"费明稳从南京大学获得博士学位后，进入中国科学院数学与系统科学研究院从事博士后研究。在中国科学院自由、开放、包容的学术环境中，费明稳开始接触流体力学中双相流问题并逐渐产生了浓厚的兴趣。在张平文院士、张平院士、章志飞教授、王晓明教授等国际知名学者的引领和指导下，费明稳开始扎根双相流相变的理论分析方面的研究，一研究就是10余年。

数学研究通常需要耗费大量的脑力深入思考和仔细推演，面对数学难题，费明稳给出的办法就是最简单的一个"磨"字。"做数学研究，持续的思考非常重要。"在费明稳的生活中，数学问题的思考远不局限在办公桌前，从外出散步到出差旅途，从卧床休息到交流闲谈，每一个生活场景都能成为费明稳思考的空间，有了思路有条件的话就立马推演，就这样一点一点地撬动难题的盔壳。就是用这样"磨"的精神，费明稳解决了一个又一个数学问题。最让费明稳印象深刻是一次研究一个复杂方程的奇异极限，由于数项繁多，实在难以找到头绪。出于多年从事数学研究的"感觉"，费明稳相信这个问题一定有解决的办法，是"可以做的"。于是费明稳不断地思考，就这样连续不断地"磨"了两个星期后，费明稳突然发现，有一个表达式

榜样师大人

的值刚好等于0,这意味着可以消去这一项,也为解开这团谜题打开了一扇门。"数学研究就像在淘金,只有不断深挖,一点点地把外层的坚硬石头磨开,才能淘到金矿。"一个"磨"字,包含的是费明稳日复一日将数学思考融入生活的不懈坚持,是扎根一个方向不断深挖的执着毅力。

用求知的热情在未解的谜题中不断攀登

"我最开始只是觉得自己或许比较适合学习数学。"高考时数学是分数最高的科目,费明稳顺其自然地选择了安徽师范大学数学与应用专业进行本科的学习,毕业后留在本校继续攻读硕士,随后前往南京大学攻读博士学位,并在中国科学院数学与系统科学研究院从事博士后研究。在对数学越来越深入的研究下,费明稳对数学研究也逐渐产生了热情。"很多时候就是问题驱动着我,就想知道这个问题到底应该如何解决。"对数学问题求索的热情让费明稳在研究中不断探索,他不仅自己带着学生开展研究,还积极对外进行学术交流和合作。费明稳曾访问北京大学、新加坡国立大学、美国佛罗里达州立大学、美国佐治亚理工学院、香港中文大学等,与境内外多位知名学者建立了合作关系。

德国雷根斯堡大学 Helmut Abels 教授是流体力学双相流方面的专家。由于新冠疫情,费明稳原定前往德国访问 Helmut Abels 教授的行程被迫取消,求知心切的费明稳不愿放弃交流和合作的机会,就与 Helmut Abels 教授利用 Zoom 会议线上开始讨论问题。由于线上讨论缺少很好的板书推演,加之语言障碍和网络问题,交流多有不便,但费明稳依旧坚持每两周开展一次线上讨论。通过线上的讨论,费明稳与 Helmut Abels 教授团队合作完成了2篇科研论文。虽然按照国际惯例论文署名按照作者姓氏字母排序,但他依旧非常满足这次合作带给他的科研提升。"做数学研究绝不能闭门造车,一定要多交流多合作。"以求知的热情为纽带,费明稳与众多数学研究者携手合作,共同解决了许多数学问题。

数学研究是极其耗费时间与精力的,可在醉心科研的同时,费明稳还需要兼顾自己的教学工作与行政事务。面对诸多事宜,费明稳给出的办法依旧只有一个字"挤"。时间就像海绵里的水,挤一挤总还是有的。费明稳常常白天忙完事情后，晚上9、10点钟又回到办公室。"我每天挤出1个小时，1个星期就是7个小时，相当于1个白天的时间了。"有热爱就要付出，对费明稳而言，科研与生活没有"平衡"之言，唯有用勤奋为自己的求知热情开辟思考的空间，每每取得研究突破的成就感便是对他的热爱最好的回应。

用育人的情怀在课堂上培养科研品质

谈及自己的科研之路，费明稳受老师的影响颇深，在走上教师岗位后延续了许多从老师那里学来的传统。

本科时，为避免学生刚入大学就"散漫"的情况，费明稳的辅导员胡兰英老师要求学生第一学期必须到班级的固定教室上晚自习，通过晚自习的学习来保持"学习"的状态。这样的要求让费明稳在本科阶段潜心学习，打下了坚实的专业课基础，也让费明稳认识到了保持"学习"状态的重要性。在从教之后，费明稳也十分注重学生的"学习"状态的培养，总会阶段性地检查学生的学习进度，以帮助学生更扎实地掌握知识。除此之外，费明稳的办公室几乎随时为学生敞开，随时解答学生的问题，这来源于费明稳读研究生期间两位导师对他的影响。费明稳的硕士生导师是原数学与计算机科学院孙国正教授，孙国正教授每周定期开设讨论班，不定期地和学生谈心，经常说到"做学问，只有心无旁骛才能行稳致远"。硕士毕业后，在孙国正教授的鼓励和引荐下，费明稳报考了南京大学尹会成教授的博士。为了早些适应博士阶段的学习，费明稳提前1年就来到南京大学参加尹会成教授课题组的讨论班。那时费明稳几乎整天泡在办公室，有时赶不上返程的火车就直接睡在办公室，高强度的科研学习一度曾让费明稳想要转变发展方向。可是每当他产生退缩的念头时，看到在办公室以身作则、全程陪伴的尹会成老师，费明稳又像被打了一针强心剂，感觉自己应该继续坚持下去。到了周末，尹会成老师总是拉着团队成员在南京周边游玩，费明稳记得紫金山的日出、玄武湖的日落，在科研之余的放松让费明稳学会了调节之道。后来遇到被难题困扰的学生，费明稳便总是建议他们多出去走走，换个环境，"换个思路说不定就想通了"。

除了良师的指引，费明稳自己也通过多年的科研经历有了许多感悟。"科研经历可以从本科就开始培养。"近年来，费明稳一直担任本科生《数学分析》课程主讲，这一课程作为数学与应用专业的核心课程，要一连上3个学期。在授课过程中，费明稳十分注重四个维度的培养。

"首先，一定要学会将知识点进行联系与比较。"知识都在书本里，书是死的，但学不能学死，一定要主动将各部分的知识联系比较，融会贯通，构建一个知识体系，这样才能对知识有更全面的理解与掌握。"另外，一定要主动拓展延伸。"知识的传授只是其中一个部分，最重要的还是要拥有主动思考问题的能力。在为学生答疑时，费明稳通常采用启发式教学的方法，将学生的问题逐步拆解，再引导学生顺着思路摸索解答。掌握了思路比知道一道题的答案更为重要，科研之路能否走得长远，自我的延伸拓展能力非常重要。"积极交流讨论是每一位科研者都应具备的胸怀。"在费明稳的研究成果中，许多都是和他人合作完成的，他深知交流讨论对于问题研究的重要性。做科研的目的是解决问题，通过交流产生思维的碰撞从而寻找解决问题的方法。要做到既能独立思考，也能积极交流。"最后也是最重要的一点，做科研一定要敢于求教发问。"费明稳总是鼓励学生问问题，在学生平时成绩表格里面记录了每一位学生提问的次数。费明稳认为，产生疑问代表着在进行思考，敢于发问代表着对求知的热情。有了问题自己无法解决，却憋在心里，这是极度内耗的恶性循环，会阻碍进步和影响学习的积极性。及时求教，有了帮助与指导可以促进自己更快地突破，同时也可以学习他人的思路与方法来充实自己，这才是学习和科研应有的良性循环。

"有良师在前，我也要学习我的老师。"在这样的育人情怀之下，费明稳非常重视本科教学，先后在学校本科教学示范公开课、本科教学示范观摩课开展公开课教学，也是学校教育"2035"系列报告主讲人之一。主持安徽省"数学分析"教学团队和安徽省课程思政示范课程"数学分析"等质量工程项目。费明稳用自己的科研经验为一届届学生培养科研品质，打下坚实的科研基础，也为基础教育培养着一批批人才。

数学作为基础学科，或许并不在大多数人的选择之中，却永远在人类的选择之中。"理论是走在应用前面的。"每一个数学问题的突破或许是此时有所应用，或许会封存百年之后在某一日被突然需要。偏微分方程研究领域还有许多未解的难题,数学的世界浩瀚依旧,已经在此扎根了10余年,费明稳依旧兴致盎然。他就这样推演着一道道数学问题,制作着不知会在何时被开启却一定永远充满惊喜的"盲盒",这是属于费明稳的数学浪漫。

（陈玥羽）

2023 年 6 月 8 日载于安徽师范大学官网

榜样师大人

曹明响
双向奔赴　向美而行

"老师上课内容丰富、板书工整、计算细致、一气呵成！"

"老师风趣幽默、教学气氛活跃，很受同学欢迎。"

"老师授课方式简单易懂、知识点面面俱到，力求每位同学都能听懂。"

"老师我给您打100分。"

百余条教务系统评价，无一不在述说学生们对数学与统计学院教授曹明响老师的喜爱。当被问及获得同学们一致好评有何秘诀时，曹明响谦虚地表示："是同学们的学习热情点燃了我的教学激情。"

磨砺前行夯基础，扎根教坛勤耕耘

曹明响2003年7月从安徽师范大学本科毕业，为了心中的师大梦，通过不断努力，终于在2015年9月实现自己"从母校起飞、回母校耕耘"的梦想。

他研究的方向为高维数据分析和统计推断，所教授的课程多是公式繁多、理论性强、学生普遍接受比较困难的。为了上好这些课程，他长期以来不断探索、归纳总结，凝练出了一套通俗易懂的授课方法。

曹明响说给学生一滴水，自己要有一桶水，"台上十分钟、台下十年功"。曹明响二十年如一日，持之以恒开展教学研究与改革。他表示，教学效果其实是由教师和学生配合的好坏而达到的结果，因此上课前的第一件事是要了解学生，只有这样才能将因材施教落到实处。

20年来，曹明响积累了大量的例子、趣事、妙语，甚至还有学生易犯的"经典"错误，这些都是他上课时的"小包袱"，在合适的时候"抖出来"，既加深了学生的理解又活跃了课堂氛围，有效加强了与学生的联动，得到了较好的教学效果。

他和学生开玩笑道："数理你都能拿下，人生还有什么能难住你？"

他的学生这样评价："曹老师的课堂妙语连珠，使我们在笑声中不知不觉地爱上了有些枯燥的数学，他的讲解深入浅出，用智慧启迪我们的思维；他的教法灵活多变，让我们畅游在数字的海洋，感受数理之美。"

扎根三尺讲台20载，曹明响研究成果丰硕。发表SCI论文25篇；主持参加过多项国家级和省部级研究项目。获省级教学成果一等奖、省级研究生教学成果二等奖、校级本科教学成果二等奖、全国应用统计专业学位研究生教育教学成果三等奖、校"学科骨干人才""科研新秀"等称号。

曹明响自2016年指导硕士研究生以来，已毕业12人，在读10人。培养过程中，他要求学生全程参与自己的科研项目，通过定期开展讨论班等方式指导学生开展学术训练。曹明响对科研的热情、学术的严谨对学生也产生了深远的影响。2016级硕士研究生孙彭从进校时对科研的手足无措，到3年后成功申请就读华东师范大学统计学博士，她说："曹老师是我学术道路的引路人,从查阅文献、研读论文、确定题目到最后的撰写,每一步都离不开他的指导"。正是由于他对学生负责的治学态度,2020年、2021年被评为安徽师范大学校级优秀硕士学位论文指导教师。

嘉言懿行育英才,一生秉烛铸师魂

因为有担任过数统学院辅导员的经历,曹明响更愿意和学生近距离交流,了解学生心里的想法。在与他们交流探讨时,一直遵循"寻找闪光点、追求最大值"的教育理念。

曹明响的办公室里经常能看到学生的身影,在这里学生向他敞开心扉,聊学术能力提升方法,聊职业生涯规划,聊就业去向。学生踢球受伤,他第一时间赶到现场,陪护到医院检查;学生失恋,他邀约几个同学一起陪着开导;学生生病住院,他及时赶往医院;学生遇到生活困难,他默默伸出援手……

2022年4月,芜湖主城区发生新冠疫情,学校实行静态管理,曹明响心系所带的硕士生,关心他们的学业、生活和心理状况。为了缓解学生的焦虑和恐慌,在保证正常科研活动不间断的前提下,还为学生开设了"心理按摩"课。

疫情期间,他鼓励学生集思广益,开展丰富多彩的线上文艺活动及"线上练歌房""刘畊宏云运动""空中象棋"等益智和锻炼活动。

有时曹明响也进入"歌房"和大家合唱,歌声唱出了同学们对校园往日生活的怀念也鼓舞了大家战胜疫情的信心。

"学贵得师、亦贵得友",而曹明响始终视学生如亲人。

研究生复试时主动为同学们收集有效信息;为保研的同学写推荐信;为考研的学生推荐学校、导师。当得知所带研究生申请奖学金失败时,会专程打电话安慰鼓励……

熟悉的学生都知道曹老师的手机用了7年都舍不得换,曹明响总是告诉身边人,他的手机里都是宝贝,一张张聊天记录的截图,一个个发自肺腑的留言,都真实地记录着和学生一起奋斗过的点点滴滴。每当看到这些,他的心里都是暖暖的。

曹明响的高尚师德是节假无休给学生修改论文的责任担当；是看见学生获得荣誉，比自己获得任何荣誉都开心的自豪；是常年无休、夙兴夜寐的工作常态；是对毕业多年的学生心底那份深深的挂恋。

高瞻远瞩谋发展，学科竞赛进一流

多年的教学经验使曹明响深刻认识到实践能力培养对于大学生综合素质及创新能力提高的重要性。为了践行"知行合一"的教学理念，实现"以赛促教、以赛促学"的教学思路。2019年在时任数统学院教学副院长何道江教授牵头下，安徽师范大学数统学院决定将全国大学生市场调查与分析大赛引入到我校。

赛事启动伊始，曹明响不顾自己已有繁重的教科研和辅导员工作，主动承担起大赛第一负责人的重任，开启了一系列筹备工作。由于学生对新赛项的了解不足，加之对数理和统计学的畏惧心理，想挑选优秀的大赛选手就必须全校动员，协调各个部门，千方百计地引导学生由课堂走向赛场。

大学生市调大赛赛程从当年9月份一直持续到第二年5月份，长时间备赛和训练不仅对学生有着很高的要求，对指导老师也是极大的考验。2020级研究生汪寒砚回忆道："第一次参加大型比赛大家都毫无经验甚至举步维艰，是曹老师始终不厌其烦的帮助才让整个过程变得顺利通畅。从论文内容的修改打磨到PPT的演示汇报，甚至演讲时的语速语调、语句停顿的位置曹老师都会逐字逐句反复揣摩，只求给出更好的建议。曹明响从未缺席每一次小组讨论，每当有同学提出新的想法，无论成熟与否，他都耐心地提出修改建议。"

"在得知取得国赛资格的那一刻，我们开心地围着曹老师蹦蹦跳跳！"回忆起冲入国赛的喜悦，目前在东华大学攻读硕士学位的杨晗璐同学仍激动不已。由于疫情的影响，国赛采取线上方式进行。直到比赛的前一天晚上，曹明响仍然陪伴队员们在办公室进行排练，讲解战术，给选手加油鼓气，最终团队取得了全国大学生市场调查与分析大赛国家级一等奖。张道俊同学说："曹老师为我们付出的太多太多，在整个备赛过程中，我从他身上学到了很多宝贵的东西。"

2019年以来,在曹明响的有力组织和院校的大力支持下,学校共取得了此项赛事国家级奖25项,其中一等奖3项,省级奖70余项。凭借优异的大赛成绩,2名选手获特长生推免到东南大学、东华大学读研;1名选手获竞争性指标推优至北京邮电大学读研。

为了实现市场调查与分析大赛良性持续发展,2021年曹明响组织成立了市场调查与数据分析协会,并担任指导老师,为大赛搭建平台,发掘选手。谈及这一路走来的感想时,曹明响笑着说:"这是全院上下集体努力、团队同频共振倾力合作的结果。"

教育是一场漫长的守望,用耐心等待花开;教育是一场向美而行的遇见,用爱心浇灌世界。每一位学生心中都有曹明响老师的"画像",而他觉得自己只是尽了一个老师的职责与义务,能够为国家、为社会培养出一批批可用之才而深感欣慰。

(孙裕)

2023年3月25日载于安徽师范大学官网

曹明响 双向奔赴 向美而行

陈付龙

乐教善研身作则　专业为国育英才

专注研究信息物理融合系统及其安全领域14年,担任安徽省医疗大数据智能系统工程研究中心主任、网络与信息安全安徽省重点实验室副主任,先后获批安徽省学术和技术带头人后备人选,安徽师范大学文津学者、教学名师,安徽省"一改两为"先进个人,安徽师范大学计算机与信息学院副院长陈付龙教授多年来带领团队在产学研结合中开拓创新、助力发展、为民服务,将专业所学用于社会服务、助力学生成长成才。

教研相长，匠心科研"育桃李"

"教师是我的本职，教学永远是我的第一阵地。"从教23年，陈付龙共指导30名硕士研究生，其中3人获得国家奖学金，2人考取博士，2人获批安徽省计算机学会优秀硕士学位论文，1人获批中国教育和科研计算机网"赛尔网络下一代互联网技术创新项目"；指导大学生创新创业训练计划项目国家级11项、省级1项和安徽师范大学本科生优秀毕业论文（设计、创作）培育计划项目8项；指导学生参加学科竞赛，获国家级奖6项、省级奖65项，登记软件著作权6项，授权专利14项；与研究生一起合著，在科学出版社出版了学术专著《信息物理融合系统协同设计方法》，登记软件著作权11件，授权专利15件。这些出色的成果，这些优秀的学生都是陈付龙潜心育人的见证，更是对他辛勤付出的最好回报。

谈及自己的育人理念，"打磨每一个细节"是陈付龙贯穿始终的教学思想。从招生录取，到培养方案的制定，再到评优评先及奖助工作，陈付龙无一不用心尽责。从生源入手，陈付龙认真负责地完成学院的招生宣传、录取工作；在人才培养上，陈付龙在培养方案、课程教学与课程思政、质量工程与教育教学改革等全方位加强研究生教育质量建设。通过做实研究生科技创新管理工作，抓好研究生评优评先和奖助工作，建立了有利于人才培养和创新激励的育人机制，为学生提供发展条件与平台。"培养学生是多方面、多层次、全过程的，如何更好地服务学生是我们需要不断探索和思考的。"在2018到2020年担任教学副院长期间，陈付龙对自己肩负的责任有了更深的理解。"教师队伍是育人质量的首要保障。"注重科学育人制度优化的同时，陈付龙协助学院领导班子和学位点负责人，围绕立德树人加强师德师风建设，打造了称职的研究生导师队伍。他以身作则站好教师基本岗，从开题，到阶段性检查，再到论文审核和答辩等环节逐一悉心指导，全过程严格把关研究生毕业和学位授予，凭借着坚强的毅力和对工作的执着为企事业单位培养了一批批具有"工匠精神"和"家国情怀"的时代新人。

面对出色的育人成果，陈付龙将"教学相长"视作最宝贵的经验。"教研工作非常重要，一定要注重教学成果的凝练与固化。"在多年来的教学实践中,陈付龙一向细心地记录课堂内容,在与学生的交流中他偶然发现课堂内容经凝练恰能弥补教学练习上的缺失,于是他与学生一并将其整理成书,摸索出将科研成果转化为教材再反哺课堂的教学路径,"这既增加了教学课堂的前沿性,更能够充分发挥科研成果的价值。"将科研反哺课堂,从教学再回到科研是陈付龙所认为高校教师完成本职工作的必要环节,更是不断提高育人质量的秘诀。在这样的教育理念下,陈付龙主持8项省级质量工程与教育教学改革课题,组建的"计算机系统能力培养教学团队"获评省级教学团队,在全国高校计算机类专业系统能力培养高峰论坛等教学研讨会议上进行人才培养汇报和交流,先后编写教材15部,获安徽省教学成果奖一等奖1项、二等奖3项、三等奖3项,所承担的"计算机组成原理"课程获评国家级一流本科课程,组织学院计算机科学与技术专业获批国家级一流本科专业并通过工程教育认证。

"要做一个让学生能够信赖、让学生真正有收获的好老师。"从育人制度的优化,到教师队伍的打造,再到教研工作的推进,陈付龙用10年的坚守与奋斗为自己热爱的教育事业奉献着自己的光热。

研以致用,"智"造小屋"解民忧"

2022年4月17日,芜湖市疫情防控形势严峻,主城区进入静态管理。4月23日,芜湖市召开新闻发布会,宣布当天上午10时起,芜湖市主城区除封控区、管控区外所有区域解除静态管理,转入常态化疫情防控状态。5月1日,陈付龙所在的安徽省医疗大数据智能系统工程研究中心,接到市卫健委、市健康医疗发展集团的紧急委托,研制核酸采集"智慧健康小屋"。

"作为专业领域的研究人员,我们一直对这一需求有所关注,接到任务后我们抓住机会并快速反应。"陈付龙第一时间组建工作组,带领老师和研究生,进行调研、方案设计与论证、系统开发和生产制造。连续奋战了5昼夜,在5月5日就开始对"智慧健康小屋"样品进行实测。5月6日,在听取了市卫健委、市健康医疗发展集团相关领导、医护人员的意见基础上,他带领工作组改进完善了"智慧健康小屋"并最终定型,开始量产。5月15日,弋江区中央城学府壹号小区南门广场上,全市首个芜湖"智"造的"智慧健康小屋"投入使用。一座智能化现代气息的"健康小屋"前核酸检测排队井然有序、智慧登记井井有条、采样工作有条不紊。"智慧健康小屋"采用正压新风系统,可以有效阻止外部气流进入,医护人员无需着防护服,即可安全进行核酸采样。通过嵌入安装多合一身份识别登记一体机,可提供多种身份自动识别方式,实现面向老人、儿童多种群体的智能化身份登记。全程无接触、采样更高效、采样人员更安全更舒适,登记采样从两人一组,压缩到一人,有效减少人力成本提高采样效率。

响应社会需求,以专业所长用于社会服务,陈付龙用实际行动为产学研结合的开拓创新树立榜样,是高校智慧服务社会需求的应用典范。智慧健康小屋目前已经申请了发明专利5件、实用新型专利3件、外观设计专利2件,团队对开发出的新技术实施保护,后续将对智慧健康小屋进行升级改造,聚焦基础卫生服务,为基层卫生医疗机构提供安全、高效、舒适的工作环境。此外,他以所负责的工程研究中心作为芜湖市卫健委的智库,协助规划设计新一代全民健康信息平台等芜湖市公立医改高质量发展项目,助力区域医疗信息化建设。"有研究就要有应用,能够看到科研成果切实落地服务社会,我感到很有成就。"陈付龙面对沉甸甸的责任,自豪之余更坚定了他深化科研落地,利用专业为民服务的信念。

协同创新,大数据智能"惠民生"

"国家有需求,我们就要积极响应。"2016年,面向国家信息安全重大战略需求和专业人才培养需求,陈付龙协助申报网络与信息安全安徽省重点实验室,并于2017年3月获安徽省科技厅批准立项建设。陈付龙担任实验室副主任,负责实验室的日常管理,在数据安全与隐私保护、身份认证与生物特征识别、物联网与云计算安全、数论与密码学等4个研究方向,开展具有前沿性和前瞻性的网络与信息安全基础理论与技术研究。2019年8月,实验室通过验收,先后2次获得芜湖市奖补资金50万元。实验室近年来承担国家自然科学基金项目36项、省部级项目40项,在国内外具有重要影响力的期刊和会议上发表研究论文200余篇,授权发明专利60余件,获教育部自然科学奖二等奖和安徽省科技进步奖三等奖各1项,并成功举办了 2016 年"国际物联网大数据研讨会"、2017 年"国际工业物联网技术与应用会议"、2021 年"网络大数据与信息安全研讨会"和"ACF 第四届江淮信息技术发展论坛"等国内、国际性会议。

这不是陈付龙第一次立足国家需求以专业发力,早在 2010 年他留学回国返校任教,根据学院发展需求结合自身研究方向,他专注信息物理融合领域研究,做"有组织的科研",随后在国家信息安全需求越来越大的形势下,又将 CPS 与安全领域进行交融,并就此不断深耕研究至今。

在研究方向不断深化细化的路上,陈付龙也曾经历迷茫与困惑,回想起自己一路走来的经历,他深感交流研讨与多学科融合的重要性。"要做有深度也有广度的研究。"出于计算机专业特性,"寻求学科交叉点"成为陈付龙在研究中不断突破的秘诀。在最初调整研究方向的迷茫期,陈付龙养成了大量听取学术讲座,和不同学科学者交流研讨的习惯。"闭门造车是研究的大忌,要多交流才能有所启发,结合其他学科需求才能创造出更有价值的成果。"从信息物理融合系统到安全领域的融合,再到如今对医疗领域的关注,陈付龙不断探索着将计算机专业应用到更多学科发展中的有益路径。他带领团队定期开展学术研讨,加强了实验室与国内外研究者之间的学术交流。在发展单位的计算机与信息学科的同时,陈付龙积极协助芜湖市网信办开展"网络安全周"活动,协助芜湖市卫健委组织网络安全攻防演练,国家战略紧缺人才培养起到了积极的推动作用。

"学科所研最后要能够惠及民生。"陈付龙十分关心民生,"科研工作者的社会服务责任"是支撑陈付龙奋进的不竭动力。

计算机与信息学院拥有三个重点建设平台,分别针对网络信息安全、医疗大数据与养老产业研究院三个领域。旨在发挥学院学科专业和人才优势,结合国家发展需求,形成"成体系、有特色、专方向"的研究平台,将科研成果转化落地,同时推动人才培养。作为平台的领头团队负责人之一,陈付龙坚持"因时而变、因事而调"的理念不断改进平台建设,学习其他高校先进经验,力求发挥学生力量将硕士培养与学科建设相结合,发挥高校力量将教学科研与国家需求相结合,充分发挥高校的城市合伙人作用。

扎根信息物理融合系统及其安全领域 14 年之久,陈付龙感到自己的获得感越来越多,"学以致用"的成就感也越来越强。从三尺讲台的坚守到科研平台的建设再到社会需求的服务，陈付龙一直坚守初心，"时代的需求就是科研的方向，社会出题，我们解题，被需要就是我的动力。"

（陈玥羽）

2023 年 10 月 30 日载于安徽师范大学官网

陈付龙　乐教善研身作则　专业为国育英才

凤尔银

鹤发银丝映日月　丹心热血育新人

"他在课堂上的激情让你体会什么才是真正的大学课堂。""公烛无私光，他是我大学里遇到最令人敬佩的老师。"同学们口中的老师，正是曾获校"卓越教学贡献奖"、安徽省教学名师的物理与电子信息学院凤尔银教授。2023年，他又荣获"第四届安徽最美教师"。他从1985年至今坚守教育教学第一线，在原子与分子的微观世界里潜心耕耘，培育后学，以真情换真心，成为广大学生眼中的好老师。

立身，勤培细耘伴苗长

林木茂盛，必先固其根；桃李芬芳，必先沃其壤。"小学的任教是我教学生涯的起点，也影响了我一生的教学态度。"1982年，凤尔银从师范学校毕业，在1所乡镇学校担任小学教师，简陋的物质条件没有阻挡他对大学校园的渴望，他一边为孩子们教书，一边抽空复习准备高考。1985年，他凭借着优异的成绩进入安徽师范大学物理教育专业学习。在校读书期间，他刻苦努力，是老先生们眼中出了名的好学生，"我教书这么多年，这门课得满分的，他还是第1个！"

凭借着本科阶段的优异成绩，凤尔银成功留校成为辅导员，"8年的辅导员工作让我了解到学生的需求和怎样去关心爱护学生。"1995年，凤尔银考取了我校原子与分子物理专业在职研究生。"和很多同事相比，虽然我在学术领域起步相对较晚，但之前的辅导员经历却让我能更好地了解、把握学生们的成长心理，这对我日后的教学提供了很大的帮助。"

谈及20年前的读研经历，凤尔银仍难以忘怀。"那时候可不比如今啊！"他回忆道。当年的实验室条件较简陋，比如实验样品气体难以及时购买，就只好自己制取。尽管条件较艰苦，他坚定的脚步却从未停下。为了进一步提升专业素养，2002年，他赴中国科学院安徽光学与精密机械研究所攻读博士学位。凤尔银一直着力于原子分子冷碰撞、冷分子化学反应和计算分子光谱学等领域的研究工作，先后主持2项国家自然科学基金，1项教育部科学研究重点项目以及3项安徽省自然科学基金，并在国内外重点学术刊物上发表学术论文40余篇。2020年，他所教的"原子物理学"课程获批首批国家级一流本科课程，他认为，"学术领域在不停地发展更新，我作为老师，只有坚持学习、及时'充电'，才能给学生提供优质的、前沿的知识养分。"

明位，精雕细琢匠人心

"课堂是教师发挥的舞台，每堂50分钟的课，都是1件值得我们精雕细琢的艺术品。"每个学期开始时,凤尔银都坚持反复修改、更新原先的备课笔记。引言怎么讲,怎样兼顾重难点,书写板书时要注意哪些问题,课上要提什么问题,怎样把理科抽象的内容转化为形象的东西来启发和调动学生的积极性,这些都是他在上讲台前必须要走的流程。他把每一堂课都当作一出舞台剧,只给自己一次机会,坚持带给学生最佳的教学方案。"凤老师擅长问题导入,让全体同学带着问题探索物理奥秘,不仅锻炼了我们的解题能力,更在探讨中拉近了师生距离。每节课后,凤老师也总会特意留时间,为同学们解答疑问。他总是微笑着细心地解释,直到大家弄明白为止。"2022届物理学(师范)本科生郭昌繁如是说。

如何真正实现课程思政的有机融合,凤尔银一直追求一种"润物细无声"的境界。他常常有意识地将学界热点、关注痛点等与课本知识有机融合,引导学生进入更深层次的思考,鼓励学生进行自主探究。"记得有次老师让我解答1道'测不准原理'的题目,由于我知识掌握不牢,回答得不太好,凤老师不仅带我们逐层剖析题目,而且顺着题目引申到物理学的前沿和热点信息。"学生黄乐乐说。他非常喜欢凤老师不仅讲解知识,也传授方法、道理、精神和意识的教学模式,既督促了大家学习,进一步巩固知识点,又能够激发大家对科学研究的兴趣。

从教30多年来,凤尔银年平均教学工作量在600学时以上,他所教授的专业基础课"原子物理学""计算机高级语言"和"激光光谱技术与应用"深受学生好评,获得校优秀教学一等奖、特等奖,校卓越教学贡献奖,校教学名师、校"三育人"先进工作者、安徽省教学名师、安徽省优秀教师、安徽最美教师等光荣称号,多次被毕业班同学评为"我最喜爱的老师"。

正心,以情为肥溉育园

学高为师,身正为范。在凤尔银眼中,一名好老师,就是学生的一面镜子。他经常说自己只是一个普通老师,他和所带的学生就像一家人,没有感天动地的故事,学生把他看作"导航",他把学生的事情当作自己的事,在日常相处过程中增进感情、共同进步。

在学生们的眼中,凤尔银不仅是位出色的科研工作者,更是一位勤恳负责的人生导师。"3年来,凤老师像一位老父亲,和蔼可亲,嘘寒问暖。"他以前的研究生马晴和吴南南回忆,自己曾经在实验的编程工作中遇到了难题,尽管已经夜深,为了避免打断思路,凤老师坚持连夜指导学生们完成编程工作,这让她格外感动,"编程的工作非常烦琐,老师却一直耐心地指导我们,几乎一夜没有合眼。""每当我们在研究中遇到麻烦时,老师总是扮演引路人的角色,常常带领我们查阅资料,在引导中培养解决问题的能力。"

凤尔银时刻关心关注着青年教师,倾力帮助青年教师快速成长。他鼓励青年教师做到教学科研并进,帮助青年教师规划学术发展路线,指导青年教师撰写各类项目的申报材料,"几十载如一日地陪伴我们成长,帮助我们站稳三尺讲台,他是我们学习的榜样,是大家心中真正的'四有'好老师。"物理学专业负责人吕建平说。"印象最深刻的是在'优秀青年'基金申请的时候,凤老师花了1个下午时间帮我改答辩PPT,让我受益匪浅。"物理学专业教师舒新文说,"在教学和科研上,凤老师要求我们青年教师坚持立德树人,赓续严谨治学、敢为人先的科学精神。要以小'家'服务大'家',筑巢引凤打造一流科研团队。"

教师是"千教万教,教人求真",学生是"千学万学,学做真人"。卅载光阴弹指过,未应磨染的是凤尔银对教学的激情,对学生真挚的关爱和对科研的执着追求。他以一腔师情抒画出心中的"育人真意",以满腔热情勾勒出追求的"科研蓝图",他用责任撑起了平凡师者的伟大。

党委宣传部

2023 年 11 月 7 日载于安徽师范大学官网

凤尔银 鹤发银丝映日月 丹心热血育新人

舒新文
他有两件"心头好"

大学物理课堂上，他是学识渊博、侃侃而谈的舒教授，承担教学的4门专业课深受学生欢迎，累计超过1000人选学；瞄准学生思想引领的"故事会"上，他是嗅觉灵敏、风趣幽默的"故事大王"，在一次次"讲好故事"中让青年学子切身体会到如何读书、如何科研、如何成长；教学之余，他还是享誉全球的科学家，曾带领团队发现迄今为止人类已知第2例双黑洞潮汐撕裂恒星罕见天文现象，被欧洲空间局网站选为"新闻和亮点"成果，取得了广泛的学术和社会影响力⋯⋯

他就是舒新文，安徽师范大学物理与电子信息学院教授。从教8年，他坚持"以身立教、教人求真"的理念，提倡"问题驱动+学以致用"式教学，着眼学生全面、个性、终身发展；他创设科研团队的教学模式，用科研成果和方法反哺人才培养，身教力行影响和培养学生。

把课上到学生心坎里

说到物理,很多人的第一印象是难。读大一时,该校2021级物理学拔尖人才班学生胡长春曾这样定义物理,是舒老师的概率论课程让他改变了这一印象。

"舒老师的课很有活力和张力,总能调动起大家讨论的兴趣,经常聊着聊着1节课就结束了,意犹未尽"。胡长春说,是舒教授的概率论课程让自己重新感受到课堂的乐趣,学习逐渐变得主动起来,经常追着老师问问题,期中考试单科超过了90分。

让学生爱上课堂,这是舒新文对于自己身为教师的首位要求。然而,本就被大家认为难的物理学又该如何上到学生心坎里?尤其是"概率论与数理统计"是物理学专业的基础课程,课程难度大,数学内容抽象,学生普遍反映难以提起学习兴趣。为此,舒新文改变传统"重理论、轻实践"的教学方法,在教学中倡导"学以致用",将课程内容与新冠病毒核酸检测、人工智能、物理实验和卫星观测的数据处理等实际问题相结合,引导学生探究日常生活和科学研究中的概率论问题,既丰富了教学内容,又活跃了课堂气氛,让学生学习"热"了起来。

此外,他还将国内外时事热点、前沿科技等元素融入课堂,厚植家国情怀,激发学生学习热情和创新潜能。在"理论力学"课程教学中,他融入与课程内容密切相关的"太阳系外行星探测"专题讨论,引导学生提出问题——分析问题——解决问题。2014级卓越理综实验班学生侯长健在"行星运动轨道共振"专题讨论后,创新性地提出了一个质点在有心力场中运动的新模型,相关研究结果在国家核心教研类期刊《大学物理》发表。

8年里,舒新文承担过大学物理、普通物理续论、概率论与数理统计、理论力学等4门本科生专业课程以及实测天体物理学研究生课程的教学任务,累计超过1000人选学。为做好大学生的思想引领工作,身为九三学社安徽师范大学基层委副主委的舒新文主动作为,积极参与组织"故事会",将社会热点、科研前沿信息、科研人员自身成长故事等搬到了会场,作为主讲人的他从此多了一个"故事大王"的昵称。

教学之外，舒新文还长期担任本科生"雏鹰工程"的指导教师，在实践能力培养方面给予全方位指导。受指导的本科生大多数以优异成绩保送或考入"双一流"高校或中国科学院研究所继续深造。近5年指导的10名硕士研究生中，获国家奖学金2人、校优秀硕士学位论文2人、安徽省优秀硕士学位论文1人。

把科研做在国家需要处

舒新文的头衔很多，除了教师，还是国家优秀青年基金获得者、国家自然科学基金重大项目课题负责人、科技部重点研发项目学术骨干，先后主持或承担国家自然科学基金项目5项，在国际著名期刊发表论文100余篇。

2020年，舒新文带领团队发现迄今为止人类已知第2例双黑洞潮汐撕裂恒星罕见天文现象，该成果发表于国际顶级期刊《自然·通讯》，欧洲空间局XMM-牛顿卫星官方网站在其"新闻和亮点"专栏发布了专题评论，称"中国学者团队发现了新的双黑洞证据……"受到国内数百家媒体关注和报道，新华社等客户端网络点击量超过4700万次。

科研的道路绝非坦途，舒新文不断攻坚克难、勇攀高峰。2016年，他两次独自赴美国莫纳克亚天文台进行天文观测。莫纳克亚天文台位于太平洋夏威夷群岛的高山上，海拔超过4000米，空气中氧气含量稀薄，仅为正常含量的1/2，强烈的高原反应对于研究人员开展天文观测实验是一个巨大的挑战。舒新文连续5天工作在海拔4000米以上的天文台，每天在深夜坚持参与调试望远镜和观测设备，采集关键科学数据，为后来作为中方协调人组织和实施JCMT望远镜大型巡天计划AWESOME国际合作项目提供了重要的观测数据积累和技术支撑。

左手育人，右手科研，于舒新文而言，这两项都是他的"心头好"。前进的道路上，他坚守育人初心，因材施教、善施教化，教育学生热爱祖国、引导学生锤炼品格、鼓励学生创新行为并身教力行，带领大家共同奔赴在科研的道路上。星光不负赶路人，一路耕耘，舒新文先后获安徽省先进工作者、安徽省教书育人楷模、安徽省学术与技术带头人、安徽省青年皖江学者、安徽省青年五四奖章、安徽省研究生导师师德标兵等称号。

是"经师" 亦是"人师"

舒新文教授是不忘初心的潜行者，是教研相长的领路人，更是有着深厚家国和教育情怀的好老师。他坚持"以身立教、教人求真"的理念，提倡"问题驱动+学以致用"式教学，着眼学生全面、个性、终身发展；他创设科研团队的教学模式，用科研成果和方法反哺人才培养，身教力行影响和培育学生；他坚持做"顶天立地"的科学研究，攻坚克难、勇于创新，努力服务于国家战略需求，既是精通专业知识的"经师"，又是涵养德行的"人师"。

百年大计，教育为本。教育大计，教师为本。长期以来，安徽师范大学始终坚持把教师队伍建设作为一项基础性、战略性的工作来抓，着力培育优良师德师风，深入实施"人才强校"战略，大力引进高层次人才，用活用好现有人才政策，着力建设一支高素质专业化教师队伍。作为一所拥有近百年办学历史的老牌师范院校，我们坚守办学本色、师范底色和育人特色，在充分发挥安徽省高等教育"母体"和基础教育"母基"功能的同时，也培养了一大批和舒新文老师一样、躬耕教坛、潜心教研的优秀教师。学校涌现出党的十八大代表房玫、党的二十大代表路丙辉、全国五一劳动奖章获得者阮成武、中国青年五四奖章获得者吴青山、全国模范教师华田苗等一批先进教师典型，为我们在建设教育强国的新征程上展现更大作为、作出更大贡献提供了坚实的保障。

我们将继续深入学习贯彻习近平总书记关于教育强国建设的重要论述，始终坚守为党育人、为国育才的初心使命，认真贯彻落实省委、省政府关于支持安徽师范大学建设一流师范大学的意见和要求，全面推进"基础教育振兴"和"学科振兴"两大行动计划，着力擦亮教师教育品牌，大力培养更多高素质师资人才，努力为教育强国和现代化美好安徽建设再创佳绩、再立新功。

2023 年 9 月 13 日载于安徽青年报

舒新文 他有两件「心头好」

刘小明

严在当严处　爱在细微中

　　他个头不高,脸圆圆的,戴副眼镜。走近看他,脸上挂着浅浅的笑意,一开口,坦率真诚、偶有妙语,与之交谈让人如沐春风。谈到科学研究,他严肃认真;说到课堂教学,他风趣幽默;提及学生,他深感自豪。他就是安徽师范大学物理与电子信息学院教授、博士生导师、电子信息工程系主任刘小明。

玉汝于成，磨炼独立科研之精神

1983年出生的刘小明教授，现已发表SCI论文50多篇，出版专著2部（英文专著1部），获授权专利10项，主持参加过多项国家级研究项目，外加诸多耀眼的头衔，可谓成果丰硕。回首自己的科研之路，刘小明用1句话形容："人就怕逼，没有过不了的河，没有克服不了的困难。"这也是他的博士生导师教会他的道理。

2009年，去英国伦敦大学玛丽女王学院读博的刘小明，遇到影响他一生的导师。"这位老师学术很厉害，但对学生也是出了名的严厉，我到现在都记得他的1句话：1件事情，我可以允许你想不出来3个办法，但我不允许你1个办法都想不出来，除非这件事在科学上被证明为不可能。"

"不允许1个办法都想不出来"的博导"逼"着刘小明独自面对科研考验，很多时候都是在没有仪器的情况下要求他去做实验。刘小明绞尽脑汁，只能硬着头皮去给各实验室写求助邮件，就这样靠着到处"蹭"仪器设备完成了实验。

提起这些经历，刘小明笑着说："后来我才知道，博士生导师这么'折腾'你，就是要逼着你锻炼独立做科研的能力。"

成为博导的刘小明教授也很注重锻炼自己学生的独立科研能力。他告诉自己的研究生，实验中出现错误可以一起讨论，但不要完全依赖导师查找文献、帮忙编程，学生要学会独立思考、自主学习。他每周开1次组会，让学生在会上讲述自己上一周的学习成果，说不出来，全场向你行注目礼的压力可不是好受的。有位学生告诉他："刘老师，一到星期四、星期五的时候我就会紧张得脸上起包啊。"

没有压力就没有动力。在刘小明有意识的磨炼下，他的学生都能以非常亮眼的成绩毕业。其中有位学生让刘小明印象很深。这位学生起点不高，从很普通的1所院校考上他的硕士研究生，最后以2篇SCI论文和1篇EI论文毕业，这基本达到了博士毕业的要求。

当严则严，该松则松。只要有学生发了文章，刘小明就会自掏腰包请实验室所有的学生吃饭，而他自己却不参加。"难得放松，让他们好好庆祝一下，我去了，他们放不开。"

心怀敬畏，教学是始终如一的情怀

"教学中最重要的一环就是课堂，老师有没有用心准备一堂课，学生心里清清楚楚，千万不要想着糊弄学生。"

从教10余载，刘小明始终谨记为师者的初心与使命。尽管身为博导和系主任的他工作繁忙，同样一门课，他仍然坚持每年都重新备课，重新准备教学课件。

"你看，这就是我的备课笔记。"刘小明一边说，一边拿出一本厚厚的册子，接着他又指着书架上一排厚厚的书本，"这些都是我备这门课的材料，我每年都会看一本新的教材，因为每一本教材的思路和侧重点是不一样的，今年我重点看这本英文教材。"为了备好课，他连出差都会随身带着备课材料，以便自己随翻随想随记。

他笑着说："想当一名好老师是不容易的。"

备课时的刘小明细致认真，可以称得上严肃；课堂上的刘小明则风趣幽默，很善于调节气氛。"因为工科的知识深奥难懂，学起来很枯燥，如果不动点脑筋吸引学生的注意力，他们会容易走神。"

课堂提问时，他会对学生的名字开个小小的玩笑："下面，我们有请上海滩的英雄——丁力，来回答问题。"同学们会心一笑，一下就缓解了提问带来的紧张氛围。还有各种与知识点有关的小故事他也是信手拈来，讲得趣味盎然，缜密严谨的工科课堂上总是能传出阵阵笑声。

课堂上的刘小明也不总是"春风和煦"的，偶尔也有"凶"的一面，比如在讲解重要知识点时，发现某位同学走神，他会毫不客气地点名批评，神情严肃。但是再"凶"，也挡不住学生对他的喜爱，听过他课的本科生们评价："刘老师的课堂重点突出，而且也很有趣，能让我们在轻松的氛围中掌握知识。"

刘小明在教学上的努力和付出也得到了专业认可，2018年，他获得安徽师范大学第八届青年教师教学基本功大赛一等奖；2020年，他获得安徽师范大学课堂教学优秀奖；2022年，他被评为安徽省教坛新秀。

课堂之外,在老师看不到的地方,又该怎么去促进学生主动学习?刘小明想了个办法:成立学习互助小组,鼓励同学之间互帮互助、共同进步、共同成长。"大班教学中老师由于精力有限无法事无巨细照顾到每一位学生,这时候就需要借助学生自己的力量,同辈互助,可以很快在班级里形成学习热潮,而且有的学生生性内敛,面对自己的同学更容易吐露心声。"刘小明解释道。

事无大小,学生冷暖挂心头

谈及学生,刘小明如数家珍,他能准确地说出某一届学生的人数、姓名,甚至能说出他们的工作地点和所从事的职业。将学生放在心上,就是要做到回应学生的每一件"小事"。对此,刘小明颇有心得:"做老师的,一定要多和学生打交道,事无大小,主动回应学生关切,努力拉近与学生的距离。"

他非常开心地举个例子:"有个班参评校'十佳班集体',需要老师上台去做推荐,学生们邀请我去了,这个班能评上'十佳班集体',其实是他们很努力。参加推荐后和同学们的关系更近了,之后他们喊我的声音都明显不一样,响亮多了。"

刘小明愿意亲近学生,学生也愿意找他谈心,更多的是向他寻求考研建议,如果有学生考研发挥失常,他还会主动帮助联系调剂院校。对待自己的研究生,他更像是一位父亲,叮嘱他们少吃零食、少吃外卖、多去运动,甚至将这些叮嘱写进"实验室准则"中去,如有违反,"罚翻译学术论文1篇"。他的研究生们一提到他就会露出笑容,有位学生笑着说:"刘老师有一句'霸总言论',在我们当中广为流传 —— '要记住,我的研究生毕业时健康及证书都不能少'。"

他为学生做的远不止这些,当得知有位女生因为生病需要做开颅手术,他主动联系学院里的老师们为她捐款,后期还指导她参加硕士研究生复试,最终这位学生成功考取暨南大学。他主动联系企业在学院设立奖助学金,奖励品学兼优和家庭困难的学子,激励学生们好好学习。他利用个人科研经费资助本科生参加各种创新实践和学科竞赛,在学生参加比赛时，他全程参与陪同指导，学生在各类赛事中频获佳绩。

"爱人者，人恒爱之。"刘小明拿出手机，翻看着学生发来的一条条短信，其中还有学生家长发来的感谢短信。"这都是我的学生发过来的，他们发了好多，这只是其中一部分。"他说话时候的自豪之情溢于言表。

何为师？古者云："师者，所以传道受业解惑也。"今人云："学高为师，身正为范。"刘小明学识渊博，能授业解惑；他教学有方，秉持赤诚之心；他育人有道，用情温暖学子。学生们评价他时，用了"鸟随鸾凤飞腾远，人伴良贤品自高"，足见他在学生心中的地位，亦足见其身为师者的成功。

（康京京）

2023 年 3 月 7 日载于安徽师范大学官网

榜样师大人

吕建平

培桃育李践初心　立德树人铸师魂

　　吕建平,安徽师范大学物理与电子信息学院教授,博士生导师,物理学(师范)专业负责人,校理论物理研究中心主任。吕建平教授自工作以来,始终坚守讲台勤恳耕耘,用青春和汗水书写出不悔的教书育人答卷,树立起新时代高校教师的典范形象。

深耕课堂教学，践行育人使命

吕建平教授始终把大学讲台当成工作的重心，自任教以来一直在本科教学一线，承担过固体物理导论、大学物理、量子多体理论、群论、物理学概论、凝聚态物理导论、数学物理方法、近代物理实验、大学物理实验、光通讯系统实验、量子理论前沿专题等10余门专业课或学科基础课程。

物理学的专业课生涩难懂，常常会让本科生们望而却步。为了进一步提升学生的专业归属感与认同感，吕建平教授经常走到学生中去，召开学生思想调研会、与授课班级的学生谈话，倾听学生需求，不断改进教学方式。以固体物理导论为例，作为公认的既难教又难学的课程之一，吕建平教授致力于引导学生建立清晰的物理图像，注重联系物理学整体知识体系的相关内容，适当融入课程思政元素和学科前沿成果，争取打造最易懂和最高效的固体物理课堂教学。"上吕老师的课，总会觉得物理很有意思。喜欢听、愿意听、听得懂，是吕老师的课最大的特色。"刚刚毕业的2022届物理学(师范)专业的郭昌繁如是说。

吕建平教授不仅注重三尺讲台上的授课质量，更是在不断创新实践中进行思考与总结。他以所讲授的固体物理中的晶格动力学课程参加第七届安徽师范大学青年教师教学基本功大赛，获得一等奖。他主持的课题《一流专业建设背景下的固体物理课程教改革和课程思政》获得教育部物理学类教学指导委员会课程教学研究项目立项。

聚力科研创新，激发育人活力

吕建平教授十几年来坚持潜心研究、甘坐"冷板凳"，发表了30多篇科研论文，其中在 *Physical Review Letters* 上发表2篇、在 *National Science Review* 发表1篇，主持国家自然科学基金4项，先后获得中国新锐科技人物奖，安徽省青年皖江学者，安徽师范大学年度科研人物、科研新秀等荣誉。他严谨求真的态度也在潜移默化中影响着学生们，就如他的学生胡明辉所说："吕老师会为他的所有硕士生、博士生量身定制循序渐进的科研路线，注重培养学生务实严谨的作风,提倡'专注 — 专心 — 专业'的渐进式人才培养模式。"因材施教,精心培育,是作为硕士生导师、博士生导师的吕建平教授一直遵循的原则。

截至目前,他的课题组已毕业的7名硕士生中6人的论文盲审或答辩成绩为优秀,3人获得国家奖学金,2人被评为安徽省优秀毕业生,2人获得安徽师范大学优秀博士、硕士学位论文奖,2人被录取为博士研究生,2人到高校担任专任教师。硕士生胡明辉同学在超流系统表面相变领域做出引领国际前沿的研究工作,因此成为我校首位以第一作者身份在物理学顶级期刊 *Physical Review Letters* 发表论文的在读学生。吕建平本人也曾被评为安徽师范大学优秀研究生指导教师、优秀博士硕士学位论文指导教师。

近年来,为进一步提升物理本科生的科研能力与水平,吕建平教授依托物理学拔尖人才班培养模式,遴选优秀本科生进入吕建平课题组参加科研训练,进一步打破本科生与硕士生培养的沟通壁垒,实现全过程、全方位育人。20余名本科生中,毕业后进入中科大、浙大、华科、武大等名校或中国科学院科研院所继续深造的比例超过70%。"在参与吕老师的课题研究时或者参加学科竞赛的时候,吕老师课题组的研究生师兄师姐会带领我们这些本科生一起研讨交流,这在很大程度上培养了我的学术兴趣,甚至对我未来职业规划产生了深远影响。"即将去浙江大学硕博连读的2022届本科生黄乐乐说道。积极加入大学生物理学术竞赛指导教师团队,连续6次指导学生参与省级以上赛事、6次担任物理相关赛事裁判。吕建平教授坚持在科研的道路上严于律己,也影响着一批批本科生和研究生们。

引领专业建设,构筑育人平台

"学校的首要功能是人才培养。"吕建平教授先后担任物理学拔尖人才班和物理学(师范)专业的专业负责人,工作认真负责,兢兢业业,为学院顺利通过物理学师范专业二级认证作出了积极贡献,全力推进物理学国家级一流专业建设。积极创新人才培养模式,组织专业教师撰写完成我校首个物理拔尖班人才培养方案、首个优师计划物理方向人才培养方案、物理学(师范)专业人才培养方案2022修订版等。

　　吕建平教授一直关注物理学师范生的考研就业工作。经常走进学生班级，为学生开展多种形式就业考研指导讲座，帮助学生联系就业单位、考研学校，积极推进物理学专业毕业生的就业率和考研率。"当时第一志愿报考华中科技大学没有被录取，吕老师一直在指导我做好调剂的相关准备工作，最后我成功被中国科学院合肥物质科学研究院健康与医学技术研究所录取。一路走来，最感谢的就是吕老师。"2022届物理学毕业生刘自然说道。从3月考研初试成绩公布到5月调剂录取结束，吕建平教授一直奔赴在考研复试辅导、调剂院校选择、面试答题辅导的过程中，他在短短2个月里，瘦了8斤。在他的指导下，2022届物理学考研率高达43.14%。

　　作为专业负责人，吕建平教授不仅注重本科生的培育和发展，也注重教研室青年教师的综合能力提升，努力为青年教师的成长"摆凳子""搭台子"，鼓励他们积极参加专业建设、课程建设、教学团队建设和教学研究等教研活动。他经常深入课堂听课，帮助青年教师纠正上课中的问题，并毫无保留地传授教学经验和方法；组织本专业的名师为青年教师精心磨课，青年教师的教学水平不断提高。

　　"捧着一颗心来，不带半根草去"。吕建平教授以真理的力量感召学生，以深厚的理论功底赢得学生，以高尚的人格感染学生。春风化雨润无声，桃李芬芳最关情，他以永不停歇的付出诠释着一名优秀教师的担当，展现了新时代教师践行育人初心使命的良好形象。

党委宣传部 党委教师工作部

2022年9月10日载于安徽师范大学官网

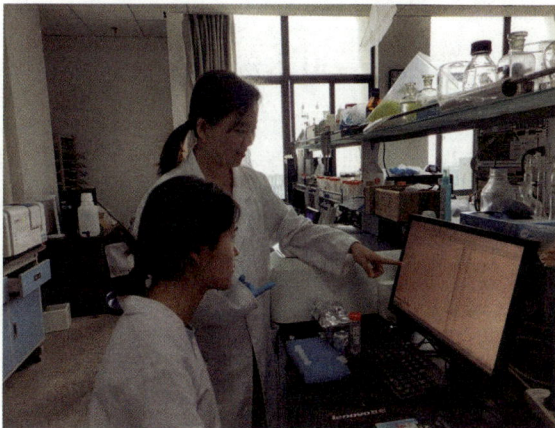

王广凤

矢志科研别出心"材" 潜心育人微光致远

她矢志科研,坚守创新阵地。曾获教育部自然科学二等奖(第一完成人)、国务院政府特殊津贴,入选皖江学者特聘教授、安徽省学术与技术带头人,获得安徽省五一劳动奖章,先后主持国家自然科学基金4项、安徽省自然科学基金3项。

她从教近20载,始终专注本科一线教学,曾获"安徽省教坛新秀"荣誉称号;此外,还积极鼓励学生进行创新性科学实践活动,指导学生先后获全国大学生"挑战杯"课外学术科技作品竞赛三等奖3项,安徽省大学生"挑战杯"课外学术科技作品竞赛特等奖4项。她就是化学与材料科学学院王广凤教授。

学者——追本溯源探其究

王广凤的科研道路，要从她上大学开始说起。那时王广凤的分析化学成绩很好，并且对这一方面也非常有兴趣。后来她被保送安徽师范大学的研究生，继续在她喜欢的分析化学领域探索。

"当时是要求研究生发1篇SCI才能毕业，这对当时各个学校的研究生来说，都不是1件容易的事情。"提起在求学科研中遇到的困难，王广凤摇了摇头，又笑着说，"真的是很困难的，也有过很多迷茫和不知所措的时候。"

遇到问题，迎难而上，但行好事，莫问前程。这些话一直激励着王广凤。刚开始无从下手，常常睡不着的时候盯着上铺的床板，问自己"要做什么，怎么才能发出1篇像样的文章"。每天悟，每天想，"当你开始主动想成功的时候，就已经向成功迈出了一大步，我承认我不聪明，但我始终认为努力一定可以。"王广凤非常自豪地说。

"没有人天生就会写论文"。王广凤先看文献找思想，再进行实践检验得到成果。在上学期间，她坚持每天7点前到实验室，风雨无阻，按照导师的要求坚持每天工作学习12到14个小时，把实验室当作自己第二个家。

从读研究生的时候开始，王广凤就投入到疾病诊断领域的研究。这主要是生命体复杂体系低浓度的一些目标物的检测。判断分析方法优劣有2个重要的参照指标，灵敏度和选择性。分析化学工作者一直致力于提升检测的灵敏度和特异性，以期在复杂体系中对低浓度目标物获得灵敏、特异性的响应信号。

王广凤举例解释说，某些酶在正常细胞和癌细胞都存在，但是癌细胞的表达会高一些。通过一些普通的探针检测，可以区分有没有，但是难以区分酶表达高低的微小差异，因此，实验室现在也在努力，从探针设计、循环技术放大，或者正交因素调节等几个方面来不断尝试，期望获得特异性放大的探针检测方法。

将化学反应引入到细胞和活体内，是化学和生物医学交叉学科的重要研究方向。2019年的时候王广凤开始进行金纳米自组装光热治疗研究，纳米试剂在临床应用往往遇到摄取与治疗效果的矛盾：如果粒子很小的话就容易摄取，但也容易代谢。大尺寸的纳米试剂具有较长的滞留时间可以提升治疗效果，然而大尺寸的纳米试剂摄取却比较困难。所以，当时王广凤和她的团队就利用CBT-Cys反应，将纳米试剂以纳米级的尺寸进入，发生原位环加成反应，形成大尺寸的纳米聚集体。金纳米聚集体是一种良好的光热试剂。它们通过在细胞内引入CBT-Cys环加成反应，原位合成了金纳米光热聚集体，一个方面使它的光热性能提升，另一方面延长滞留时间，获得了良好的成像和治疗效果。

在提到这些年的科研经历的时候，王广凤回忆道："感觉这么多年，我只是在自己感兴趣的领域，在热爱的道路上，不断地摸索，有一点创新性的想法，并且敢于去实践，敢于去面对困难。"

潜心研究，时间不会亏待每一个拼搏的人。经多年的努力和积累，她获得教育部自然科学（第一完成人）二等奖1项、安徽省自然科学二等奖1项（第一完成人）；主要在DNA为基础的材料组装、纳米光电性质调控及其分析应用领域开展了初有成效的工作，以通讯作者或第一作者在国际学术期刊发表学术论文50余篇，SCI他引1500余次；申请专利10余项、授权8项、转让5项。她以坚定的每一步，走向自己的热爱。以坚持的每一次，促进研究的进步。

师者——传道授业解其惑

春风化雨，桃李万千。自2005年以来，王广凤一直在安徽师范大学躬耕于三尺讲台潜心育人，对于每一个想要上进的、努力的学生，她都尽全力帮助他们，实现人生的理想和目标。

"这些都是我带的学生，现在都很优秀。"王广凤将学生的信息找出来，如数家珍地介绍着每一个学生，"真心希望自己能帮助这些学生打开眼界，走向更高的平台。"2012级应用化学的周福，在王广凤指导下在校期间以第一作者发表了SCI论文。毕业在即，他选择了去杭州从事教育工作。王广凤认为他是一个科研好苗子，所以即便在他工作期间，仍然不断鼓励他尝试继续走科研的道路，一直给他分享最新的科研信息，讨论科研问题。

最终，在王广凤的鼓励坚持下，周福用平时积累到的文献和思路写出了出色的项目陈述，成功申请到了香港理工大学的博士。

2015级的本科生韩挺，也是王广凤带出的优秀学生，在其实验室以本科生第一作者发表了3篇SCI论文，获得了多个论文、专利的奖项，成功申请了美国北得克萨斯州大学的博士。

"我很感谢大学时期的班主任王广凤老师，虽然大学不经常听到'班主任'这个词，但是我们班当时配了1个班主任。她是我科研生涯的引路人，我从大二上学期开始就进她的实验室，她一直引导我去做研究、发论文。"2016级的戴天玥回忆起了大学的点滴生活，表达了对王广凤老师的感激之情。当时戴天玥毕业之后准备出国，王广凤的实验室出经费给他做了科研助理，让他在毕业之后还在实验室度过半年时间，也是给他提供一个机会准备英语考试。王广凤还解决了戴天玥的住宿问题。"这孩子需要，正好把我的空房子给他住，也是希望他越来越好。"看着戴天玥的采访视频，王广凤露出了欣慰的笑容。

给人以星火者，必怀火炬，于暗淡中予以光明，也必将照亮更多的路。王广凤在提起自己的硕士导师方宾老师和博士导师王伦老师时，流露出尊敬和感恩之情。

"当时分析化学学位点为了写申报材料常常开会到深夜，我们都困得不行了，而王老师、方老师还都精神抖擞地讨论、撰写。分析点前辈老师孜孜以求、追求卓越的精神，不断激励我，他们是我的导师、前辈也是长者，他们的远见卓识和包容信任，也让我不想辜负他们的期望。"

老师们追求卓越的精神，时刻鼓励着王广凤不断扎根科研和教学。王广凤在课堂上、实验室里都倾注着自己的热情与汗水。为了培养和提升本科生的创新能力和科研素养，在实验教学中，她通过细致观察选择具有科学研究潜质和对化学研究有浓厚兴趣的学生，结合自身对相关领域研究的长期积累和敏感度，遴选适合本科生研究的科研课题，积极吸纳优秀本科生进入实验室。通过启迪思路、细化方案、开展实验及撰写训练等环节，培养了一批批科研达人，科研育人成果显著：先后指导了20余名硕士、博士生，吸纳30余名本科生进入实验室，多次被评为论文、专利的优秀指导教师，其中10余名本科生均发表第一作者SCI论文并赴世界知名高校攻读博士。

矢志科研是学者的孜孜以求,敢拼敢闯是师者的谆谆教诲。追本溯源,传道授业。王广凤也将在新的化学反应中,做好"催化剂",期待更多奇妙的反应。

（郑雨洁）

2023年9月1日载于安徽师范大学官网

王广凤　矢志科研别出心「材」　潜心育人微光致远

王 群
科研之路行万里 行远自迩育人心

　　她矢志创新,以深耕科研为底色,围绕"可持续旅游"这一主线,探索出属于自己的可持续科研之路,并成为国内旅游地社会——生态系统研究的主要学者之一;她潜心育人,永葆师者本色,个人获安徽师范大学文津学者、巾帼标兵,带领团队获省级旅游管理教学团队质量工程项目、安徽师范大学"巾帼标兵"。从师大出发,又回到师大,地理与旅游学院的王群教授始终坚守"旅游人"的使命和"师大人"的信仰。

望山河锦绣清丽，走人文地理科研

深知地理是一门"走"出来的学科，为了考察更多地方，获取更多旅游地的发展资料，王群在硕士期间选择了成为一名兼职导游，"我可以不要报酬，但我会努力尽到一名导游的职责。"当年的她诚恳地向旅行社负责人说道，"我只是想要站到泥土地上切身感受真实的地理环境。"

"每次出去旅游，我不会把自己看成是一个游客，而是一个科研学者。"旅程的终点不同，始终如一的是王群铭刻在心的"研究者"身份。横向考察单个地点里的一切地理因子，纵向比较不同旅游地环境上的差异，王群坚持以专业的视角去观察旅游景点里的每一个地理要素，"仔细观察后再查阅相关资料，我就会知道有些问题已经被研究了，而哪些问题还没有人研究到。"在实地考察中提炼研究课题，运用交叉学科的思维进行下一步分析，再寻求严谨科学的理论给予支撑，最后思考切实可行的解决方案。王群写下《国外关于旅游地水供需矛盾的研究》一文，文章投递出去后不久就收到了回信。"编辑和我说，那时很少有硕士生写的论文录用到他们刊物的论文上，但是我这一篇文章的选题真的太新颖了，对旅游地实际生态环境管理也有着重要借鉴意义。"黄山、普陀山、大别山、千岛湖、宏村……从"高山"到"秀水"，从"自然"到"人文"，王群在不断行走山川湖海间感受自然的秀美，也在深入自然的脚步中探索地理学科的奥妙。踏过的每一块土地如同一片片拼图，王群渐渐铺造出来一条"可持续旅游"的科研道路。

深耕学科科研10余年，王群从研究单一环境要素延伸到探索整个生态系统，以"可持续旅游"为主线，以"人地关系"为核心，探讨人与自然和谐发展课题。截止到目前，王群已公开发表60余篇学术论文，出版学术专著1部，主编教材1部，主持国家自然科学基金、省哲社项目各3项，先后4次获得文化和旅游部优秀研究成果奖。硕士就读时期，王群发表了论文《旅游环境游客满意度的指数测评模型》，并于2017年获一级刊物《地理研究》杂志创刊35周年"最具影响力论文TOP30"和"优秀成果社会杰出贡献奖"。2020年，王群为第一作者的论文《千岛湖社会——生态系统恢复力测度与影响机理》入选中国精品科技期刊顶尖学术论文领跑者5000

（F5000）。2021年，中国旅游学术评价研究基地依据旅游论文h指数对2003—2020年间的旅游论文作者进行排名，王群位居全国第36位。"我还是一名跟跑者，还是像一本无字书，需要多去看世界、多去想问题。"王群依旧抱着学习者的姿态对待科学研究，怀揣科研者的态度踏往下一个旅游案例地，带着"旅游学人"的使命描摹"人与自然和谐共生"的可持续旅游路。

授学子循循有道，旅游人灼灼诚心

25载朝暮有序更替，王群学成在师大，又选择站上师大讲台教书育人。望着教室里一张张年轻的面孔，王群时不时会回想自己学生时代的青葱岁月。"我也是一路读书读过来的，他们遇到的问题和困惑我都遇到过，所以我也希望自己能够从他们的视角出发开展教学活动。"

市场细分、市场定位等概念名词抽象难懂，王群会抛出"婺源为什么是中国最美的乡村"的提问，引导学生一步步深入思考，抽丝剥茧疑惑后领悟出理论的真谛；同样身为科学研究者，王群将自身调研"旅游者满意度"的历程与期间遇到的难题融入《旅游消费者行为》的课堂，以亲历者视角生动鲜活地分享自己是如何运用教科书给出的满意度模型，又归纳出了哪些新看法和结论；带领学生外出调研时，王群不会在第一次出行给学生们下派任务，而是让他们站在游客的视角感悟山河美景。第二次出行，王群会给他们分配调查问卷发放或获取统计资料等任务，将感性认识提升到理性认知。在第三个阶段，王群则会与当地对接，让学生自行前往，再运用所学所知独立完成调研任务。"现在做调研很困难的，游客或者居民一听要让他填问卷、访谈，大概率都会拒绝。所以我也是会预先给学生们做好心理安慰，和他们说被拒绝是没关系的。"

旅游中的地理学理论浩瀚无垠，还未见过的自然世界广袤无际。在王群谆谆教导、循循善诱下，学生们勇敢踏向千山万水，培养强大的心理素质和人际交往能力。同行探讨理论学说的真知，学生们也在她的身上感悟到了身为一名"旅游人"的使命。

王群曾经在黟县做旅游规划时，小组提出要召开一个村民座谈会，"当地负责人跟我们说，这个座谈会得下午才能开起来，上午不行。因为在得到通知后,村民们需要背着中午的干粮走一上午的山路才能来到这,晚上还得走回去。"开会时,与当地村民诚恳热切的眼光对望,听着他们掏心肺腑地表达出自己对地方开发的想法,王群突然感悟出"旅游人"的使命:旅游人不能只为利益而行,为出科研成果而动,更是要用自己的知识和成果去服务地方、服务老百姓。

无偿提供相关资料的建筑公司负责人,顶着暴雨送资料的镇长,热情配合的每一位游客……渴望把"旅游人"的使命传递下去,王群经常在课堂上分享自己在旅游调研途中发生的萍水相逢的故事,告知学生们这是一门人与自然、人与人打交道的学科,孕育着他们身为"旅游人"的使命感和责任心。

师道匠心育桃李,薪火相传行致远

从师大出发,又回到师大,王群与师大有着深厚的缘分。中学时代的"教师梦"让她选择来到师大,却并未如愿录取到师范专业——"中小学并没有旅游管理这一学科,那我能当什么老师呢?"直到某天与辅导员聊天时,老师的话为困扰中的王群指明一条新道路——大学教师。虽然那时的她觉得这条道路遥不可及,但凭借着脚踏实地的努力,王群在大四顺利拿到保研师大的资格,开启了她与"旅游环境"的新篇章,也愈发接近了"大学教师"这一理想。

在王群看来,好的老师如同一盏明灯,可以照亮学生前行之路。一路走来,她深感导师之恩,因而喜欢并且选择了这份职业,并将教育作为一生的事业去追求和奋斗。谈及在师大的学习生涯,王群感触颇深:"我在师大遇到了许多'贵人',这让我在求学中受到了很多帮助。"回忆撰写《旅游环境游客满意度的指数测评模型》的来时路,王群感激不已:"没有学院老师们和学弟学妹的帮助,我是不会如此顺利完成这篇论文的。"作为该研究方向第一年招收的唯一1名硕士生,王群无法组成团队进行调研。在学院的关照下,她跟随正值专业实习的2000级地理科学专业本科生一同前往黄山风景区。"在院长、老师以及学弟学妹的帮助下,我顺利收集到黄山风景区旅游环境满意度的相关数据和信息资料,很快完成论文初稿,并得到了业内很好的反馈。"以身载道，践之于行。学生时代受到的帮助，是支撑王群走好学术道路的动力，更是激励她回馈母校的源泉。

从师大旅游管理专业的本科、研究生和博士生，再到站在"三尺讲台"，王群愈发地热爱师大、自己的专业和工作。王群每年都义务为学生举办研究性学习、暑期实践、考研就业等讲座；对待研究生，更是视如一家人，"做学问一定要一丝不苟""有什么困难一定要告诉我"是她最常说的两句话。各种活动指导，不论级别，不论是否挂名，她从不拒绝。"老前辈们传递给我'以学生至上'的思想，我也一定要将'全心全意为学生服务'继续传递下去。"王群笑道。

"我们学院的老师真的是勤勤恳恳、认认真真地做学问。他们的作风影响着我，我就想学习他们。"在科研方面，王群也始终坚持以实践为导向，做经世致用的实践者，做对社会负责的旅游人。"在衡量一个人成绩时，师大会以你所做的科研成果和教学质量为标准，而非其他。"王群如是说道，"我是真的喜欢师大、爱师大，师大的环境让我汲取了丰厚的滋养。"厚重朴实的师大精神在潜移默化中影响着王群，也激励着她培养出更多具有深厚理论知识和实践能力的旅游人才。

"曾经是他们带我成长起来的，我们薪火相传。"传承师道，继往开来，王群始终以教书育人彰显本色，做学生成长的引路人；坚守严谨踏实的科研态度，担起新时代"旅游人"的重任。

潜心科研求真知，躬耕教坛育英才。从教 18 载，王群以创新的思维，引领学生探索学科交叉的奥秘；以实践的热情，把一项项科研写在祖国大地上。栉风沐雨砥砺行，春华秋实满庭芳。王群稳稳接过前一辈师大人手中的接力棒，将带领更多师大"旅游人"在"旅游管理"这片广阔的海洋里，凝聚起更多创新后浪。

（李家榕　李美莹）

2023 年 12 月 27 日载于安徽师范大学官网

吴孝兵

扬子江畔的动保专家　师大园地的厚德师者

三十科研风与雪，万里跋涉云和月。从青葱岁月到华发渐生，他无数次冒着酷暑严寒，穿行山川湖泊，抵达动物生存的野外家园，寻找、发现、记录、研究，把文章写在祖国的大地上。一腔热爱，一生责任，他在从事濒危物种扬子鳄的保护生物学研究中守住前辈的火，开辟明天的路，那游弋在碧水青山间的扬子鳄是他追求人与自然和谐相处的生动写照。他就是生命科学学院吴孝兵教授。

发轫之始，折服于自然的吸引力

吴孝兵对自然、对动物的热爱，发轫于儿时的乡村生活经历。1965年，吴孝兵出生在安徽全椒县的一个小乡村。田园阡陌间屋舍错落，堂前屋后的树上鸟鸣声声，仰首间就是灿灿星空，乡村那种与自然交融的生活方式在他的心里烙下深刻的印记。

"农村的生活经历让我从小就对自然、对动物有着亲近感，我常常在放学后去放牛、放鹅，相处久了就觉得动物都有灵性，看到有人用弹弓打鸟我心里会难过好久。"

升入中学，生物课顺理成章地成为他最喜欢的课程之一。进入安徽师范大学，他继续学习生物学，对各种动物的研究兴趣与日俱增。后来，他考上"中国扬子鳄之父"陈壁辉先生的研究生。

拜入名师门下，吴孝兵受益匪浅。导师陈壁辉先生给他影响最深的就是做事的认真、严谨。"那时候论文都是手写的，厚厚的一本，陈老师总是不厌其烦地一遍遍修改，我们就一遍遍重写，直到论文完善。""有一年冬天，我赖床错过上课时间，陈老师亲自到宿舍叫我起床去听课，并严厉地批评了我，我当时非常惭愧。""他对扬子鳄研究充满感情，他执着的科研精神深深地感染着我，影响着我对研究方向的选择。"

那时候的科研条件相对简陋。实验用的玻璃片总是反复清洗利用，从来舍不得扔；做实验累了，也没有休息室可去，拿条毯子铺在实验室外的地上，躺一会儿，起来接着做。

草蛇灰线，伏脉千里。师者的言传身教以及在艰苦的环境中磨砺出来的吃苦耐劳品质，为吴孝兵后来能够始终如一地行走在科研之路上奠定了基础。

1989年以来，吴孝兵一直从事濒危物种扬子鳄的保护生物学研究。动物种类何其多，为何一直坚定地选择扬子鳄，从不易辙？吴孝兵说道："起初是受到我导师研究方向的影响，后来随着研究的深入，我对扬子鳄逐渐有了更深刻的认识。扬子鳄起源于两亿年前，是大自然馈赠给人类的自然遗产，是我们国家特有的，且主要分布在安徽，如果让它消失，我会有一种负罪感,觉得自己有这个责任去壮大扬子鳄的种群数量,把这个物种留给我们的后代。"

多年的研究,扬子鳄在吴孝兵的心中是特别的。盔甲一样的皮肤,坚硬密集的牙齿,外表"凶猛"的扬子鳄,在他眼里则是既可爱又呆萌。"扬子鳄在水里闭着眼睛匍匐不动的时候是不是像根木头,憨憨的模样多可爱多萌啊,性情又温顺,只要不在繁殖期干扰它,它基本不会主动攻击人类。"一提到扬子鳄,吴孝兵的喜爱之情就从话里话外满溢出来。

扎根师大,行走在动物保护一线

吴孝兵从研究生二年级追随导师研究扬子鳄开始,至今已有35载光阴,时光流逝,他对扬子鳄的研究领域也在不断突破。在导师陈壁辉先生实现扬子鳄规模化人工繁育的基础上,吴孝兵将关注的重心放在扬子鳄野外放归上。仅最近5年,野外放归扬子鳄就达到1500条,他的研究推动了扬子鳄野外放归和野生种群的复壮,成功实现了扬子鳄从人工种群回归自然,使得扬子鳄的保护成为物种保护成功的示范案例。

"扬子鳄属于极度濒危物种,人工繁育只是保护濒危物种的基本手段,通过野外放归让扬子鳄在野外复壮种群,在自然生态里发挥作用才是我们的最终目标。"

彼时,扬子鳄野外放归研究尚处于空白,没有任何可借鉴的资料。什么样的环境适合放归?如何筛选放归的扬子鳄?放归后的扬子鳄怎么生存?伴随这些疑问,他带领团队摸索着前进。

为了找到合适的放归地点,他一次次深入皖南地区考察选址,只要有野生扬子鳄出没的地方,都留下了他的足迹。

没有发现适宜的地点,他就着手研究栖息地生态修复,在申请栖息地修复技术国家发明专利的基础上,又参与制定《扬子鳄栖息地生态修复技术规程》,填补了安徽省野生动物栖息地生态修复标准规范领域的空白。

解析扬子鳄繁育机理,需要提取放归后的母鳄DNA(脱氧核糖核酸),产卵后的母鳄踪迹难寻,DNA提取工作陷入僵局,他想到通过蛋壳上残留的黏液和细胞提取DNA,这项技术也申请了国家专利。

扬子鳄生活在湖沼滩地和长满乱草蓬蒿的丘陵山塘，昼伏夜出，为了监测它们放归后的活动状态，他不辞辛劳参加野外调查，抗住蚊虫叮咬、困意来袭，年年如此，从未间断。

回首扬子鳄野外放归路上遇到的挑战，吴孝兵显出一种云淡风轻的从容之态："做科研，一年半载都没有进展是正常状态，遇到瓶颈不要着急，慢慢找方法，一定能豁然开朗。"

除进行扬子鳄研究之外，自然保护区考察和生物多样性调查也是他的重要工作，这些都离不开野外科考。蜱虫叮咬、毒蛇挡道、天气突变、深山迷路……野外科考工作危机四伏。去黄山考察，山高林密，连当地向导都迷失在遮天蔽日的丛林里，天色已晚，整个团队摸黑翻过一个山头后，向导爬上树顶才找到出山的路。前往宁国考察，在一处河床寻蛙，上游的水电站突然放水，他听到轰隆隆的声音才发现不对劲，赶紧带着学生冲上岸。夜晚带着学生去河沟附近调查两栖类动物，才走百来米就发现有五六次毒蛇竹叶青出没，他当即带领学生紧急撤离。

尽管艰险挑战常伴，他仍步履不停。这些年，吴孝兵带领团队翻越崇山峻岭、渡过江河湖泊、踏上连绵丘陵、走进幽深密林，先后完成第二次全国陆生野生动物资源调查、黄山风景区生物多样性保护行动、安徽牯牛降国家级自然保护区科学考察、安徽太平湖国家湿地公园综合科学考察以及安徽扬子鳄国家级自然保护区综合科学考察等系列野外科考工作，在翻山越岭中找寻野生动物出没的身影，在风餐露宿中践行着生态文明理念。

历尽天华成此景。吴孝兵收获了200余篇论文、4部教材、3部著作、8项国家自然科学基金项目。他牵头成立安徽师范大学林业调查规划设计院、安徽师范大学野生动植物及其产品鉴定中心两个科研平台，兼任世界自然联盟东亚及东南亚区域副主席、中国动物学会两栖爬行动物学分会常务理事等诸多职务。吴孝兵扎根保护生物学研究领域孜孜以求、砥砺深耕，在科研上取得丰硕成果，荣誉等身。

研精覃思，教学与科研比翼齐飞

从1991年开始给本科生上课，这么多年，尽管身兼数职，日常繁忙，吴孝兵始终坚守在教学一线，耕耘三尺讲台。

"刚入学的本科生就像一张'白纸'，他们对于一门学科的内容和发展前景基本没有概念，如何让他们在大一就对生物学产生兴趣，老师的课堂最关键。"

吴孝兵上课从不低头翻讲稿，全程看着学生讲课。"我对自己的要求是学生上我的课，听完就能理解，不用再翻书去找答案。"如何做到这一点？"备课很重要，备课时让知识在脑子里左一遍右一遍地过，保证知识点烂熟于心，只有熟练才能自信，一自信课堂就流畅，就能旁征博引，帮助学生融会贯通。"吴孝兵说道。

听吴孝兵的课是种享受。从广袤无垠的大海到可可西里无人区，从巍巍高原到师大校园一角，随着PPT页面的切换，天南海北的飞禽走兽都在你眼前跃动。他对动物有着很深的感情，加上他走过那么多地方的路，见过许多地方的景，所以他讲课往往能旁征博引，触绪发挥，兼之讲解得深入浅出、通俗易懂，学生极容易理解。

吴孝兵的课堂情感充沛，酣畅淋漓，给予学生极深的感受与启迪。讲到濒危甚至已经灭绝的动物，他语调低沉，有惋惜之情。提到长江特有物种白鳍豚的生态灭绝，他痛心疾首，直呼"长江之痛"。讲到学生偶然间在赭山上新发现的小动物"貉"，他面露喜色，兴致勃勃地介绍来龙去脉。讲到师大校园里已发现的鸟类多达120余种，他毫无掩饰自豪之情，夸赞校园的生态环境好。

问学生对吴孝兵老师的评价如何，得到的回答无一例外都是赞美。"吴老师很棒，能贯穿讲解知识点。""吴老师知识渊博，课堂生动有趣，教学效果好。""吴老师的课堂很精彩，我们积极性都很高。"

科研任务如此繁重，为何还要抽出精力搞教学？吴孝兵说："教学是科研的基础，在课堂上其实就已经在向学生传递科学精神、科学方法，帮助他们建立科学研究的初步印象，也是在培养后继力量。科研很重要，大学课堂如果没有以科研为基础，知识更新就慢，就无法达到理想的教学效果。"斯言灼灼，耐人深思。

研精覃思，桃李芬芳。早在1998年，吴孝兵就被授予安徽省优秀教师称号。2022年，他又被评为安徽省研究生教学名师。最早带的一批学生

回来看望他时,总会说大学生涯中最忘不掉的就是吴老师的课堂。

从三尺讲台上谆谆教诲的师者,到扬子鳄研究领域的权威专家,吴孝兵抱定赤子之心,辗转于野外、课堂。过滩涉水,越岭翻山,他执着地行走在科研路上,呵护自然生命;躬耕教坛,千锤百炼,他真诚地行走在育人路上,传递科学的火种。

（康京京）

2023 年 6 月 30 日载于安徽师范大学官网

榜样师大人

陶海升

箫声动花津　赤诚育桃李

推开生态与环境学院317实验室的门,门内最先"抓"住你眼球的一定是四方墙壁。一排排学术论文,一列列授权专利,一张张荣誉证书,将实验室四方墙壁张贴得满满当当,浓郁的学术气息扑面而来。门外春和景明,惠风和畅,几棵修竹撑起盎然生机。

见有人来,陶海升教授马上起身,快步走到门口迎接,脸上一团和气,见之可亲。说起墙上的展示内容,他说:"这些全都是我学生的成果。"随后兴致勃勃地一一介绍起来,全程面带笑容,自豪之情从眼角眉梢中流淌出来。

孜孜不倦，细微之处铸师魂

"陶老师，您那里有我以前在课题组组会上汇报的PPT吗？"一位毕业多年的学生在电话里询问陶教授。他打开学生的电子档案，很快就找到这份PPT。

"学生找我要以前的材料，只要我坐在电脑前，5分钟之内肯定能找出来。"从2009级到2022级，他为课题组每一级本科生都做了一份电子档案，研究生和博士生也没落下。点开这些电子档案，组会上汇报过的PPT、参加各类赛事的材料、平时的课业、写过的论文等等全都井井有条地归置在文件夹里，其中论文从初稿到定稿以及中间几版修改稿都按顺序排好。

"只要学生找我，我从不拒绝，事事有回应是我对学生的承诺。"

不管多忙，学生提交的论文，3天之内一定改好，修改时连中英文逗号的区别这种难以察觉的细微之处他都会指出来。常常在夜里十一二点，他将论文改好发给学生。有位学生半夜接收到陶海升修改后的论文大为感动："陶老师，这么晚您还没睡，在帮我改文章啊。"有的学生毕业后去其他学校读研或读博，需要时仍然会请他修改文章，他也从不推辞，尽心尽力帮忙。

谢宗璠是陶海升课题组2019级的本科生，拿到了推免保研中科大的资格。申请推免保研，需要准备大量材料，这些材料都要导师修改、签字。一天晚上，谢宗璠想请陶海升来实验室帮自己改材料，发完消息天却下起了雨。"陶老师会不会来呢？"谢宗璠心中打起了鼓。犹疑中，陶海升推门走了进来，湿着半边身子笑道："幸亏我骑得快，不然全身都淋湿了。"他拿毛巾随便擦了擦雨水，就开始指导谢宗璠修改申报材料。"老师完全可以在电脑上改好发给我，但没想到他会冒雨赶来当面指导。"谢宗璠心中深受触动。

研究生做实验，陶海升全程在实验室指导。本科生要考研，他就经常去图书馆、考研教室"查岗"；要求英语基础薄弱的学生每周交1篇英语作文或5句英语翻译，他逐字逐句修改；复试时又当起了模拟考官。多年前考取中山大学研究生的方安琪对陶海升说："大学四年，我做得最正确的一件事就是进入您的实验室,选择您做指导老师。"

累吗?"当然会累,但我喜欢和学生待在一起,累点也值得。"

为什么愿意在学生身上下这么多功夫?"我是从学生时代走过来的,学生有时候是也很无助,我对学生那种想努力但不知道朝什么方向去努力的焦灼和迷茫感同身受,成为老师后,就尽我所能去指导学生。"

全心全意为学生付出,这样的老师哪位学生不喜欢呢?课题组里的本科生程雅琳考上名校研究生,她却说:"陶老师,我想了想,还是不去了,我想读您的研究生,继续跟着您。"

倾心育桃李,桃李硕果丰。据不完全统计,陶海升的实验室在10年内先后培养了百余名环境专业优秀学生,学生发表SCI论文30余篇,申请获批国家级大学生创新创业训练项目立项5项,获省级及以上各类奖项和资助近50项,85%以上的本科生进入名校深造。

殚精竭虑,方方面面助发展

课题组成立十周年的时候,毕业的学生们制作了一段致敬视频。面对镜头,学生们除了表达对陶老师的想念和敬意之外,更多的是怀念在课题组的时光。

陶海升的课题组有什么魔力,让学生毕业多年还念念不忘?

"陶老师给我们提供了自由平等的科研平台,他非常尊重我们的想法,从不强制要求我们跟随他的研究方向,允许我们探索更多可能性。"这是博士生张解和给出的第一个答案。

正是这种开放包容的科研氛围,每年都有大批学生慕名前来,想要加入课题组。除了环境专业的学生,他的课题组有时还接收了其他学院的学生。

陶海升允许学生试错。学生提出实验想法,他从不轻易下对错与否的结论,并鼓励学生大胆尝试、放手去做。有位学生问:"陶老师,我不知道这个实验能不能做成功,万一钱花掉了,但实验失败了,您会不会批评我?"他回答:"这个经费花下去了,实验是有可能会成功的,如果不花,这个实验肯定是不会成功的。"

"我在陶老师的课题组组会上学到了人生最好的一课：表达自己。"这是2013级的王大全给出的第二个答案。

有个学生参加比赛，面对观众席，"腿抖得跟筛糠样的"，陶海升意识到学生在这方面的锻炼太少。为了帮助学生克服一上台就紧张、发言不流畅的毛病，他特意在课题组的组会上设置汇报和表演两个环节。

汇报环节，陶海升让学生上台面向大家汇报自己一周的学习情况。王大全回忆第一次上台汇报的场景："我结结巴巴，一个字一个字地蹦出PPT上的内容，中间还夹杂着数不清的停顿，尽管那是一次失败的表现，但对我而言却是一次成功，我学会了在人前表达自己。"

表演环节，不拘形式，自在表现。唱歌、弹吉他、吹葫芦丝、吹口琴、诗朗诵、魔术表演……各种才艺轮番上演，热闹得像联欢晚会现场。有表演者，还得有摄像者、组会记录员……学生各司其职，轮流负责。

这样做不仅锻炼了学生的胆量，让学生学会流畅地自我表达，更重要的是鼓励学生在努力学习、勤奋工作之余培养爱好，丰富生活。

陶海升在组会上会吹奏洞箫给学生听，洞箫也是他调节工作和生活的润滑剂。清晨薄雾中，落日余晖里，他骑着自行车找个风景秀丽的好地方，就开始一人一箫一片天的灵魂独舞。花津河畔、梅林深处、文思亭下都曾留下沉郁幽远、婉转低回的箫声。"我之所以选择箫，源于年少时心中有过'一箫一剑走天涯'的武侠梦。箫声一起，我就进入到悠远的境地里，身心轻松。"

勤勤恳恳，砥砺深耕教育路

陶海升本科学的物理专业，硕士和博士学的化学专业，能取得这样的成绩，靠的就是黾勉苦辛、朝乾夕惕的勤奋精神。大学毕业后，他在我校化学与材料科学学院当一名实验员。起初他面临着"玻璃仪器全不识，学生嬉笑我外行"的窘境，自尊心强的他暗暗下决心要迎头赶上。每天第一个到实验室，最后一个离开，到家后继续学习到凌晨三四点钟才入睡。靠着这样的吃苦精神，几年内，他就快速成长为高级实验师。

取得这样的成绩后，陶海升仍步履不停，在院里老教授的鼓励下，加之对知识的渴望，他选择继续深造。后来调到生态与环境学院工作，他又拿出"认准一件事就一定要把它做成功"的钻研精神，让自己尽快适应新领域。他每天拼命看书学习做笔记，由于写字太多，导致他的右胳膊疼了一年多时间。

在学院工作中，陶海升兢兢业业、恪尽职守，教学、科研之外，他先后担任实验中心主任、专业负责人等，目前还在担任教工党支部书记，用自己的努力为学院发展贡献力量。在教学上，他承担起多门本科生、研究生课程的教学任务，精心探索教学方法，一些复杂难教、挂科率高的课经由他讲解，学生的期末考试成绩大幅提高。在科研上，他发表高水平论文30多篇，主持过多项科研项目，先后获得学校本科教学成果奖、最美教师、先进工作者等系列荣誉。

学院有位老领导说："像陶海升这样的教授，确实难得，让他做什么事都认真对待，从来不抱怨。"他的博士生评价他："我最敬佩陶老师身上的螺丝钉精神，学院哪里需要他，他能立马调整自己去适应工作，关键还做得很好，真的很励志。"

"多做事，少空谈，用勤奋致成功。"这是他反复向学生强调的做人理念，这句话也是对他人生态度最好的注解。

采访陶海升的时候正值三月，春天的花津，桃花怒放枝头，李树花开成簇，桃李之下莘莘学子如织。待到鲜桃满枝、脆李累累时，就快到了陶海升送走一届毕业生的时候，不久的将来，317实验室又将迎来一届新生，这新老交替中流动的是桃李满天下的生生不息。

（康京京）

2023年4月18日载于安徽师范大学官网

陶海升 箫声动花津 赤诚育桃李

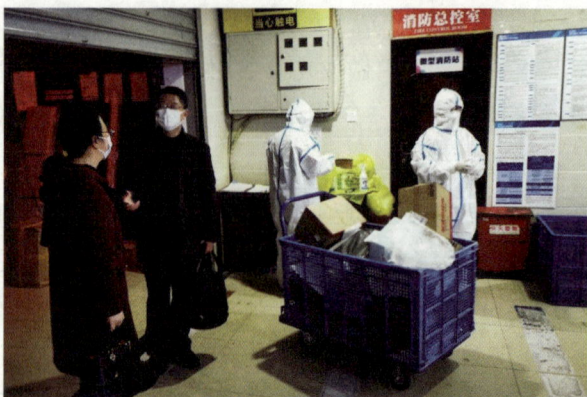

唐俊生
不忘初心 勇做校园战疫长城的"排头兵"

　　疫情就是命令,防控就是责任,坚持就是胜利。自新冠疫情暴发以来,近千个日日夜夜,唐俊生始终坚守在学校疫情防控最前线,为健康与安全护航,全力保障全校5.5万余名师生员工的身体健康和生命安全。作为一名党员,身为一位学校中层领导干部,他始终不忘初心、牢记使命,恪尽职守、奋勇争先,因真心付出、倾情奉献,得到了广大师生员工的一致好评。他就是校疫情防控办公室常务副主任、保卫处处长唐俊生。

周密部署，做好校园疫情防控"调度员"

疫情发生之后，唐俊生不惧困难、积极应对，周密部署、冲锋在前。他严格按照上级和学校党委决策部署，建立并完善校园防疫机制，织密织牢校园疫情防控"防火墙"。他科学谋划，精准施策，与全校教职员工一起并肩作战，以实际行动彰显责任担当之勇、科学防控之智、统筹兼顾之谋、组织实施之能。

唐俊生始终把保障师生生命安全和身体健康放在首位。作为学校保卫工作主要负责人，他立足校园管控、师生防控，把初心写在行动上，将使命落在岗位中。"每天起床第一件事就是了解疫情形势，每日最后一件事也是了解疫情形势。"实时掌握疫情动态和防控最新政策，为学校疫情防控决策提供参考，牢牢掌握疫情防控主动权，守住校园疫情防控阵线，确保校园无疫情发生。

在常态化校园防控工作中，唐俊生率先提出校园防控"4333"机制，"利用4个工作群、通过3条线、紧抓3个环节、落实3项重点任务"，即防控领导组、防控办、信息摸排、应急处置"4个工作群"，人事处、学生处、研究生院"3条线"，师生员工返校前、中、后"3个环节"，健康监测、核酸检测、应急处置"3个重点任务"，逐步建立网格化管理模式和网格化防控机制。工作方案细而又细，工作举措实而又实，始终坚持"统一部署、联防联控、统筹兼顾、多措并举、确保安全"的原则，落实各项疫情防控措施，确保校园安全稳定，保障各项重要工作顺利、有序开展。

作为校防控办负责人，唐俊生精准研判疫情形势，结合校园疫情防控实际情况与需求，准确、及时发布校园疫情防控各项指令，整理起草校园防疫方案预案以及通知百余份，有力保障了校园防控工作统筹有力、调度有方、整体有序。

迎难而上，当好校园疫情防控"指挥员"

2020年初，担任校医院院长时，唐俊生凭借较强的工作敏锐性，第一时间召开了校医院疫情防控专题会议，第一时间按下了防控"启动键"。根据学校工作调整，2020年7月份唐俊生担任保卫处处长。他深知信任无价，虽时感疲惫却始终带着坚毅的面孔继续做好校园管控工作，适时调整校园管控策略，运用信息化手段推行"外来人员、学生进出校门"网上审批功能，在不放松管理的情形下简化出入校门程序，为广大师生提供便利。

在校园"保卫战"这个没有硝烟的战场上，白衣天使及保卫人员就是最有力的战士。唐俊生提出了"班子带头、党员先行、全员跟上"的工作要求，利用工作群强化对医务人员法律法规、疾病诊疗、隔离观察、消毒等专业知识的培训，常常晚上带领保卫人员巡查门岗、围墙、交通等状况，发现问题立刻解决，保卫处干部职工实行24小时"双岗"值班制度。疫情防控前期，他的孩子中考、妻子带毕业班，但由于工作繁忙，唐俊生几乎没有时间关注妻儿，与他们交流时间也很少，但家人还是给了他极大支持与理解。在唐俊生的带领和感召下，已年逾七旬的返聘退休员工、未过哺乳期的新生儿母亲、生病尚未痊愈的职工都自愿坚守在防疫一线，携手打好校园疫情防控阻击战。

争分夺秒，干好校园疫情防控"消防员"

疫情防控就是要时刻与病毒"争分夺秒"，作为校防控办常务副主任，唐俊生白天在一线、晚上在案头，工作到深夜是常态。"再困难的事总要有人干，我不干别人也要去干。"普通的话语透露出他的勇敢与坚决。疫情发生以来，他以岗位为战位，始终坚守在学校防疫第一线，不惧风险、不畏得失。防疫任务紧急，他积极研究部署；师生对政策不了解，他积极解释说明；疫情对学校工作有影响，他积极组织做好保障；离退休老同志被所在小区封控，他积极慰问关怀……2022年4月17日，芜湖市实施静态管理，唐俊生第一时间逆行进校、吃住在校，协调解决静态管理期间校园疫情防控工作的物资储备、后勤保障、师生就医、全员核酸检测等各种问题。事情千丝万缕、工作千辛万苦，他本着对学校负责、对工作负责、对学生负责的态度，妥善高效做好处置，筑牢校园疫情"防火墙"。

大疫当头，不负师生重托；牢记使命，方显党员本色。唐俊生曾说"疫情防控是守底线、保安全的工作,必须要从严从紧",作为一名教育工作者,虽然无法像医士白甲那般"行大道、战大疫、精思竭虑",但正是这份"严"与"爱"的结合,践行了保卫师生安全、健康的初心和使命。在校园防控阻击战中,唐俊生凭借坚定的信念和顽强的意志,始终坚守在学校疫情防控最前沿,勇做校园战疫长城的"排头兵",用心血和汗水守护着全校师生员工,用实际行动生动诠释了共产党员的使命与担当。

党委宣传部 党委教师工作部
2022 年 9 月 8 日载于安徽师范大学官网

唐俊生 不忘初心 勇做校园战疫长城的「排头兵」

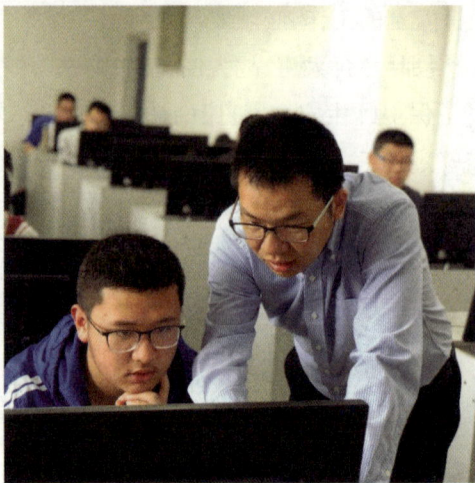

叶国平
肩有大任育桃李　行有大德写春秋

　　从教20载,14年风雨磨砺竞赛路;带领学生征战信息学奥林匹克之巅,他选择做国家需要的事,捧回一枚又一枚国际奥赛金牌;坚持因材施教、潜心育人,他从事使命式教练工作,带领团队与时间赛跑,一次又一次荣耀登顶……他是叶国平,安徽师范大学附属中学教师,信息学奥林匹克竞赛国家一级指导教师。

无哗战士衔枚勇，润物无声铸师魂

深耕教学锐意进取，扎根课堂勇攀高峰。信息学竞赛内容多、难度大、没有现成的教材，叶国平老师为了让学生弄懂每一个问题都要经过反复推敲，查阅大量资料，从备课到上课，再到总结，一次课要花好几天的时间，但他从不言弃。再加之竞赛训练只能在学生正常的学业之余进行，所以叶国平老师除了日常教学任务外，只能利用双休日、寒暑假、晚上等课余时间进行竞赛辅导，全年无休、风雨无阻。一分耕耘，一分收获，在叶国平老师的带领下，安师大附中信息学竞赛水平已稳居安徽第一，全国领先的位置。

迄今为止，他指导的学生中共有3位同学获国际奥赛金牌，1位同学获亚太地区国际金牌，24位同学获全国决赛金牌，40位同学获全国决赛银牌，22位同学获全国决赛铜牌，近400人次获全国信息学联赛安徽省一等奖；其中38位同学因信息学竞赛保送或降分录取清华大学、北京大学，近100人降分录取中科大、浙大等国家一流院校。2022年安徽省队选拔赛，安师大附中更是包揽了所有省队名额，创造了"校队即省队，省队即校队"的传奇。"深耕一寸，苗长一尺"，大写的青春里不能缺少过硬的本领，叶国平老师用硬核的专业本领，回应时代挑战，勇担时代使命。

严慈相济育人才，以身立教树师德

教育是一门"仁而爱人"的事业，有爱才有未来。学生经常外出比赛，少则三四天，多则半个月，每次出行都是叶国平老师全程陪伴，他不仅是教练员，还是生活老师、心灵守护者。他关心每位同学的成长，悉心照顾生病的学生，自己出钱帮助家庭困难的学生支付参赛费和培训费。由于长期劳累，压力过大，积劳成疾，叶国平被医生诊断为颈源性心脏病，医生要求他不能再使用电脑，但他始终咬紧牙关坚持坚守，一堂课也没有落下过。

叶国平老师说："学科竞赛教学不但要传授学生知识，更重要的是让学生形成健康的人格，懂得做人的道理，促进学生全面和可持续发展。在行进的路上，我越来越坚定，金牌只是一个阶段性的标记，引领学生走近科学、爱上科学、享受科学，才是动力源泉。"

现实中,叶国平老师不仅仅教会了孩子知识,更在学生心中种下了科学的种子,让他们找到了自己的梦想并努力为此奋斗。很多学生在学习与科研等各方面可持续发展能力表现突出,他们的人生始于竞赛,并未止于竞赛,这些都得益于叶国平老师给予他们自主学习能力的培养、正确人生价值观的引导。躬耕杏坛,润物无声,正是秉持教书育人至上的目标,他引领一批又一批少年发现梦想,实现梦想。

甘为人梯不争春,矢志不渝守师心

师者为师亦为范,资源共享谋发展,名师引领促成长,叶国平名师工作室应运而生。作为芜湖市信息学的排头兵,叶国平名师工作室是教科研的特种兵,是芜湖市信息学竞赛的先行部队,更是芜湖融入长三角、走向全国甚至是国际的战略部队。叶国平老师无私奉献、精准教研,他以教师专业能力建设为核心,以有志于信息学奥林匹克竞赛指导工作的研修人员培养培训为重点,以培养学科竞赛创新型人才为抓手,集竞学、教研、培训、课程、资源于一体,探索建立了一套科学合理、有利于提升教师队伍专业能力、有利于优秀教师脱颖而出的培养培训体系,培养了一批致力于信息学奥林匹克竞赛教学的高水平指导团队,为引领芜湖的信息学竞赛和教研向高质量均衡发展作出巨大贡献。

从芜湖市师德先进个人、安师大优秀共产党员、安师大"三育人"先进工作者、安师大首届最美教师标兵、芜湖市最美教师、芜湖市优秀教师到安徽省优秀教师、安徽省职工职业道德建设标兵个人、信息学竞赛金牌指导老师、信息学竞赛钻石指导老师(全国共10人),叶国平老师在坚守中播撒智慧,在奋进中披荆斩棘,在开拓中砥砺前行。

"微微风簇浪,散作满河星。"叶国平老师牢记为党育人、为国育才使命,忠于三尺讲台,扎根信息学教育一线,为学生成长保驾护航。他以高尚的人格感染人,以和蔼的态度对待人,以丰富的学识引导人,以博大的胸怀爱护人,用赤诚之心谱写教育美好篇章的平凡与伟大。

党委宣传部 党委教师工作部

2022 年 9 月 10 日载于安徽师范大学官网

刘冠琪

铭初心立德树人　洒青春不负韶华

　　刘冠琪，物理与电子信息学院专职辅导员，从事学生工作6年来，她牢记为党育人、为国育才使命，围绕思想理论教育与价值引领的主责主业，以提升育人实效为主题，身影穿梭于宿舍、教室等学生一线，目光聚焦于成长困惑、成才平台等学生所需，关爱倾注于经济困难等特殊群体学生，立德树人，培根铸魂，用心用情用力推进育人工作提质进阶，努力成为大学生的人生导师和知心朋友。

她努力强化思想引导，找准育人"高度"

"高校思想政治工作关系高校培养什么样的人、如何培养人以及为谁培养人这个根本问题。"刘冠琪认真践行习近平总书记要求，不断探索辅导员的引路之道。立足理工科学子的成长规律，她精心设计出"系统化、常态化、生活化"的育人路径。她会在"五四"青年节来临之际，以青春团课的形式讲述一代代青年人奋发有为的故事；会以"立心力行，做青春的逐梦人"为题，和大家探讨信仰的意义；也会在中秋节以"团圆节，我们一起过"为主题开展集体主义教育……她坚守思想政治教育最好的方式就是陪伴学生，用一场场精心准备的主题班会引起学生共鸣，用一个个认真策划的活动拉近师生距离，用一次次坦诚相待的谈话贴近学生心灵，将点滴思政融入生活点滴，推动学生于无声处悄然成长。"刘老师喜欢以主题班会的形式带领我们围绕一个主题探讨交流、总结升华，从小切口讲述大道理，更容易被我们接受。"2022届毕业生朱坤杰说道。

她坚持严抓日常管理，夯实育人"厚度"

刘冠琪以"班风要正、学风要浓、纪律要严、活动要精"为思路做实日常管理事务，所带三个专业均获校级"十佳班集体"、校级"十佳易班班级"，指导学生申报国家级、省级志愿服务项目，曾获中国红十字青少年社会实践项目立项（安徽省2020年高校唯一）。班级涌现出安徽省"百优"大学生、校"十佳"大学生、校自强之星、校"十佳"青年志愿者等一批学生典型。

"班集体和学生才是辅导员的代表作。"刘冠琪把这句话当成工作的座右铭，坚持围绕学生、关照学生、服务学生。以制度严抓学风，落实课堂手机入袋制度，坚持两年的早晚集中自习制度、建立班级学习结对帮扶制度，与学业"后进生"一对一谈话制度，坚持把日常管理工作做在平时，落在日常，重在平常。她所带3个专业考研录取率均在45%左右，其中2022届光电信息科学与工程专业考研率高达52.89%，创该专业历史新高。

刘冠琪建立学子成长计划台账，形成个人"自画像"，让每个学生都在最适合自己的领域发光发热。以2018级物理学师范专业钱程宇为例,在她建立的台账里,钱程宇的关键词是"志愿服务"。4年来,刘冠琪指导钱程宇结合"千方"爱心学校的实践特色品牌,联动大学生物理爱好者协会,将"党史青传"微宣讲与"金苹果"科普结合,进一步丰富支教内容、拓宽支教路径,提升支教成效。团队连续3年获校级重点团队立项,钱程宇也获校"十佳"志愿者称号,他更是在志愿服务中明晰职业规划,目前已成为基层教育一线的一名耕耘者。2022届物理学师范专业奔赴在基层一线的学生数达到28人,占该专业就业人数一半以上。

她不断创新工作载体,提升育人"温度"

面对信息化社会的复杂多变形势,如何学会利用新媒体与新技术,将思想政治工作传统优势同信息技术高度融合,是作为辅导员的刘冠琪一直在探索和努力的方向。她创办"琪思网语"网络育人平台,发布原创网文87篇,文字15万余字。刘冠琪的网文里,更多是以学生成长为主线,解答学生在大学不同发展阶段的成长困惑,引导学生向上向善。《大学,这绝不是终点》讲述大学生的角色转换,引导学生在大学期间学思践悟、知行合一;《在五四青年节里聊聊我们自己》从时代、信仰、奋斗3个关键词阐述新时代的青年该如何走好脚下的路;《大学期末考试的意义在哪里?》来强调对专业热爱、投入且持之以恒地坚持,才是一场考试最大的意义。每一篇一两千余字网文后面,是刘冠琪日复一日地坚守与探索。当被问起"辅导员工作又多又累,坚持写网文不觉得很累吗?"她却说:"用文字的方式记录学生不同阶段的成长,这是真实的陪伴,也是一种情怀。"

她注重提升能力素质,拓宽育人"深度"

出身理工科专业的刘冠琪深知,如果想走得更远,就需要在陪伴学生成长成才的同时深耕职业化专业化发展。工作以来,刘冠琪一直将理论研习与技能锤炼相结合,曾获2022年安徽省高校辅导员素质能力大赛特等奖、安徽省首届高校辅导员精彩主题班会大赛一等奖、安徽省第四届"微

刘冠琪　铭初心立德树人　洒青春不负韶华

团课"评选活动一等奖、安徽省教科文卫体系统"书润匠心"读书征文活动一等奖、安徽省共青团"喜迎二十大　建功新时代"团青箴言征集活动一等奖等省市级奖项10项。"刘老师是出了名的'拼命三郎',创建校'十佳'班集体的时候,刘老师就带着我们一起,亲力亲为,倾力指导。把事情做到极致,是她留给我最深刻的印象。"2022届物理学(师范)专业班长郭昌繁如是说。

　　"我是一名辅导员,我热爱辅导员这个工作。我将坚守辅导员岗位,奋斗在学生工作第一线。"刘冠琪说她愿意做学生工作战线中的一株向日葵,永远面向太阳,教会学生"向阳而生",也勉励自己"拥抱温暖",在引领学生成长和自身职业化、专业化的路上,用最富有朝气的"四度"工作法浇灌梦想,带领学生一起认真学习贯彻党的二十大精神,携手在全面建设社会主义现代化国家和全面实施学校"两大振兴行动计划"的火热实践中绽放绚丽之花。

学生工作处

2022年10月23日载于安徽师范大学官网

刘 熠

做一名有"诗意"的辅导员

文以达情,诗以化人。新闻与传播学院辅导员刘熠为他所带的2018级5个专业的214位毕业生同学每人送去了一首寄语诗,以此表达他的不舍与期望。冬日虽寒,有诗煨暖;诗虽尺素,情伴长路。

内有温情，外有歌行

刘熠毕业于安徽师范大学汉语言文学专业，对文学育人的作用深有感触。在大学最迷茫的时期，他被陈文忠老师在课上提到的"流浪"一词深深触动，刘熠也逐渐踏上了高校辅导员的道路，他希望将自己的专业知识融入思想教育之中。本着这样的教育初衷，刘熠萌发了为毕业生书写祝福诗的念头。

"每一位关爱学生的教育工作者都有着自己的'诗意'，只是表达方式不一，而我想尝试着书写诗句。"刘熠说，"'不敢要佳句，愁来赋别离'。这些寄语像是小孩子和前辈牙牙学语，可能算不上诗句，主要是表达离别的情谊。"这214首诗准备时间长达1年之久，每一首诗的背后都是刘熠与学生之间共同走过的光阴。

"大漠飞雁逐人烟，故人一别须经年。吹尽黄沙学张骞，安然成长是康倩。"这是刘熠写给参与西部计划的王康倩同学的诗。朴实善良的王康倩在大学期间主动报名西部计划，巾帼女子有"出使燕然"之志，刘熠赠她此诗，表以自豪之情，祝愿她一切平安。"天涯海角传笑脸，创新抗疫克时艰。姹紫嫣红响琼殿，一苇以渡到彼岸。"这是刘熠为杨婕同学作的一首诗。杨婕是一位来自海南的学生，从入学整理档案时刘熠就对她印象深刻，他说："杨婕总是扬着一张笑脸，创作海报参加抗疫宣传工作，还受到团中央表彰，给我们带来了很多正能量。"以诗为念，以笔画情，短短28字之中满是温暖的回忆。因为关爱，所以内心触动、灵感迸发。刘熠用慧眼体察，用细心捕捉，书写下了这214首美丽诗篇。

浓浓师生情，依依前路明

辅导员是学生前行路上的明灯，灯火不熄，师情长存。2018级吴晓帆同学在研究生开学前两天收到了诗词，心里满是温暖和感动："在我看来，刘熠老师是我们成长路上的领路人和陪伴者，见证着我们大学四年的成长蜕变。感谢刘老师对我们青春的独家'赞助'，我们会永远留存这些诗篇。"

刘熠和千千万万的教育工作者一样,赤忱而又满怀希望。他用自己独特的方式与学生相处,用"清静有为万事成""合群并孤独着"这样的话语和学生相互勉励。"看着孩子们远道而来,又目送他们奔赴四方,我时常感觉我是一位邮差,把学生接来,再把他们送到远方。"刘熠说道。看着自己的学生带着自己的那一份诗意奔赴四方,都有了圆满归宿,他很是欣慰与满足。

初心不改,灯火不熄

2018级的214位同学是刘熠辅导员生涯的第一届学生,他用214首诗打造了他育人志怀的起点,开启了他的教育梦想。文以载道,诗以化人,真正的教育是感化人心,是一个灵魂唤醒另一个灵魂,是一起向未来般地共同成长。

高校辅导员作为高等教育的参与者与建设者,是处在思想政治教育最前沿、离学生最近的人,在大学生学习生活中有着重要的育人效能。"对我而言,辅导员这个身份既是工作也是生活,既是教育也是学习。"刘熠深感责任重大,他表示,今后他期待与其他老师一起前行,与所带学生携手共进,一同谱写新诗意。

（陈玥羽　刘珊）

2022年12月14日载于安徽师范大学官网

王　伟

践行初心使命　做红色青春的"引路人"

王伟,美术学院纪委委员,辅导员,安徽省青年志愿者协会副秘书长,荣获第十三届中国青年志愿者优秀个人、2023年度"安徽省最美高校辅导员"、安徽省优秀共青团员。8年来,王伟坚守"为党育人、为国育才"的初心使命,牢牢把握立德树人根本任务,立足专业、围绕专业、依托专业,突出特色,在美术学院"专业+思政"的育人模式下,将思想引领、社会服务、创新创业、美育普及融入学生思想政治教育。

传承红色基因，做学生理想信念的"引领者"

在安徽省退役军人事务厅的指导下，美术学院组建"为烈士画像"公益团队，王伟作为指导教师，带领志愿者用画笔还原烈士形象，再现英雄故事。完成烈士画像150幅，开展了"致敬最可爱的人""送王学风烈士回家"等活动60余场。"为烈士画像"活动两次登上微博热搜榜。他组建"党员先锋队"，与革命老区共建合作基地，实施"红色基因传承"计划，完成革命故事绘本14册。2022级环境设计专业学生康家溢在创作《寻淮洲革命故事绘本》后说："从书本上学习烈士故事到绘制烈士画像，对我来说是爱国主义教育的再升华。"该项目荣获2022年度全国学雷锋志愿服务"四个100"最佳志愿服务项目、中华慈孝人物团体奖、第六届中国青年志愿服务项目大赛金奖、安徽省"月评十佳"学雷锋志愿服务先进项目典型、全国退役军人关爱青少年志愿服务项目和安徽省高校思想政治工作精品项目。

扎根农村大地，做乡村振兴的"践行者"

美术学院"乡村美化师"已经开展10年之久，现已成为学院实践育人品牌活动。2017年至今，王伟连续6年带领学生助力乡村振兴，从繁昌区到革命老区泾县，先后带领10余支团队、400余名学生接力参加。足迹遍布安徽、江苏20余个村庄，绘制乡村文化墙9000余平方米，编印了3本规划设计图本，打造乡村文化景观30余处，为乡村振兴产业设计外观包装11套。团队助力乡村精准脱贫，团队为乡村发展解决了诸多难题，他带领学生打造的"摇橹小镇"项目被CCTV13播出。乡村振兴活动形成了较为强烈的社会反响，传递着志愿服务的青春正能量。"乡村美化师"项目入选2023年全国乡村振兴"笃行计划"专项行动。王伟连续6年获评校暑期"三下乡"社会实践活动优秀指导教师。

助力艺术教育共同富裕，做中华美育精神的"弘扬者"

2018年，王伟带领学生打造"美育聚梦课堂"项目，"线下＋线上"相结合，对接帮扶"学风小学""光荣小学"美育支教，开展"为西部学子点燃一盏灯"活动，募捐衣物、学习用品，点亮云南山区学子微心愿。他利用假期赴宿松县、金寨县等贫困山区、革命老区开设美育课堂200余节，为偏远山区学校普及美育知识，提升乡村儿童审美能力。他带领学生投身中国青年志愿服务项目大赛金奖项目"彩虹行动"，赴芜湖市培智学校、聋哑学校等地开展艺术支教，为弘扬中华美育精神而不懈努力，项目入选团中央"七彩假期"志愿服务项目。

创新思想政治教育方法，做中国故事的"传播者"

王伟主动占领网络思想政治教育阵地，面向青年大学生讲好中国故事，完成微党课视频制作58节。他创新"1+1+1"党课宣讲模式，录制抗战老兵革命故事视频，一名志愿者绘制一幅英雄人物，讲述一节微党课。《红色绘本浸润儿童心田》获安徽省"好网民"主题活动一等奖。他组织实施"大手拉小手"计划，带领学生在芜湖、临沂等地开展"英烈文化进校园"系列活动，在泾县、南陵县开展慰问边海防官兵儿童画绘制活动和"榜样的力量"开学第一课活动。他聘请"小小红色讲解员"讲述革命英雄事迹；邀请抗战老兵开展"道德讲堂"，让红色故事进学校、进社区；邀请"四有优秀士兵"面向青年学生讲述奋斗故事；联合皖江小学开展"为烈士碑文描金"活动，厚植爱国主义情怀。

引领学子青春航向，做创新创业的"指路者"

王伟不断提升创新创业育人成效，将学科特色与学科竞赛深度融合，成立"红色青春守护人"工作室，形成了以赛促学，以学促知，以知促用的浓厚氛围，指导学生在第八届中国国际"互联网+"大学生创新创业大赛中荣

榜样师大人

获银奖1项,第十三届"挑战杯"中国大学生创业计划竞赛中获铜奖1项,安徽省"互联网+""挑战杯""三创赛"等学科竞赛获奖30余项,8名学生成功创业。个人荣获安徽省"挑战杯"大学生创业计划竞赛"优秀指导教师"、安徽省乡村振兴创新创业大赛"优秀指导教师"、安徽省大学生电子商务"创新、创意及创业"挑战赛"优秀指导教师"等荣誉。

王伟撰写的工作案例入选高校辅导员队伍能力提升平台工作精品项目和"全国高校社会实践项目案例成果征集活动"优秀案例,主持校科研项目2项,参与省课题研究2项,在省级期刊发表论文6篇。连续两年享受安徽省高校优秀辅导员津贴,班集体荣获校"十佳班集体""优秀团支部"。他影响着学生在志愿行动中奉献社会、实践成才,学生中涌现出"四有"优秀士兵、研究生支教团成员、新疆专招扶贫干部、校十佳大学生等一批典型。CCTV1、CCTV7、CCTV13、人民日报、新华社、解放军报、光明日报、中国文明网等媒体报道其志愿活动和先进事迹300余次。

辅导员的工作让王伟更深刻地理解了立德树人的根本任务,"爱与责任"是他在成为学生成长成才的人生导师和健康生活的知心朋友过程中的永恒主题。前不久,曾荣获师大骄子"十佳大学生""自强之星""十佳志愿者"等荣誉的2022届毕业生陈如意给辅导员王伟的信中说:"4年来,很感谢您的关心,我想再向您说一声谢谢,谢谢您跟我说过的数不清的'加油';谢谢您的包容,让我有机会去接受每一件陌生的事物;谢谢您在我遇到困难时,总是毫不犹豫地帮助我;谢谢您,我才会有勇气登上师大的舞台……"

学生工作处

2023 年 10 月 23 日载于安徽师范大学官网

王 伟 践行初心使命 做红色青春的『引路人』

学生篇

勤学慎思 质朴谦逊 知行合一 求实求新

ANHUI NORMAL UNIVERSITY
1928

王 玥

用志愿引领道德风尚 用责任做好率先垂范

王玥,女,中共党员,2018级汉语国际教育专业1班学生,现任芜湖市学生联合会委员,安徽师范大学学生会副秘书长、安徽师范大学学生委员会主任委员、班级班长;曾任安徽师范大学学生会执行主席、安徽师范大学学生工作助理总队副总队长、安徽师范大学第十四次学生代表大会常务主席、文学院2019级中国语言文学类3班导生。现已入选安徽师范大学第二十四届研究生支教团,被推免至本校攻读汉语言文字学方向硕士研究生。

厚重朴实做有温度的引航人

成长就是用梦想照亮梦想。感到被需要、被信任，是一件让人很满足的事情。

2020年暑期，王玥在疫情的重重阻碍中组建"青春孝行"暑期社会实践团队。线下结合当地"乡村少年宫"项目，把控教学质量；线上以"云"授课为起点，整理"志愿活动库""孝心少年库"等数据助力乡村振兴，形成"培育—传播—引领"的服务模式，坚持为人民群众办实事。她通过实地走访调研，让乡间小路竖起明亮的路灯；与当地大学生村官蒋雪梅共同打造胡庙村农业特色品牌"丑娃"，为村民解决积压苹果的销售问题。依托"互联网+"国家级立项"识味计划"项目，协助阜阳市贫困农户售卖滞销农产品百余斤，实现公益助农。团队事迹被中国青年网等媒体报道百余次，团队获评安徽省"三下乡"暑期社会实践优秀团队、校暑期社会实践优秀重点团队一等奖，她本人获评"先进个人"。作为主要负责人，王玥以"校地合作"模式实现"青孝"项目化运转，获第五届安徽省青年志愿服务项目大赛二等奖。

"玥玥老师，我以后也想像你一样考上大学，当一名人民教师，做你做过的事情。"支教的小朋友这样说道，这句话也是她实践中收获的最好礼物。

追求卓越做有情怀的文院人

成长更应该成为为学、为事、为人的示范。返校后的王玥也从没有懈怠。

她积极强化专业学习，连续4年获校奖学金，大四学年综合测评排名专业第一，专业课程"应用语言学导论"成绩位列班级第一，获得"三好学生"标兵、优秀学生干部等荣誉十余次，获全国文学作品大赛一等奖等各类级别奖项、荣誉60余次。她的语言学方向论文获本科生优秀毕业论文培育计划项目校级立项，"互联网+"大学生创新创业项目获省级立项。她更有幸荣获安徽省普通高等学校优秀毕业生、安徽师范大学优秀毕业生称号。

作为青春导航推荐人、班级导生,她不断影响着身边人、身边事。学弟学妹们很喜欢和王玥聊一聊自己的大学规划,她不会立马帮忙决定什么,而是先观察倾听,在不断交流互动中,和学弟学妹探讨其优势和兴趣,结合自己的大学经历,鼓励帮助学弟学妹们。她也获评校"优秀本科生导生"等荣誉称号。

作为班级班长,她组织带领同学们开展无偿献血、爱心支教等活动,志愿服务累计时长超3000小时,班级累计110人次先后任职于校院各学生组织,班级志愿者注册率达100%。

文以载道、学以化人,能够和身边的同学们一起追求卓越,是王玥小小的愿望。

至善致远做有涵养的师大人

王玥说,她是志愿者的志愿者。如何完善志愿者们的组织联络和后勤保障工作,带领好志愿者队伍,也是她常常思考的问题。

作为校学生会副秘书长、执行主席、学工助理总队副总队长。她想用自己的亲身经历带动更多的同学去散发光芒。她动员身边的献血"老兵",鼓励献血"新兵",组织"向阳花"们服务全校1400余名师生,共献血36万毫升。为解决同学搬迁"最后几百米难题"。她带领"向阳花"志愿者为同学进行服务。新生入校,她接过同学们手里的行李,为他们答疑解惑;2022年疫情反复,为服务疫情防控大局,她动员身边的同学百余人,担任学校核酸检测志愿者,用真心奉献。她带动1000余名青年"向阳花"志愿者用自己的光热温暖师大学子。

王玥也在为学校学风建设发挥着示范引领作用,组织"晨起大作战",督促千余名同学早起锻炼。"最美课堂笔记"评选、三字一笔书法艺术比赛,敦促同学加强师范技能;她引领近万名新生读好书好读书参加"校长荐书"活动。她善于运用网络阵地,她制作"辅导员心声""妙语心声""新生辅导员"等推文近200篇,浏览量万余次。她带领全体成员开展校"十佳班集体""辅导员技能大赛""石榴籽工程"等会场志愿工作20余次。从"志愿要我"变成"我要志愿",是王玥真挚的心愿。

同时,她更有幸同师生分享自身对于学习党的十九届六中全会精神的所思所悟,并被中华全国学联、团中央报道。考研临近,她带领学校志愿者为考研学子发放"鸡腿"餐券,被央视新闻、中国青年报、光明日报等多家主流媒体报道。

生生不息做师大精神的传播人

"为了让更多人见到春天,有些人把自己化成了春天。"2020年新冠疫情暴发后,她积极投身志愿服务,深入家乡社区,成为"逆行者"中的一员,进行进出通行证检查、提醒居民戴口罩、隔离点消毒清扫等工作近30天,累计服务时长164小时,累计服务近2000人次。

她从未停止自己的脚步,在全国春运"暖冬行动"中,她每年都会用近200个小时去服务近万名老乡,王玥总会说:"大家满意的笑容就是我最强的动力。"她还作为青年志愿宣讲员为家乡学子介绍阜阳,带领他们助力家乡发展;她走入阜阳市市民中心进行政务实习,利用暑期一个月的时间,日平均服务近300名市民,用青春行动服务群众,甘于付出、乐于奉献。2021年,她以个人第一名的成绩获评第八届"爱暖师大"十佳志愿者称号。

"祖国需要处,皆是我故乡"。王玥怀揣着对志愿引领的信念,作为安徽师范大学第24届研究生支教团中的一员前往西部,开启她的"本科第五年"。"用一年的时间做一件终生难忘的事情。"王玥期待着明年归来校园,不忘初心,继续前行。

学生工作处
2022年6月15日载于安徽师范大学官网

刘长恕

不忘初心耕读志　风华正茂自强心

　　刘长恕，男，中共党员，文学院2018级汉语言文学（师范）专业大班班长，于2016—2018年服兵役，曾任2019级新生导生、2019级新生军训教官、2020级新生助训教官。2022年安徽省普通高等学校优秀毕业生。

思想先锋　用行动夯实信念根基

青年几时多壮志，敢携笔墨进军营。刘长恕于2016—2018年参军入伍，曾作为新兵代表发言，担任连队无线电专业负责人，斩获全旅无线电专业新兵第一名佳绩，并获营连嘉奖、优秀义务兵称号。"听党指挥、能打胜仗、作风优良。"他经受了军队大熔炉的淬炼，坚定理想信念。复学后，他不忘初心，扎根实践，积极向党组织靠拢，曾担任学院第58期入党积极分子培训班班长，并获得优秀学员称号，光荣地成为班级第一批中共党员，积极发挥模范带头作用，践行党员承诺。刘长恕曾作为学生代表在升旗仪式中发言，呼吁青年树立远大志向。他坚持常态化的理论学习；观看红色电影，参观红色基地，学习红色精神；前往敬老院慰问老人，拜访老兵，扎实做好志愿服务；组织党课班学员开展纪念"五四运动"100周年系列活动；组织实习小组成员开展党史学习教育；参与班级、学院、学校组织的各类党史学习教育，并获校"薪火相传担使命"四史知识竞赛一等奖。

学习标兵　用勤奋耕读文学梦想

业精于勤荒于嬉，行成于思毁于随。大学期间，刘长恕勤学善思，自强奋斗，谨慎始终。大学4年专业成绩优秀率在80%以上，其中古代文学分数为99分。连续3年学业、综合测评成绩班级双第一。曾获国家奖学金并作为优秀学生代表在校表彰大会中发言、获朱敬文奖学金、连续3年获得校一等奖学金，2019年参加全国大学生文学作品大赛荣获国家级二等奖，在校期间被授予优秀学生干部标兵、"三好学生"标兵、校级优秀毕业生、省级优秀毕业生等校级以上荣誉10余项，成功获得保研资格，最终被保送至山东大学儒学高等研究院攻读硕士研究生。

立文学研究之志而博学之，读名家理论之书以笃行之。就读期间，刘长恕同学坚持课堂上下与专业课老师互动交流，坚持每周常态化阅读，积极撰写读书笔记和学术论文，并整理形成具有较高质量的本科学术论文集。其中，他的课程论文平均分在90分以上，古代文学论文《试论〈与山巨源绝交书〉作年考》获98分,学年论文《论〈文心雕龙〉"文之枢纽"的整体性》获优秀评级。

工作骨干　用作为筑牢责任担当

事不避难,义不逃责。作为班级班长,刘长恕乐于奉献、认真负责,发挥班级主心骨作用,组织开展主题班会30余次、各项活动30余次,开展思政教育主题会议30余次,常态化做好班级工作。作为党课班班长,他带领班级学员走访敬老院,联系五四爱心学校、红七师抗战纪念馆,进行志愿活动,覆盖近千人次;组织剪纸活动、征文比赛、演讲比赛等,以多种形式纪念五四运动100周年;利用"大公早读"组织学员常态化学习,形成"大公短论"72篇,总结材料27000余字,推动课程圆满结束。作为2019级新生导生,他始终以"专心服务,扎实做好学院新老生传帮带工作"为目标,在班委会上提供建设性意见、在师范生技能培训会中担任评委、在教师资格证面试专题培训会上做经验交流、指导低年级同学修改新闻稿,多方面、全方位进行指导和交流。

实践精英　用踏实回应时代使命

纸上得来终觉浅,绝知此事要躬行。大一暑期,刘长恕担任赴马来亚大学游学访问团队队长,经过实地考察、各项课程学习,系统了解了马来西亚的民俗文化知识,并以"种族、历史与中马关系"为主题向班级同学汇报展示。

刘长恕在教育实习中担任组长,个人获评优秀等级。实习期间,他以团队为中心,发挥所有成员优势,带领小组成员参与实习校"张恨水专题讲座"的准备工作;带领小组成员参与实习校"《红楼梦》整本书阅读教学"教研任务,从调查问卷到分析评估,从课堂实践到课后反馈,发挥了重要作用;带领小组成员开创独特的"集体备课"模式,获实习校老师的一致肯定,并在学院成为示范;作为第一批赴野寨中学的实习小组,他们给实习校留下了极好的印象,推动野寨中学成为安徽师范大学新的教育实习基地,小组也获评学院优秀实习小组。

　　退伍不褪色,行动铸军魂。复学伊始,他就积极参与学校关于大学生参军入伍的宣传工作,在班级开展参军入伍主题班会,讲解入伍政策,发动班级同学参军入伍,最终班级有2名同学携笔从戎,投身火热军营;连续2年担任学校军训工作助训教官,2019年担任军训工作全训教官,2020年担任军训工作助训教官,发挥自身特长,助力学校圆满完成军训工作;大四学年,他担任学校参军入伍宣讲团主要成员,为毕业生中有意愿服役的同学答疑解惑,并作为退役老生代表,在学校退役士兵服务站揭牌仪式会议上发言,与新退役大学生交流分享复学经验。

　　军中长歌先锋志,书屋不忘耕读情。刘长恕既自豪于较之昨日自己的成长与变化,也憧憬于较之今日未来的机遇与挑战。长路漫漫,在未来的道路上,他将继续坚定理想信念,立足行动,知行合一,以期寻到灯火阑珊下的理想之光。

学生工作处

2022年5月24日载于安徽师范大学官网

榜样师大人

文学院方言采录调研团队

七十一载谱乡音 跋山涉水护文脉

孩子只熟悉普通话怎么与家里只会说方言的老人流畅沟通？疫情期间科大讯飞为什么紧急研发武汉话转普通话的语音识别合成系统？把"蹲"叫"跍"、把"妻子"叫"堂客"，如果没有方言提醒，我们要怎么理解古籍里的陌生词汇？近日，安徽师范大学文学院方言采录调研团队提交的调研报告《乡音何处寻：方言保护传承的困境与出路——基于安徽省百县(区)的实地调研》斩获第十八届"挑战杯"全国大学生课外学术科技作品竞赛一等奖。这支团队用足迹串起徽山皖水间的一座座村庄，寻觅藏匿在小角落的一口口方言，交上一份万字答卷！

代代传承守乡音，齐心协力再创新

1952年，文学院教师孟庆惠开始带领团队前往乡村，开展对部分地区的方言调查与整理工作。同一种乡音，在文学院一代代师生的传承下至今已经谱写了71年。"正是因为有了往年调研累积的资料，我们今年才能更有针对性地去进行调研。"项目负责人王倩肯定地说。

安徽方言十里不同音又复杂难懂，团队提前系统性培训外地成员学习调研地点方言的发音特点；为保证队伍能与当地人沟通，团队尽量招募方言点户籍地成员；学校提供的专业设备难上手，团队就会把内部编写的《安徽方言童谣调查手册》发给成员，详细教授相关软件、录音设备的用法。"由于我们的队员大部分是女孩子，存在的安全隐患较大，未能深入更偏远的小村子找到更纯正的乡音。"尽管已经深入实践，王倩仍留有遗憾。

多年积累的调研资料为本次调研打下了坚实基础，"但相较于以往的研究，本次调研也有着许多新的设计。"王倩详细介绍道。以往方言研究学理性更强，侧重于调查方言本体，而且大多数是运用原始、低效率的纸笔方法去记录。本次的调研侧重于调查童谣、民歌、戏曲等方言文化，致力于呈现安徽方言的生存现状和传承现状，探讨方言保护传承对策。此外，本次实地调研还借鉴学习了中国语言资源保护工程，运用"音、像、图、文"等信息化手段开展调研。

利用现代化信息手段为传统的方言与当代研究架起了桥梁，大大提高了方言采集效率及效果，更为解决方言保护困境提出纾解之道。

方言困境重重现，见微知著寻出路

"总结实地调研材料，我们首创性提出了安徽方言在地理和历史角度呈现出过渡性、混合性的分布特点。"王倩谈道。他们以此为基础归纳出方言现存两大困境：活力方面，方言多样性急剧减少、活力值急速衰减；保护方面，政府、学界、企业、民众四大主体未能形成保护传承方言的合力。

困境找到了，保护传承方言的出路又在哪？

"我们团队分别从以上四大主体进行了详细撰写。"王倩进一步阐述，政府应履行主体责任，牵头协调、统筹推进；学者要聚焦应用研究，积极推动方言学与其他学科交叉融合；科技企业要推动神经网络技术和方言大数据融合，研发方言语音识别合成系统；大众媒体应自觉以方言为创作素材，纠正大众对方言偏差性认识，树立方言资源观念，孵化方言传播品牌。

"我们之前和科大讯飞沟通过，看看能不能用我们的数据去建设安徽的语言识别合成系统。"王倩谈及，团队以科技赋能方言采录，通过语言编辑软件将方言素材加工后录入数据库，为语音合成技术、语音视频合成技术等研究提供了材料。一方面，语音识别合成系统能为方言发音不标准的孩子提供学习的机会，以便和家里仅会说方言的老人沟通。另一方面，科大讯飞在疫情期间紧急研发的武汉话转普通话的语音识别合成系统，在帮助外来医护人员与患者沟通方面发挥了重要的作用。"从应急服务方面来讲，我们认为它很有开发的必要。"

多方推进加上社会需求，既要疏通上路保护，又要承接下路需求，将方言保护放置在学科研究与社会需求的双重环境下，团队从困境入手多方面探究保护传承方言的出路，为方言保护提出了更多具有可行性的新思路，这也是团队的初衷所在。

笃行寻音护文脉，全力以赴共备赛

来自不同地区的团队成员在方言基础、思维方式等方面都存在着一定差异。在前期调研中，队员们又被分散指派到了不同的地点。王倩说道："我们在交流沟通上磨合了一段时间，但通过不断地讨论、试错和调整，我们很快形成了团队默契。"团队内部分工明确，任务派发和修改反馈等各个环节都紧密衔接；王倩和副队长谋篇布局，清楚告知各部分写作要点，手把手教授写作技巧；全队积极寻求老师、同学的帮助，提升学习效率，减少不必要的时间浪费。"我们团队最大的优点就是听取他人的意见，做及时修改。"王倩回忆，备赛时期，学校请来的专业指导老师提出哪些意见，他们当天就改，第二天就给出反馈。

"没有成员的协助，我们的项目完全做不起来。"团队成员们都处在大

三、大四这样最关键的阶段，"大四的同学要考虑考研的升学压力、考编的就业压力，大三的同学要考虑绩点的学业压力，我们确实容易出现时间不够用、经常熬大夜的情况。"在强压之下，方言采录调研团队选择咬牙坚持，成为一个个"时间管理大师"，合理规划时间，把事情细分到每一天。"我和他们说，每个人的工作不要做重了，也不要做少了，你做哪个部分就对哪个的部分负责到底。"如果在今年发现去年写的材料出了错，王倩会让当时的负责同学继续修改。"在这样的情况下，我能说我们的队员都在自己的部分写到了最好。"

调研报告里，他们写下："方言不仅仅是一种语言，还是一种文化、一种传统、一种情感的表达方式。有了方言，才有中国戏曲的争奇斗艳，才有民歌童谣的婉转动听。方言寄托的是家国情怀，体现的是文化多样性，见证的是源远流长的中华文化。"笃行、团结、努力，他们全力以赴地准备着这场比赛，凭学术之力，守护方言的文脉，斩获第十八届"挑战杯"全国大学生课外学术科技作品竞赛一等奖！

期许盈胸担使命，跨越时空递火炬

习近平总书记指出："求木之长者，必固其根本。要保护好、传承好、利用好中华优秀传统文化，挖掘其丰富内涵，以利于更好坚定文化自信、凝聚民族精神。"

紧跟国家的步伐，团队畅想着项目的未来。王倩坦言："我们希望项目在后续的工作中不断推进下去，以推广方言文化为基点，以小见大，促进整个民族文化繁荣发展。为研究汉语方言、传承中华优秀传统文化、促进地方文化传承和发展以及推动中国语言文化的国际交流作出更多的贡献。"王倩介绍说，团队后续工作会以深入皖南、皖西南等地区收集方言文化信息及对已采数据进行后续整理、分析和研究为主，并推进出版有声书、开发小程序、制作新媒体视频，向更多的人推广乡音文化，让更多人了解和认识汉语方言的独特魅力和价值，展现中华文化的多样性与独特性，了解和关注地方文化的传统和特色。

　　"我们希望接力项目的成员在了解方言的历史和文化背景前提下，准确地记录方言的发音。并且要多与当地人交流，听取他们对'记录和呈现方言'的意见。"真正热爱方言、有足够的耐心和毅力、能够与同伴交流协作、拥有创新和探索精神，王倩认为这是项目接力者应有的特质。"我们还希望能够招募到更多男生，在保证安全性的前提下让团队能去发掘更深或还未被发现的乡村，去收集他们口中很可能10年、20年后将会消亡的乡音。"

　　"最后，祝愿学弟学妹们在记录乡音这个项目中取得更多的成果和收获！"寄语接力项目的后来人，王倩满怀期望与热忱。

（李美莹　汪祖慧　王光甫　朱奕华）

2023年11月29日载于安徽师范大学官网

文学院方言采录调研团队　七十一载谱乡音　跋山涉水护文脉

张文羽
"思"睿观通 "政"值青春

张文羽,女,中共党员,马克思主义学院2018级思想政治教育专业本科生,曾任本科生导生、学生资助宣传大使,现任班级生活委员。2022年安徽省普通高等学校优秀毕业生。

勤学善思　夯实专业之基

张文羽自大一起就谨持勤学善思的学习态度,教室第一排是她的固定位置,教学楼、图书馆是她的必去场所,每日早出晚归,未有懈怠。踏实的态度最终也换来了可喜的成绩,她前6学期平均学分绩点4.1,47门课程90分以上,部分核心课程达99分,最终以专业排名1/100顺利获得推荐免试研究生资格,现已被推免至上海交通大学马克思主义学院攻读硕士研究生。曾获国家奖学金、校一等奖学金以及"三好学生"标兵、优秀学生干部标兵等荣誉。除专业学习以外,她还注重自身的全面发展,英语成绩良好,一次性通过英语四六级水平考试,并在2021年全国大学生英语竞赛中荣获三等奖,具备良好的读写表达能力。此外,她还顺利通过国家计算机等级考试二级和MS Office高级应用考试。

潜精研思　勇挑科研之难

张文羽作为项目第一负责人以《公共危机情境下网络情绪表达与治理调研报告》成功申报大学生创新创业训练计划项目并获国家级立项。在项目申报以及后续操作的过程中,面对瓶颈障碍,她毫不畏惧,直面难题,勇于突破技术难题,学习并熟练掌握了ROSTCM6软件的运用,助力项目的顺利进行。2020年正值恩格斯诞辰200周年之际,她撰写了《恩格斯对文明时代"流俗伪善"的批判及其当代启示——基于〈家庭、私有制和国家的起源〉的文本分析》一文,在2020年安徽省大学生学习马克思主义理论成果大赛中荣获一等奖,这篇文章发表于中国社会科学院大学主办的《青年马克思主义研究》首期。此外,她还用该文投稿参加了由武汉大学等单位联合主办的"恩格斯的独特理论贡献和历史地位——纪念恩格斯诞辰200周年"学术研讨会。

毕精穷思　践行服务之心

张文羽在本科期间先后参加过多项学生工作,谨守"至微至显、善作善成"的古训，以严谨细致的态度为同学服务，于学生工作中燃烧奉献自我。作为班级生活委员，她每月制作班费使用收支明细表；每周定期进行寝室安全卫生检查；疫情下准确登记班级同学体温。作为本科生导生，她分享个人经历帮助新生适应大学生活；传授备考经验缓解新生考前焦虑；以朋友角度开导学妹，解决个人困惑。作为学生资助宣传大使，她深知资助宣传的重要性，她认真学习国家资助政策，利用寒假深入走访了周边需资助家庭，为他们普及宣传国家资助政策。大三大四学年，她积极配合其他班委同学开展"十佳班集体"的创建与评比，在经历班级创建、材料整理收集、服装定制采购、展示节目排练等多个环节、多个昼夜的打磨与努力后，2018级思想政治教育一班成功取得"十佳班集体"荣誉称号。

玉想琼思 趣享志愿之乐

张文羽热衷于参加各类志愿服务活动，在校期间，参加学校社团爱心行动计划，公益打卡10余次；她参加校迎新生志愿服务活动，为新生指明进校第一路；参加校田径运动会志愿服务活动，在绿茵场上为运动健儿提供可靠后勤保障。在家她亦不忘投身志愿服务活动之中，2020年暑假，正值阜阳市创建全国文明城市攻坚时刻，她主动请缨参加所在社区创建文明城市志愿服务活动，向社区老党员同志学习，志愿时长达40小时；2022年寒假，她报名参加了阜阳市2022年春运"暖冬行动"青年志愿服务活动，协助车站工作人员进行疫情防控工作，提醒旅客正确佩戴口罩，核验健康码及行程码，测量乘客体温，疏散聚集人群。她始终致力于将青春书写在志愿服务里，在挥洒青春、服务人民的过程中，加强对国情、民情、社情的了解，坚定自身理想信念。

本科生涯即将结束，未来之旅尚待开启。勤思、善思、乐思的张文羽将继续循着光的方向，紧跟时代步伐，以自己的方式，尽最大的努力，乘风破浪，以梦为马，理智从容，让青春不负好时光。

学生工作处

2022年5月30日载于安徽师范大学官网

沙星雨

耕耘于分秒　收获于细微

沙星雨,女,中共预备党员,马克思主义学院2018级思想政治教育专业本科生,2022年安徽省普通高等学校优秀毕业生。

踔厉奋发 做态度积极的乐观者

在同学们心中,沙星雨是一个非常乐观向上的女孩,她始终用微笑乐观迎接每一天的生活。面对学习生活上的挫折,她总会与自己和解。大学期间,沙星雨也像大部分同学一样有烦心事,大一刚进校园时的迷茫困惑,对集体宿舍生活的不适应,对大学"自由式"学习的不习惯等等。大二大三适应了大学的节奏与方式,但随之而来的就是来自优秀同辈的压力,但她始终坚信没有什么是天生就会的,挫折不应该是一个人做事的阻碍,反而更应该成为动力。经过多次训练,沙星雨也能做到大方演讲。在她看来仰望星空很重要,但更需要仰望过后能够脚踏实地努力向前。

玉汝于成 做自立自强的奋斗者

沙星雨自立自强,刻苦努力,是老师、同学、朋友眼中的"三好学生"。她出身普通家庭,父母都是普普通通的工人,家里还有弟弟妹妹都在上学,沙星雨非常珍惜父母提供的上学机会,也非常理解父母的艰辛不易。大学期间,她总是利用寒暑假寻找兼职以支持自己的学业,销售员、客服、家教、勤工助学等,体验着生活百态,坚定着向上信念。"我想通过自己的双手为家庭减轻负担,做一个自立自强的大学生。新时代的大学生不应该是温室里娇弱的花,而应成为不断经历风雨洗礼的野草。"未来之路漫长曲折,没有人能够一蹴而就,都必须要经历一番彻骨寒,才能够散发出属于自己的清香。目前,沙星雨已获得上海交通大学的拟录取资格。

4年来,沙星雨刻苦钻研、孜孜不辍。在专业学习方面,前她的3年学习成绩和综合测评排名始终保持在前3名,曾获校一等奖学金2次、朱敬文奖学金1次,获得"三好学生"标兵、优秀团员等荣誉称号。同时,她勤于思考,尤其善于运用所学理论积极关注和反思现实问题,养成了浓厚的科研兴趣,其主持申报的大学生创新创业训练项目获批省级立项;其同名项目成果参加"'新时代·新思想·新青年'安徽省大学生学习马克思主义理论成果大赛"获二等奖。她目标清晰、敢于奋斗,始终将勤奋、刻苦作为人生

榜样师大人

信条,一直坚信付出总会有惊喜与快乐。

躬身践履　做知行合一的志愿者

　　沙星雨始终怀揣一颗感恩之心,不忘初心使命,践行责任担当,积极投身志愿服务。在校期间,她参加去敬老院慰问老人、志愿迎新、春芽志愿服务等志愿活动10余项,累计志愿服务总时长达500小时。此外,她积极参加社会实践,利用所学知识为农村学子进行心理帮扶,在实践中提升理论素养和使命担当。在志愿服务的道路上,她始终不计报酬、真诚服务,用温暖的服务和积极的态度诠释着"奉献、友爱、互助、进步"的志愿精神。凡心所向,素履以往。一路走来,沙星雨在积累中不断成长、不断超越。无论何时她都将带着坚持梦想的初心,向着更远的目标奋进。

学生工作处

2022年6月23日载于安徽师范大学官网

沙星雨　耕耘于分秒　收获于细微

卫 苏
真实地努力 自然地生活

卫苏,女,中共党员,法学院2018级法学专业本科生。现任2018级法学1班班长、法学院法学专业本科生第一党支部组织委员。安徽师范大学2022届优秀毕业生、安徽省普通高等学校优秀毕业生。

勤学思勉　踏实进取

在学业方面，卫苏同学态度端正，刻苦努力。她在校期间，保持3学年专业成绩、综合测评成绩班级第一，一次性通过英语四六级考试，曾获国家奖学金、国家励志奖学金、朱敬文奖学金、院"三只松鼠"奖学金，连续4年获得校优秀学生一等奖学金，多次获得"三好学生"标兵、优秀学生干部标兵、优秀团员荣誉称号，现已被推免至中南财经政法大学诉讼法学专业攻读硕士学位。课余时间，她还担任2018级法学专业"书香法苑"读书交流会的主持人，和志同道合、热爱读书的伙伴们共飨法学经典，拓宽精神世界。丰富的课程设置与勤勉的研究学习，使她具备了扎实的专业知识和相对宽阔的学科视野。在担任北京盈科（芜湖）律师事务所实习小组组长期间，她认真工作，踏实负责，独立完成法律检索、文书撰写、卷宗整理等工作，被评定为优秀实习生。

日拱一卒　探索求知

在科研方面，卫苏同学积极参与科研，积累学术素养。在校期间，她曾以独立作者身份在国家级期刊上发表学术论文，独立主持国家级大学生创新训练计划项目、校级优秀毕业论文培育计划项目。基于对司法实践的关注和案例研究的思考，她还主持了校级司法案例研究项目《性侵案件未成年被害人权益保护研究——从"百香果女孩被害案"切入》。课余时间，她积极旁听学术会议，参与学术志愿服务活动，如2019年全国刑法学术年会、盈科首届鸠兹刑事法律论坛、案例研究理论与应用学术研讨会等。在老师的悉心教导和自己的不断探索下，她不仅发现了学术研究的神奇与浩瀚，也深刻明白了科研不仅需要自制力和抗压力，还应当保持充足的好奇心、行动力和主动性。

甘于奉献　躬行实践

在实践方面，卫苏同学不断探索，勇于实践。在校期间，作为班级班

卫苏　真实地努力　自然地生活

长,她工作认真细致、不吝奉献,积极协助辅导员处理班级事务,全心全意服务班级同学,带领班级参评校2020—2021年度"十佳班集体"。作为国家和学校资助政策的受益者,她积极组织贫困生团队参与校"双扶"资助育人项目并顺利结项。在担任校2021年度学生资助宣传大使期间,她多次返乡面向经济困难的家庭宣传国家和学校的资助政策,积极做感恩奉献的践行者。课余时间,她曾多次参与青年法学社"壹心普法"活动,为芜湖市石硊小学的学生普及法律知识。栉风沐雨,薪火相传,作为本科生导生,她曾多次参与新老生交流会,毫无保留地为低年级的学弟学妹们分享经验、答疑解惑、排忧解难。

饮水思源　心存感恩

回想起在师大求学的4年光景,父母不辞劳苦,尽全力无条件支持着她,她有了排除万难、砥砺奋斗的勇气和力量。辅导员和学院老师在她迷茫受挫时,为她指明前进的方向,提供温暖的鼓励和坚定的支持。国家和学校以强大的资助政策和广阔的奋斗舞台,帮助她纾解生活困难,激励她不断前进,勇攀高峰。她认为个人的进步与发展绝不仅仅取决于自身的努力和奋斗,更离不开背后党和国家的支持、巍巍师大的培养以及人生诸多贵人的帮助。"天行健,君子以自强不息。"自强者从不在意命运馈赠的多寡,但应珍惜每一次经历,重视每一次磨炼,抓住每一次机会,感恩每一份帮助,砥砺奋进,逐梦扬帆。

"积一勺以成江河,累微尘以崇峻极,匪志匪勤,理无由济也。"在校期间,卫苏同学始终以积极乐观的心态和自立自强的精神面对各项困难和挑战。对于来自他人的每一份善意和帮助,她都深深感念于心,并不断尝试以自己的方式回馈他人、传递温暖。怀着谦卑之心与浓浓的感激之情,她会秉持初心,踔厉奋发,继续行走在追寻正义和实现价值的奋斗之路上,用勤学笃行、爱国力行的实际行动书写青春无悔的华彩篇章。

学生工作处

2022年6月20日载于安徽师范大学官网

吴梦婷

理想如光　照亮前行之路

　　吴梦婷,女,中共党员,法学院2018级法学(卓越司法)专业本科生,现任班级素质拓展委员,曾任法学院本科生第二党支部纪律委员、安徽师范大学五四爱心学校宣传委员。2022年安徽省普通高等学校优秀毕业生。

力学笃行　夯实专业基础

"潜岳苍苍,江淮汤汤。夏商肇启,雍容汉唐……"伴着悠扬的歌声和9月温暖的阳光,吴梦婷于2018年来到芜湖这座美丽的滨江城市,在师大开启了属于自己的4年时光。她学习有目标、有规划,见过早晨初升的太阳,也常与夜晚星辰做伴,深知唯有不断努力才能实现自己的理想。她勤奋刻苦,认识到在大学生活中夯实自身专业基础与提升专业能力的重要性,教学楼与图书馆是她出现频率最高的地方。在校期间,她连续4年获得校一等奖学金和"三好学生"标兵称号,20余门专业课程成绩达90分以上,综合测评成绩均分达92以上,目前已以专业第一(1/40)的成绩成功推免至中南财经政法大学刑事司法学院攻读刑法学专业硕士研究生。作为一名法科生,她于2021年一次性通过国家统一法律职业资格考试,时刻朝着一名优秀"法律人"的目标迈进。

经验是所有过去的积累,是创造一切的未来。在过去的学习过程中,她还积极参加科研活动,致力于提高自己的科研能力,获大学生创新创业训练计划项目省级立项与本科生优秀毕业论文培育计划项目校级立项。在此过程中,她秉持严谨认真的态度,全身心投入,深刻体会到了科研的意义,更加坚定了自己继续深造的决心。

博学笃志　提升综合实力

吴梦婷深知大学的学习不仅是知识的提升,更重要的是对于我们整个"人"的塑造。因此,她不断挑战自我,积极参加校、院举办的活动,致力于提升自身综合素质与专业素养,累计获奖20余项。在法学院举办的模拟法庭活动中,她领略庭审之庄重,荣获一等奖;在"法治微电影大赛"中,她感受法律之魅力,荣获一等奖;在法学院"第十一届大学生生涯与职业规划大赛"中,她规划人生之方向,荣获一等奖;在大学生暑期"三下乡"社会实践活动中,她探寻权益之保障,所在团队与撰写的调研报告均荣获二等奖;在法学院"双迎"晚会上,她与合唱团成员一起歌唱"我爱你中国"……在尝

榜样师大人

试的过程中她认识到大学中最重要的事情之一就是认识自己、探索自己，撕掉过往标签，从而成就一个更好的自己。因此，她在经历了起起落落之后仍不放弃努力，相信人生贵在坚持，普通小事坚持下来也会铸就不凡的自己。

厚德笃学　点燃青春光亮

吴梦婷乐于奉献，积极团结集体，热心服务社会。在大一初进校时，她就加入学校志愿服务组织五四爱心学校，在每个周六走进社区无偿为儿童提供指导。作为社团宣传委员，她用照片记录美好，留下志愿者们服务的身影与一抹抹孩子们的微笑；作为班级素质拓展委员，她勤勤恳恳，认真完成第二课堂工作；作为一名党员同志，她时刻严格要求自己，在集体中发挥着先锋模范作用。作为高年级学生，她认真总结学习经验并进行分享，希望能够对学弟学妹们有所帮助。研究生推免结束后，她分担备考同学压力，积极配合老师完成班级工作，并在考研前夕为同学们送去真挚关怀与美好祝愿。她始终坚信一个人的成功离不开身边人的帮助，任何人对自己的好都是上天赠予的礼物，因此也常怀感恩之心，懂得感激与回报。

虽然时间一去不复返，但在这不可复制的4年青春时光中，她用心"书写"属于自己的故事篇章，相信无论成功与失败都在教给自己人生的真谛。她深知学习是一个经历了"九九八十一难"，才能取得"真经"的过程，也明白"风雨多经志弥坚，关山初度路犹长"，但她始终不怕困苦，心怀理想。因为，她坚信理想如光，照亮前行的道路，带来前进的动力与希望！

学生工作处

2022年5月30日载于安徽师范大学官网

吴梦婷　理想如光　照亮前行之路

法学院小额诉讼调研团队

笃行致远求真知　惟实励新奋前行

近日,我校法学院小额诉讼调研团队完成的调研报告《多快好省:小额诉讼十年观察(2013—2022)——基于长三角10家基层法院的深度调查》斩获第十八届"挑战杯"全国大学生课外学术科技作品竞赛特等奖。这是我校首次获得"挑战杯"国赛特等奖,也是安徽省高校在本届竞赛获得的3个特等奖项目中唯一一个哲学社会科学类社会调查报告。

耗时18个月,从芜湖市到安徽省,再到整个长三角地区,法学院小额诉讼调研团队深入各个基层法院,先后对121位一线审判人员进行专访,收集166252件小额案件,累计撰写35万余字的调研材料,最终完成了一份翔实的调研报告,并在第十八届"挑战杯"全国大学生学术科技作品竞赛主体赛中荣获了特等奖。

回眸小额十年路，一苇以航踏足行

"我们要将'书本上的法'转变为'行动中的法'，深刻去感知和描摹小额诉讼程序在十年司法实践中的真实样貌。"团队队长、法学院2020级卓越司法班张瑞豪表示。近年来，中国经济社会发展逐步走向市场化和法治化，人们的司法需求也在日益增长。2019年1月，习近平总书记在中央政法工作会议上指出，"要深化诉讼制度改革，推进案件繁简分流、轻重分离、快慢分道"。而小额诉讼程序的诉讼周期较短，其程序构造恰恰与效率是相契合的。

2022年，正值《民事诉讼法》小额诉讼程序确立的第十年，也恰逢民事诉讼繁简分流改革试点。回首来时路，团队指导老师汪小棠说道："十年这一节点是回顾、反思、评价一项制度很好的窗口期。小额诉讼程序与每一个老百姓在日常生活中的纠纷解决密切相关，我们十分想了解在过去的十年里，这一程序是否有效地发挥了它的民生价值。"

基于这一背景，团队在2022年暑期社会实践中，从芜湖本地法院出发，开展小额诉讼程序实地调研，切实体会小额诉讼实施十年来的效果。"在调研中，我们愈发了解到小额诉讼特别快、非常好，但它在司法实践中却遭受了一种冷遇——当事人不愿用，法官不敢用。当'书本上的法'与'行动中的法'出现背离时，就激起了我们进一步思考与探究的欲望。"2020级卓越司法班王雪雪回忆道。随着调研的深入开展，芜湖五家法院的数据已不足以支撑团队的继续研究。为此，小额诉讼团队将实践范围扩大到长三角江浙沪皖四省市，开启了进一步的调研之旅。

砥砺深耕酌芳华，行而不辍勇攀登

看似寻常最奇崛，成如容易却艰辛。知识领域的补充学习，不同省市法院的调研奔波，无数次数据文稿的修改打磨，强劲对手带来的心理压力……18个月夜以继日的忖度推敲，团队成员们至今仍历历在目。

2023年6月，已经拿到挑战杯国赛入场券的小额诉讼团队面临了一个重大的变动——团队中多名2020级成员选择退出，全力备战考研。"备战国赛是无比艰辛的，我们要用仅仅4个月完成之前14个月的任务量。7月至10月正值考研关键期，2020级的队员大都会选择在不确定中寻找确定。"2020级卓越司法班康玉山如是说。"其实从大二暑期社会实践到挑战杯省赛有整整14个月，我对这个项目早已产生了浓厚的感情。以前我每天早晨起来的第一件事是刷朋友圈，而后来慢慢变成了打开小额诉讼团队的微信群，它已经成为我生活中不可或缺的一部分。"2020级卓越司法班李光耀笑着说。

对于团队中新加入的大二新成员来说，由于并未学习过《民事诉讼法》的课程，"小额诉讼"这一概念是陌生而遥远的。谈及如何克服这一困难，2022级法学专业蒲宇翔说道："通过阅读队长推荐的相关书籍、论文，观看法考课程，我们弥补了理论知识的不足。在后续的调研中，我们与一线法官面对面交流，对小额诉讼也有了进一步的了解。理论与实践相结合，让我们对这一领域越来越熟悉。"跟随队长在国赛决赛现场进行答辩的赖嘉怡同样是团队新成员，"完善小额诉讼项目的过程好比'养孩子'。当我看到我们的项目越做越好，我就看到了希望。"

"写完了，不是结束，而是重新开始。因为每一次修改都要抱着归零的状态。"回忆起团队最终形成的35万余字的调研材料，2020级卓越司法班徐硕说道。随着项目不断地推进，小额诉讼的"挑战杯"之路也越走越远，团队成员们愈发坚定了身上的责任感与使命感，"为安徽师范大学的荣誉而奋斗"成为了所有人的信念。"一路走来我们的努力是有成果的，所以一定要把这样的努力继续坚持下去，看看我们究竟能到什么程度，最终能走多远。"队员范浩哲坚定地说道。"年轻人就是要气盛！别人都可以，我们凭什么不行！"汪小棠老师铿锵有力的话语也一直支撑着整个团队。肩鸿任钜踏歌行，功不唐捐玉汝成。他们排除万难，一路过关斩将，最终问鼎桂冠。

少年不坠青云志，云程发轫赴山海

"我认为比赛过程的价值远远大于奖项本身。"2022级法学专业赖嘉怡说道。挑战杯不仅是一次挑战和淬炼，更是小额诉讼团队成员们的一笔宝贵财富。法学院副院长、团队指导老师高永周表示："法科生要走出象牙塔，深入司法实践，发现'真问题'，提出'好建议'，真正做到德法兼修、知行合一。"走访法院，深入调研，在与法官的近距离交流中，成员们愈发深入地了解了小额诉讼在实际应用中的状况，真正将文献中的知识落实到了法律实践中。谈及收获，2020级卓越司法班凌楚然感触颇深："我觉得法学是强调实践性的一门学科，是值得扑下身子认真做一做的。"2022级法学专业王曈也分享了他的心得："动手去干，总比脑子里空想要来得快。"实践是检验真理的唯一标准，小额诉讼团队的成员们用亲身经历说明了这一道理。

对于团队成员们来说，"挑战杯"比赛的收获不仅在于特等奖荣誉本身，更关键的是这一过程中的价值。在队长张瑞豪看来，他最大的收获是认识和经验上的积累。"未来某一天在做类似的事情时，我可能会更加如鱼得水、得心应手。也许这种收获在短时间内看不到效果，但是将来我一定可以从容地诠释出来。"队员李光耀坦言："800多页的调研材料经过了每一位成员的无数次修改，这是对我们能力的提升和心态的打磨。我们需要非常有耐心，需要沉得住气，才能把这个事情做好。"通过经常操作办公软件，队员们也提升了相应技能，2022级法学专业陈小丫打趣道："之前没过的计算机二级，现在我再考一次肯定能过。"与此同时，他们还收获了对未来职业规划的明晰认识。通过在实践中接触与未来职业相关的各要素，队员们了解到法官这一光鲜亮丽职业背后的辛劳和不易，从前对法官的工作的刻板印象被打破，对法官职业有进一步认识。

挑战杯大赛的旅途中，不仅有知识和技能，还有伙伴的陪伴、老师的指导，这使团队有了温度，更有了力量。看着围绕在自己身边的队友们，蒲宇翔动情地说道："在拿到'国特'时，我感觉像做梦一样，大梦初醒，你可能不记得梦见了什么，但其中的感受你一定是最深刻的。我在这场梦中最重要的是遇到了团队里这些人。"他记得在东台调研的那个夜晚，团队在完成一天辛苦的调研后，与指导老师边吃夜宵边进行小额诉讼的"学术夜谈"；他还记得某天开会到很晚的他们刚吃过晚饭便接到新任务，于是立刻打开电脑，蹲在饭店门口整理资料……原本素不相识的几位老师、同学，却因小额诉讼紧紧联系在一起。无数个日夜相伴，大家携手向前，产生了深厚的情谊。

在获得全国特等奖后，小额诉讼团队的故事仍在不同的道路上继续着。团队队长张瑞豪已顺利推免至华东政法大学攻读硕士研究生，"我在研究生阶段的研究方向是民事诉讼法与纠纷解决，小额诉讼项目既是我本科科研经历的终点，又是我研究生求学生涯的起点"。2020级的队员正在全力备战考研，其余队员也将继续专注自己的本科学业，并不断精进自我。

道固远，笃行可至；事虽巨，坚为必成。法学院小额诉讼研究团队将继续行走在奋斗之路上，"我们坚信，在无数优秀法律人的共同努力下，下一个十年，不断完善的小额诉讼程序一定能够为老百姓提供更加'多快好省'的司法服务"。厚重朴实，至善致远，师大人正是如此坚毅。"我们获得的'国特'只是安徽师大在'挑战杯'赛事中的一个新的开始，期待母校、母院能有更多项目开花结果，取得更多的成绩！"

（李家榕　杨黎　李玉锦　亓欣冉　邹晓嘉）

2023年11月17日载于安徽师范大学官网

郁春浩

从善如登　砥砺前行

郁春浩，男，中共党员，经济管理学院2018级投资学专业本科生，2022年安徽省普通高等学校优秀毕业生。

在刻苦中求成长

在校期间,郁春浩连续4年获得校优秀学生奖学金;大一学年顺利通过英语四六级考试;本科期间参与撰写论文5篇,并积极参与科研竞赛获得省级及以上奖项20余项;在班级担任团小组组长,在社团先后担任委员、部长、副会长,在党支部担任组织委员。正是由于他的孜孜不倦、刻苦努力,让他得以在保研期间收到山东大学、苏州大学、中南财经政法大学的录取通知,并最终顺利被保送至中南财经政法大学金融工程专业攻读研究生,继续他的求学之路。

在逆境中得历练

大一入学伊始,怀揣着对美好大学生活的憧憬与向往,郁春浩开启了漫漫专业探索之路。在课前,他主动预习专业课本知识;在课堂上,他认真听讲,积极和老师互动;在课后,他会认真总结笔记,巩固专业知识。就这样,他连续4年获得校优秀学生奖学金,其中一等奖学金2次,二等奖学金2次。闲暇之余,他对于英语方面的学习也从未间断,大一学年,经常能在周六周日见到他去英语口语培训班学习的忙碌身影。正是由于刻苦学习,他于大一学年顺利通过了英语四六级考试。

在专业上做奉献

在学习专业书本知识之余,郁春浩对专业科研领域也满怀激情。在本科期间,他作为第一主持人所参与编写的论文有5篇收到录稿通知,其中英文文献3篇,中文文献2篇。除此之外,他还积极参加专业方面的科研竞赛。截至目前,他所获得省级及以上荣誉20余项,如美国大学生数学建模竞赛国际特等奖提名(全球1%)、2021年全国"互联网+"创新创业大赛高教主赛道和青年红色筑梦之旅赛道安徽省金奖及高教主赛道国家级银奖、2020年和2021年连续2年在全国大学生市场调查与分析大赛获得安徽省一等奖及全国总决赛三等奖,其中他作为队长带领队伍获得的省级及以上奖项有15项。

在服务中争自强

郁春浩以饱满的热情投入到服务工作之中。大一至大四学年,他在班级一直担任团小组组长,平时积极负责班级活动的组织召开,并配合团支书开展工作。在学院社团,他从大一到大三学年先后在经济学会担任组织部委员、活动部部长、社团副会长,积极承担专业相关竞赛的筹备以及社团成员的发展工作。此外,他还作为负责人参与了经济管理学院2020年"双迎"晚会的社团节目筹备,所参与的节目《经管新闻联播》饱受好评。在大四学年,他还担任了所属党支部的组织委员,承担支部的党日活动开展以及支部的党员发展工作。

四年光阴,郁春浩见过清晨太阳初升的模样,目睹过图书馆闭馆时同学们匆忙的身影,体会过为了完成一个比赛连续40余小时不眠不休。感谢他的家人、老师、朋友们的陪伴与支持,让他得以顺利走到大学生活的尾声。最后,他想送给学弟学妹们一段话:"从善如登,从恶如崩。取他人之长补己之短,生活中处处有学习榜样,人人都有值得效仿和学习的地方。放手一搏,别人有的,你也会有!"

2022年6月21日载于安徽师范大学官网

郁春浩 从善如登 砥砺前行

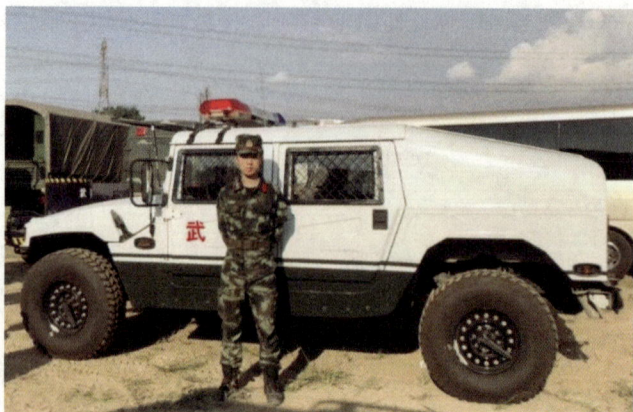

甘世杰
心怀感恩　奔赴山海

甘世杰，男，中共党员，经济管理学院2018级会计学专业本科生。

仰望蓝天 脚踏实地

"万里山河壮丽,军人为家国之坚盾,万家灯火辉映,军人为执剑守护之卫士。"2016年甘世杰携笔从戎,服役于北京武警某部,在服务国防中收获了他独特的青春,服役期间他表现优秀,获得嘉奖1次,连续2年获得"优秀士兵"称号。在一个个安保执勤任务、一次次驻训实战训练中,他养成了积极乐观、坚韧不拔的心态和意志,做事讲求高效率、高质量,有敏锐的判断力以及较强的适应性;日复一日枯燥的训练和站哨没有击倒他,反而让他一次次明确自己的理想,他知道,勇气、希望、信念这些正能量的力量,就像火苗,总有一天会燃成熊熊巨火。

不忘初心 牢记使命

退伍后回到学校,甘世杰从应用化学转入会计专业学习,突然的转变让他感到很不适应,而这恰恰就是大学教育需要教会学生的。大学重要的目的就是让学生走出固有的经验,去应对挑战。回校后,他走出了自己的舒适区,在思想上,他积极向党组织靠拢,成为了一名共产党员,时刻以党员标准要求自己;在学习上,前3年学业成绩与综测一直保持班级第一,积极参加学科竞赛并考取专业证书;在学生工作上,他先后担任班级学习委员、军训教官、社团部长、党支部组织委员等,服务同学,做好老师和学生沟通的桥梁。

饮水思源 行稳致远

大学4年的学习生活,大量的社会工作,在掌握扎实的专业功底的同时,也使甘世杰养成了冷静自信的性格和踏实、严谨、能吃苦的工作作风,增强了他的团队合作精神和能力,赋予他继续深造的勇气,最终让他成功推免至浙江大学会计专业。毕业之际,他感谢一路上给予他帮助和支持的老师、同学、家人,是他们让他在每一个艰难的时候,都想办法继续前进。

甘世杰 心怀感恩 奔赴山海

这份帮助和关爱他也会传承下去，尽他所能地去帮助那些需要帮助的人。

路漫漫其修远兮，吾将上下而求索。在今后的学习生活中，他会保持谦虚谨慎，做一个温柔而又有力量的人。

学生工作处

2022 年 6 月 4 日载于安徽师范大学官网

榜样师大人

严杨林

用音符表现生活　传播文化

　　笛声悠扬，琴声清脆，似竹叶上滴落的雨点，与逐渐激昂的提琴声完美地融合，音乐的节奏时而快似急风骤雨，时而舒缓似喃喃细语。

　　这是我校音乐学院2020级作曲方向硕士研究生严杨林创作的作品《梦舞·黄梅》，在第十八届(2022)中国·成都"阳光杯"学生新音乐作曲比赛中荣获二等奖。不仅如此，在2022年第十一届"百川奖"作曲比赛中，严杨林创作的作品《秋林观泉》也荣获二等奖。从零开始学作曲，到现在只有2年半的时间，硕果累累的背后是严杨林日复一日的努力与坚持。

"无论多难，还是会选择热爱"

作为一名来自地方师范大学的学生，严杨林的专业素养让上海音乐学院作曲指挥系主任周湘林教授有些惊讶："严杨林的写作水平和写作规格丝毫不亚于专业音乐学院的学生，这些年轻的作曲者能够创作出有一定艺术水准和艺术个性表达的作品，令人高兴。"

令人意外的是，严杨林从研究生阶段才开始正式学习作曲，当他选择将作曲作为硕士的研究方向时，老师们是担心的，从音乐学转到作曲，其中的困难可想而知。他深有感触地说："学习作曲是一件非常困难的事，作曲是我们学院的一个新专业，各个学科之间的构建还不是那么完善，譬如作曲专业和演奏专业之间缺少平台进行联系，因此很难找到机会在舞台上呈现自己的作品。"尽管如此，严杨林没有埋怨环境，他用自身努力弥补与专业音乐学院学生之间的差距，他多听，多看，多思，参考学习作品的谱例与音响，依托网络资源以及老师们从北京上海等地带来的前沿知识，把努力平摊到每一天。他坚定地说："对于自己出于热爱所作的决定，一定不能轻言放弃。"

以本领描绘乡土，用担当弘扬文化

严杨林是安徽安庆人，小时候曾与祖母一起在村中看过黄梅戏，"小时候不懂事，看到花脸觉得害怕，现在想起来那段时间却弥足珍贵，学习作曲之后便萌生了要把黄梅戏融入乐曲创作的想法。"《梦舞·黄梅》这部作品中融合了潜山采茶歌、黄梅戏唱腔、黄梅戏打击乐节奏等多种表现形式。其将现代音乐与传统戏曲结合，西方乐器与东方文化结合，用年轻人特有的创造力，为传统文化注入新的生机与活力。"如果有机会入围，将自己家乡的传统文化带到国际作曲比赛的平台上，是一件非常有意义的事情。我们每个地方都有许多优秀的传统文化，我希望我的作品能让家乡的音乐和文化能更好地被了解关注。"严杨林真挚地说道。

努力成就匠心，陪伴绘就温情

"王老师对我来说亦师亦友，她会解答我在创作上以及生活上的困惑，她会引导我们对于音乐语言的正确审美，培养我们的创作个性。王老师的作曲教学不是将自己的音乐风格复制给学生，而是创作观念和创作审美的一种传承，因为每个人都是独一无二的个体。"回忆起与指导老师王瑞奇相处的点滴，严杨林非常开心。

在严杨林的成长之路上，王瑞奇老师给过他鼓励，也曾严厉地批评过他，正因为如此，严杨林才能沉下心，把自己关在屋子里，面对一张白纸，拿起笔，跟手工匠人对待自己心爱的小玩意一样，慢慢斟酌地写下每一个音符。王瑞奇老师知道严杨林获奖后，心平气和地说："作曲这条路很长，对他来说，得奖如同此阶段的一个节点，这是对此阶段的一个鼓励、一个肯定。下一阶段再到新领域继续努力，不能仅仅止步于当下的成就。"

严杨林也下定决心表示，自己会继续在创作之路上砥砺前行，同时，他也非常感谢王老师。在老师生日时，严杨林给老师做了一段动画，今年又将动画精心设计，打印成了一本精美的画册。"平时严杨林的话不多，但是会用他的方式来表达情感。我们的性格正好是互补的，我也在引导他去释放他内心的炽热。"王瑞奇老师笑着说。

"不论天赋如何，既然热爱，那就坚持下去吧，会有一天，我们热爱的会变成我们擅长的。"严杨林的逐梦之路并未走到终点，他的这份力量会鼓舞到很多人，激励着跟他一样追梦的同学们奋发努力，相信严杨林在接下来的时光里，会继续坚持创作，静心沉淀，不断突破，取得更大的成就。

（郑雨洁　王璟云　王紫凝）

2022 年 12 月 2 日载于安徽师范大学官网

严杨林　用音符表现生活　传播文化

汪旭东

从排练场到中央台　100+奖项撑起的舞台

　　汪旭东,男,中共党员,现为安徽师范大学音乐学院音乐与舞蹈专业硕士研究生,任音乐学院2020级研究生党支部组织委员、音乐学院舞蹈团团长,曾任音乐学院2018级舞蹈表演、音乐表演、作曲与作曲技术理论专业兼职辅导员。硕士期间连续三年获校一等奖学金,荣获国家奖学金、朱敬文奖学金、研究生科研与创新奖学金等,获得安徽师范大学"师大骄子"十佳大学生标兵、"三好学生标兵"、"优秀学生干部"等荣誉称号,荣获安徽省研究生党员标兵,创新创业之星等荣誉称号。

积极投身实践，厚植美育情怀

大学期间，汪旭东先后参加了200余场文艺演出，北京、上海、广东、浙江、河南等全国各地的舞台上始终有他的身影。他参加的庆祝改革开放40周年、庆祝中华人民共和国成立70周年、庆祝中国共产党成立100周年、纪念《延安文艺座谈会上的讲话》发表80周年等大型文艺演出，均受到《中国青年报》《安徽日报》等多家主流媒体报道，他还连续3年受邀参加央视《五四青年节特别节目》录制，并跟随学院舞蹈团前往全国第十一届少数民族传统体育运动会担任开闭幕式部分节目的主创工作。

光鲜亮丽的履历下是无数日日夜夜辛勤的汗水。参与第十一届少数民族运动会的时候，汪旭东是第一次接触国家级现场演出活动，演出团队刚到郑州，上午放置完行李，下午就开始了紧张的排练，一排就到深夜一两点，有时一天最多睡2个小时，在宾馆和排练场地之间两点一线，累了就睡在排练场地。这样的忙碌前前后后大概持续了3个月，用汪旭东的话来说，是"从盛夏到初秋，外套都加了一件"。谈及参加央视《五四青年节特别节目》录制时，汪旭东说："各大高校的代表有美术、生物、计算机、音乐等各个专业，我们100多号人作为开场节目，又唱又跳，难度非常大。"然而，他发挥专业优势，耐心教授有困难的同学，最终带领舞蹈团成员与各高校代表团结一心，齐心协力，顺利完成了节目录制。

无论是面对国家领导人及8万名观众的现场表演，还是在央视舞台录制现场，让全国亿万观众看见师大学子的身影，汪旭东时刻不忘导师韩丽教授和舞蹈系的每位专业课老师的高标准、严要求，他自豪地说："在经历了这些高层次的舞台，见过各个高校舞蹈专业之后，我觉得我们学校的舞蹈专业是一支高素质、高水平、高质量的专业队伍，身为音乐学院师大舞蹈团的一员，我很骄傲。"

担当时代责任，争做时代先锋

多年来，汪旭东坚持为新时代而舞，展现当代青年的使命担当，努力作文化强国的忠实践行者,他抓住每一次艺术实践的舞台去突破自我、提升自我,讲好师大故事,舞出中国形象。不管实践的地点是校内还是校外,是讲台还是舞台,是艺术殿堂还是社区田间地头,他都用最饱满的艺术激情,让观众看到自己最高水准的现场演出。

"作为生在红旗下,长在新时代的青年,当社会需要我的时候,我必须义无反顾,因为我是党员。我希望通过我的力量为他人带去温暖,为社会增添温度。"自本科开始,他连续6年参与"三下乡"暑期社会实践活动,多次带队奔赴茂林村、三德村、黄集村等偏远地区开展艺术支教活动,并走进省委教育工委定点扶贫点和安徽师范大学定点扶贫点——六安市金寨县、安庆市宿松县进行演出慰问,他还以老带新的形式,为偏远地区提供艺术普及教育接续传承。作为党员,汪旭东还自觉承担起社会责任,用艺术之美为边远贫困乡村的孩子们爱心募捐,为当地百姓和驻扎在扶贫一线的工作队带去慰问演出,以艺术实践助力乡村振兴。疫情期间,他还响应号召,以亲身经历,编排抗疫舞蹈作品,录制手语舞蹈视频,致敬抗疫英雄。其中多部作品被"学习强国"、央视网等主流平台发布转载,点击量达50000人次。

一路走来,汪旭东从全国第六届大学生艺术展演三等奖、长三角专业舞蹈展演优秀表演奖到第十二届新加坡国际舞蹈节比赛金奖,他在艺术实践舞台上不断取得突破。2020年12月参加安徽省新创舞蹈作品展演比赛获安徽省一等奖,获得参加"荷花奖"的资格(中国舞蹈"荷花奖"是国内举办的唯一国家级舞蹈专业评奖活动),2021年5月参加第十二届中国舞蹈"荷花奖"当代舞场终评,参演作品最终入围第二届中国舞蹈优秀作品集萃,并纳入全国高校思想政治工作网《百年珍贵记忆——全国高校庆祝中国共产党成立100周年原创精品档案》。他还受邀参加了第二届非遗传统舞蹈研讨会、2020年舞蹈高等教育学科建设论坛等大型学术会议30余场。以第一作者身份在知网发表重要文章数十篇,参与导师主持的教育部项目,文章另被校出版社出版的图书《求真·寻路》收录。一路的坚守努力让他从省赛一等奖到全国决赛展评,再到站上专业级别最高的"荷花奖"舞台,汪旭东用艰苦与汗水、恒心与毅力取得了100余项奖项,并将最美的青春在专业舞台绽放!

对于学弟学妹们,汪旭东给予鼓励,"我已经成为过去式,你们才是现在式,未来还有将来式在等着你们,保持初心,不负韶华,不负时代!"他相信师大学子们施展的舞台将更加广阔,期待学子们再创新高,绽放青春芳华。从排练场到中央台,一步步走来,100+奖项撑起的舞台上,汪旭东用行动践行着一名新时代文艺工作者的初心与使命,收获了一个闪闪发光的自己,未来,他将初心不改,继续在艺术舞台上书写青春华章!

校团委

2023 年 6 月 19 日载于安徽师范大学官网

汪旭东 从排练场到中央台 100+奖项撑起的舞台

李泽辰
以青春姿态　演奏生命华章

　　李泽辰，男，汉族，中共党员，音乐学院2018级音乐学（师范）专业学生，现任班级体育委员，曾担任校学生会委员，院团委学生兼职副书记。曾获2019年安徽省大学生体育联赛游泳项目7枚金牌及"优秀运动员"称号，并在2021年作为安徽省学生代表赴青岛参加第十四届全国学生运动会并取得优异成绩。学习成绩优异，专业技能突出，曾获校二等奖学金，院十佳大学生、优秀共青团员等称号。

琴声悠扬　演奏青春乐章

他出生在一个艺术家庭,从小受父母的影响,对音乐产生了浓厚的兴趣,5岁便开始学习钢琴,12岁时便与我国著名钢琴家郎朗在北京国家大剧院同台演出,自此音乐已成为他生命中不可或缺的一部分。进入安徽师范大学以来,他始终把专业学习放在首位,刻苦钻研,不论是数九寒冬还是炎炎夏日,学院的琴房都可以看见李泽辰的身影,他的手指飞快地在黑白琴键上跳跃,永不停歇似的挥洒属于音乐的汗水。优雅的琴声时而像海浪般翻腾,时而似湖水般平静,婉转动人,回响在赭麓的上空。大学4年间,李泽辰曾获校二等奖学金、"珠江·恺撒堡"奖学金钢琴比赛三等奖、院十佳大学生、优秀共青团员等称号。

奋勇拼搏　展现青春力量

弹奏出婉转悠扬钢琴曲的同时,他积极锻炼身体,做到德智体美劳全面发展,小学时便获得国家二级游泳运动员证书,中学期间更是参与安徽省体育比赛数十场并取得优异成绩。运动训练都是艰苦的,游泳也是如此,400米、800米、1500米游下来喘不过来气,游完蝶泳胳膊酸疼无法弯曲,每一次的出发动作更是练过上万次而形成的肌肉记忆。艰难困苦,玉汝于成,在2019年安徽省大学生体育联赛游泳比赛中,李泽辰代表安徽师范大学征战并斩获男子甲组50米、100米蝶泳,50米、100米、200米自由泳,100米仰泳,200米混合泳等7枚金牌及体育"道德风尚奖"。2021年作为安徽省学生代表,他赴青岛参加第十四届全国学生运动会并取得优异成绩。

志愿服务　实现青春价值

在舞台和泳池赢得的鲜花和掌声并没有让李泽辰忘记一名共产党员的初心和本色,他始终秉持着艰苦奋斗、无私奉献、乐于助人的态度。先后参与安徽省本科师范院校教师智慧教学大赛志愿服务、芜湖市新年音乐会志愿服务等工作，连续3年加入音乐学院艺术实践周工作组，跟随学院交响乐团与民乐团参与"高雅艺术进校园""高雅艺术进军营"等重要演出，参与大型红色经典音乐史诗《长征组歌》、安徽省高校师生庆祝中国共产党成立100周年文艺展演志愿服务，在演出前后负责布置舞台、撤台等任务80余场。连续4年参加"安徽省艺术统考音乐专业类"志愿工作，累计志愿服务时间千余小时。演出常常在寒冬酷暑，时间持续1周以上，穿着演出服在后台角落一遍遍练习是家常便饭，坐了三四个小时的车一下车就排练、走台，一站就是五六个小时，但是不管多苦多累，当聚光灯照在他身上的时候他依然保持着饱满的热情。在疫情来临之时，他结合自身专业，参与音乐学院《战"疫"之声》，用原创音乐传递情感，用自己的方式致敬抗击疫情的"最美逆行者"。

少年强、青年强则中国强。少年强、青年强是多方面的，既包括思想品德、学习成绩、创新能力、动手能力，也包括身体健康、体魄强壮、体育精神。在未来的日子里，他将会继续努力做到文明精神、强健体魄，站上更高的舞台和比赛场，为实现中华民族伟大复兴的中国梦作出自己的贡献。

学生工作处

2022年6月20日载于安徽师范大学官网

陈如意

匠心育"美" "艺"展未来

陈如意,女,中共党员,美术学院2018级美术学专业本科生,安徽省大学生创新创业促进会会员,现任班级团支书,曾任美术学院学生会副主席,2022年安徽省普通高等学校优秀毕业生。

孤舟行水　逆流而上

2018年，陈如意凭借着自己的不懈努力考上了大学，实现了自己的大学梦，成为了村里人的骄傲。从陈如意踏入大学校门的那刻起，她便设立了学习目标：毕业时要在学业上有一定的建树，充分利用校内资源丰富自己的学识涵养。因此，对待学习她毫不懈怠，每一门课都尽自己最大的努力，成绩名列前茅。连续2年获校一等奖学金、国家励志奖学金和"国元证券"奖学金，荣获"三好学生"标兵称号，获得第六届全国大学生艺术展演一等奖、第九届"挑战杯"安徽省大学生课外学术科技作品竞赛铜奖、第八届本科生科研论文大赛优秀奖、全国大学生英语竞赛初赛二等奖等，参与校级双扶项目并顺利结项，顺利通过普通话考试、全国计算机等级考试。

扬起白帆　劈风斩浪

在传承非遗文化，弘扬文化自信的浪潮下，陈如意投身创新创业。获2020年安徽师范大学大学生创新创业训练国家级立项，第八届全国大学生"互联网+"创新创业大赛省级银奖2项，2020年安徽省"青苗杯·中建智立方"安徽省项目资本群英会银奖，第十届"挑战杯"大学生创业计划竞赛特等奖等多项创新创业奖项，2022年成功带领自己的创业团队创办安徽宫蓓文化传媒有限公司并任执行董事、法人。参与学校徽州三雕工作坊建设，加入非遗美育调研团队，通过调研、数据分析、整理成文，发表省级论文1篇为非遗融入美育添砖加瓦。运用专业能力让非遗文化被更多的人所熟知，用自己的力量助力非遗传承。陈如意目前已被保送至福州大学继续攻读硕士研究生。

小小浪花　汇聚力量

陈如意一直以赤诚之心服务同学，加入院学生会，竞选班委。她在担任院学生会副主席期间，组织院级活动30余场。她在班级中担任团支书一职，组织召开支部会议10余次，认真落实上级团组织的指示，连续2年获得优秀团干称号,带领团支部荣获校"优秀团支部"称号。带领班级同学开展主题志愿服务活动10余次,带领班级同学投身美丽乡村建设活动。疫情期间,她带领班级同学制定线上教学课件,实现全员参与教育部浸润计划对口学校光荣小学视频教学活动。作为校创客空间学生管理团队负责人,她带领团队完成创客空间设计改造300余平米。同时带领团队参与大学生网络思政中心(易班)改造,完成400余平米空间设计。除此之外,陈如意严于律己,努力提高政治觉悟,积极向党组织靠拢。3年来,她始终坚守着自己"为人谦虚,做事认真"的原则,协助统筹院、班级做好各项工作。连续2年,为新生讲好大学故事,把握青春航向。作为2021年度学生资助宣传大使,她面向低年级贫困生开展资助政策宣讲。陈如意从未停下前进的脚步,始终保持着一颗执着坚定之心。

滴水之恩　涌泉相报

一直受到各方帮助的陈如意常常心怀感恩。进校以后,她加入美术学院团委志愿团,积极参与志愿服务活动。连续3年参与暑期社会实践,赴宣城市朱桥乡、洪林镇开展义务支教,参加乡村墙体彩绘活动,绘制乡村文化墙1000余平米,助力乡村振兴。陈如意还参与教育部美育浸润计划项目,疫情期间参与线上志愿教学活动,对接帮扶宿松县光荣小学,服务学生300余人,组织的美育聚梦"云"教育帮扶实践团队获暑期社会实践优秀重点团队一等奖。组织参与"迎接建党百年,为百位烈士画像"全国公益活动,连续3年参与迎新服务活动。累计志愿服务800余小时,她的事迹先后被央视、"学习强国"、中国网等媒体报道。她先后获得校暑期社会实践活动"先进个人"、美术学院"优秀共产党员"荣誉称号。

她就是陈如意,逆流而上,有志远航。小小的身躯却有着非凡的力量。这个来自农村的女孩,用自立自强直面困境,用感恩之心回馈社会。2021年10月30日,她光荣地成为了一名中共党员,这是对她最好的肯定。

学生工作处

2022年6月6日载于安徽师范大学官网

陈如意　匠心育『美』『艺』展未来

包子璇

信念如磐　初心如故

　　包子璇,女,中共党员,历史学院2018级公共事业管理专业本科生,2022年安徽省普通高等学校优秀毕业生。

学习认真　严于律己

作为当代青年大学生,包子璇深知"业精于勤荒于嬉,行成于思毁于随"的道理。因此,在校期间包子璇严格遵循学校的校规校纪,科学安排专业课的学习任务,按时、按质、按量完成各项学习任务,大学4年连续获得校一等奖学金和"三好学生"标兵称号。在课余时间,她也十分注重自己的技能素养。大一学年她一次性通过英语四六级考试,在全国大学生英语竞赛中荣获国家级三等奖,考取了普通话二甲证书和教师资格证。同时,包子璇也注重学以致用,把理论知识运用到实践中去。多次参加大学生双创项目,项目分别获得了国家级和省级立项;积极参加学校举办的本科生科研论文大赛和"挑战杯"大学生课外学术科技作品竞赛,并荣获校优秀奖。

思想进步　以身作则

大一开学之初,包子璇就积极向党组织靠拢,递交了入党申请书。她认真学习党的理论知识,不断提高自身的政治修养,坚定自己的理想信念,于2020年11月成为正式党员。在校期间,她多次参加了学校组织的"向阳花"志愿服务队和"新青年"志愿服务队,服务时长多达50小时。她说,在服务他人的同时,自己的人生价值也得到了体现。作为寝室长,她带领宿舍成员严格遵守校规校纪,杜绝晚归、不归情况的发生,和室友一起约定养成健康的作息习惯和生活方式。

认真履职　尽心尽力

身为学习委员,包子璇在完成自身学业的同时,也做好老师和同学们沟通的桥梁,积极向老师反映同学们在学习过程中遇到的困难,配合老师开展教学工作。她认真落实每节课的考勤点名工作,第一时间关注并发布和专业有关的考证信息,和其他班委一起营造班级向上好学的良好氛围,带动班级同学共同进步。大一学年,英语四级考试对于同学们来说是陌生

包子璇　信念如磐　初心如故

209

但重要的。鉴于此，她认真搜集了历年英语四级考试的真题，组织同学们进行英语四级模考。模考结束后，针对同学们存在的问题，她邀请往年高分通过考试的学长学姐进行经验分享。这次活动得到了班级同学们的广泛好评，最终班级的通过率高达90%。大二学年，她积极动员全班同学参加暑期社会实践活动，把课堂上所学所得运用到实际生活。在她的动员下，全班95%的同学都参与了暑期实践活动，许多暑期实践团队都获得了院级和校级的荣誉。大三学年，她积极配合专业老师动员宣传，让班级所有同学都参与"双创"项目申报。最终，班级共申报成功3项国家级项目，10项省级项目。

爱好广泛　全面发展

包子璇从小就对播音主持感兴趣，大一学年，在兴趣爱好的驱使下，她积极报名大学生艺术团的主持队，并顺利通过了面试考核，自此成为了主持队的一员。融入了自己喜欢的社团，找到了志同道合的伙伴，她也积极参加各类文体活动，争取在实践中发光发热。大一学年，她参加了历史学院第十届新生才艺大赛获得了二等奖的好成绩；在双迎晚会中她发挥自身特长，报名参加了诗朗诵节目，荣获"青春正飞扬，建功新时代"晚会一等奖；大二学年她和班级同学一起组队参加学院第十一届"赭麓论剑"大学生辩论赛荣获一等奖。

刻苦认真，勤奋钻研，积极好学，乐观向上是她大学四年交出的答卷。脚踏实地，再接再厉是她今后的奋斗路上不变的初心。

学生工作处

2022年6月20日载于安徽师范大学官网

汪 颖

"历"久弥坚不轻移 "史"书文墨通古今

　　汪颖,女,中共党员,历史学院2018级历史学专业本科生,2022年安徽省普通高等学校优秀毕业生。

工欲善其事 必先利其器

求真理,悟真知。在大学的学习中,汪颖勤学慎思,成绩优异,专业学习成绩名列前茅,连续4年获校级一等奖学金、国家励志奖学金、"国元证券"奖学金,荣获"三好学生"标兵、优秀学生干部标兵、优秀团员、科竞先锋等称号。她通过了高中历史教师资格证考试,在全国大学英语四、六级考试、国家级普通话水平测试中获得二级甲等。此外,她积极参加学校各项师范生技能比赛,锤炼师范生技能,获第十七届安徽师范大学师范生教学技能大赛中学历史组二等奖、第十八届安徽师范大学师范生教学技能大赛中学历史组一等奖,历社学院第二十九届、第三十届"三字一笔"书法艺术比赛二等奖、三等奖。由于在学习实操中得以锤炼能力,学业成绩优异,专业技能突出,用创新,磨匠心,汪颖现已推免至苏州大学继续学业。

知中有行 行中有知

凡是过往,皆是序章。汪颖在校期间不断提升师范生核心素养,锻炼工作能力,挖掘潜能以增长才干。学生工作上,汪颖曾任院学生会宣传部部员、校礼仪队宣传部部长、安徽师范大学第三届学生校长助理,现任班级学习委员职位,兢兢业业,做好校领导与学生意见反馈的连心桥。始终秉着服务同学的理念做好每一件事,她参与组织2019年"双迎"文艺晚会、第二届"明德·修身·成长"礼仪文化节、世界微笑日、班院级的师范生技能赛、安徽师范大学学生与校领导午餐会等大型活动。社会实践上,汪颖利用寒暑假时间,积极参与本校"文学院赴铜陵浮山摩崖石刻调研""薪火爱心线上一对一云课堂"支教以及陕西师范大学医学社会史学研究中心发起的"中国乡间医人、医事、医史"口述史社会调研,撰写的报告被评为"优秀调研报告"。她通过实践锻炼自我,撰写多篇心得感悟,在中红网、中国大学生在线网站、历史学院网站、《枞阳杂志》上发表多篇文章记录实践历程。同时,她积极参加社会上的各类实践实习,学习新媒体等新技能。社会实践带给她的不仅仅是荣誉,更是对基层现状的认知,对社会发展所保有的人文情怀。

聚薪火之力　尽社会之责

汪颖积极参加各类志愿服务活动,在班级关心照顾少数民族同学,形成"一对一"石榴籽班结对帮助,关心其生活,帮助其学业。她连续3年免费支教南瑞街道社区"薪火爱心学校"的留守儿童及低收入家庭,服务他人,奉献爱心。自2019年春天薪火团队创办伊始,她秉承着"真心实意为社会做贡献"的理念,每周末前往芜湖市弋江区南瑞中心关工委开展义务支教活动。薪火志愿队开展的活动一直受到南瑞社区的大力支持,新冠疫情来袭的2020年夏天,更是依托"薪火爱心学校"线下支教的基础与具体需求,通过云端方式开展"一对一"的课业辅导、心理疏导、亲情陪伴和疫情防控知识宣讲等教育精准帮扶活动。结合网络信息技术和相关专业知识,她采用"互联网+社会实践"新模式开展"薪火爱心学校线上云课堂",用知识和爱心缩短疫情当下的师生距离。她用负责的心对待每一堂课,用知识和爱心回答孩子真诚的笑脸,传递责任"接力棒",也是身为历史系学子"聚薪火之力,尽社会之责,弘传统文化"的使命传承。

储存阳光,必有远方。保持热爱,奔赴山海,成为自己的橄榄树,那时未来已达,彼岸生花。她是汪颖,一个一直在路上的"追星人"。

学生工作处

2022年6月1日载于安徽师范大学官网

汪颖 『历』久弥坚不轻移 『史』书文墨通古今

慕君毅
从精兵到学霸的热血青春

慕君毅,男,中共预备党员。历史学院2019级历史学(师范)专业学生,现任班级班长兼体育委员。获校一等奖学金。获得安徽师范大学"师大骄子"、十佳大学生标兵、"三好学生"标兵等荣誉称号,曾获军事训练先进个人、参军报国奖等荣誉称号。

"要当就当精兵,要学就学出模样,要干就勇于担当"。这是慕君毅初入军营时他的新兵班长对他说过的话,这句话不仅被慕君毅深深铭记在心,同样也成为了他热血青春的真实写照。

热血青春，迎风而上：要当就要当兵王

　　慕君毅的曾祖父曾是一名光荣的志愿军战士，回忆起曾祖父，他说道："我的曾祖父就是一个很普通的老头，他很少跟子孙或者其他人提及在战场上的一些往事，但是平常生活中他雷厉风行的作风还是在潜移默化中影响着我，使我形成了内敛坚毅、行事果断的性格，因此曾祖父是我选择进入军营的重要推力。"但对于慕君毅来说，进入军营从来不是一个单独的因素决定的，更像是一个由家庭、个人共同组成的合力，推动他迈出了人生的"关键一步"。作为一名历史学专业的学生，慕君毅时常会为先辈为国斗争的英勇事迹而备受震撼与感动。在多方面的影响下，他想去无数个先辈奋斗一生的地方看看，也就此走上了参军入伍的路。

　　从校园走入军营，从学生转变为战士，环境的改变，身份的变化，也曾让慕君毅感到不适应。回忆起参军入伍的生活，他表示军营的酸甜苦辣他都经历了个遍。他曾经躲在被子里偷偷啃过馒头，也无数次将眼角的眼泪生生憋了回去。虽然经历了许多困难，但还是有很多弥足珍贵的时刻让慕君毅不能忘怀。当慕君毅拖着病体仍坚持站在比武场上的时候，他的战友们在一旁山呼海啸般呼喊他的名字，他做1个卷腹，战友们齐声帮他数1个数，喊着"慕君毅，加油……"那次比武，他最终完成了100个单杠卷腹上，也取得了比武的第一名。

　　当然，军营生活不仅仅只有荣耀，更多的还是严酷的训练和难熬的伤痛。在列兵时慕君毅就已经是全单位军事素质最过硬的佼佼者，当时的他志得意满、意气风发，但挫折也随之而来。慕君毅在一次器械训练的时候不慎受伤造成小腿骨裂，连续3个月不能参加正常的训练。他表示："当时看着别人能够正常参加训练，心中无比羡慕，也有些许不甘。痊愈后，我的军事素质也被迫落了下来。那种从云端跌入地下的感觉，激起了我不服输的意志。"他为了追赶战友们的进度，每天提前半小时起床加练体能。通过一段时间的努力，慕君毅成功追赶并超越了其他战友，通过了层层选拔最终进入了"七把尖刀"之一的特战支队。

抱朴守拙，行稳致远：要学就学出模样

从入伍前的懵懂无知到退伍返校后的斗志昂扬，慕君毅带着军营里满满的收获回归校园，决心学出模样。"军营中的经历让我懂得了恒心和珍惜的重要。返校后每当学习遇到困难或感到疲惫的时候，我就会想起军营的那段生活，想起日复一日坚持下来的训练，想起在军营中练就的那一颗恒心。而且军队的生活让我深深地感受到了书到用时方恨少的无力感，也正是经历了这种无力，我才会无比珍惜如今学习的机会。"慕君毅刚退伍的那一段时间很难从"动起来"转化到"静下来"，也无法适应自主安排的学习节奏。后来，慕君毅逐渐调整自己，将学习当作一种习惯，也正是他一日复一日地坚持积累，他的学业成绩在班级名列前茅，收到10所"双一流"高校的保研录取通知书，最终推免至山东大学继续深造。

在学好专业课程外，慕君毅还积极参加浙江大学、中山大学、香港中文大学等多所知名高校组织的学术会议和研讨活动，在与来自其他大学学生的交流中开拓视野，丰富见识。在学术知识不断积累的过程中，他以学促研，撰写出多篇论文，在北京师范大学《春秋学刊》等学术刊物上发表，获安徽省历史学本科生论文大赛一等奖。业精于勤，他还积极参加各种征文比赛，以提高自己的写作技巧，获得多项国家级和省级的写作奖项。取得了众多奖项后的慕君毅仍不知足，目前，他仍奔波于安徽、江苏、浙江等省的档案馆、图书馆、博物馆搜集革命历史档案，撰写完成新的论文。

在保研山东大学之后，通过学习史学界前沿理论并结合自身兴趣，他确定了中共党史作为自己研究生阶段的研究方向。他也希望自己能够在学业上有所建树，讲好党史故事，为提高党史的传播力、影响力作出自己的贡献。

率先垂范，躬身服务：要干就勇于担当

回到学校后，他连续2年担任学院新生军训教官，所带连队取得全校第一的好成绩，个人也获得优秀助训教官荣誉称号；在校园生活和班级工

作中,他时刻牢记党员和退役军人的身份,做好班长兼体育委员的工作;他组织班级"荧光夜跑"等活动,提高同学们的身体素质,带领班级同学建设学校"优秀班集体"。他的青春在奉献中绽放光芒,事迹被"中国大学生在线"、中国青年网等多家主流媒体报道。当"火车头",带着全班齐进步;当志愿者,服务学校大小事,要干就勇于担当,是他本科阶段的生动写照。

人生漫漫亦灿灿,从精兵到学霸,从陕西省西安市阎良区西飞一中到安徽师范大学再到军营,一路的脚印见证着慕君毅的成长。对于慕君毅来说,人生是一场长久的历练,他在历练中不断追逐自己的理想,创造属于自己的高光时刻。

采访最后,慕君毅寄语学弟学妹:"保持警惕平淡"。慕君毅初来到大学校园的时候,对一切都充满了好奇,但是没过多久,生活便归于平淡。每天三点一线,奔走于各种社团活动、团学活动之中,并没有明确的目标。但他还保留着一份勇气,选择了参军入伍。他分享道:"到部队以后,还是面临着类似的情形,短暂的新鲜以后又重新归于平淡,我可以清楚地看到自己的未来每一天的生活,但我也没有屈服,我还有勇气,我相信等到机会到来,自然会有高光时刻。退伍回到学校后,扑面而来的其实也是平淡,但是经过军营的磨砺,我变得更加勇敢,开始突破自己的舒适圈,开始思考自己的未来,好好学习、尝试着写学术论文,一切开始变得不一样。"

勇气,于慕君毅而言是一把斩开平淡的剑,他也希望师大的学弟学妹们也能够拥有自己的一把剑,它的名字可以是"坚持""努力"或者"坚韧"。他也相信做难事者终有所得,每个人都能够拥有自己的高光时刻!

校团委

2023 年 6 月 19 日载于安徽师范大学官网

王梦琪
逐光而行　暖心护幼成长

　　王梦琪,女,中共党员,教育科学学院2018级学前教育(师范)专业本科生,教科院首届教科之星,现任学前教育本科生党支部组织委员,曾任"入党启蒙教育"培训班学生负责人、班导生、全媒体中心广播部部员。2022年安徽省普通高等学校优秀毕业生。

致力朋辈帮扶　点燃思想之火

2021年,她光荣地成为了2018级第一批党员,并担任我校唯一入选首批"全国党建工作样板支部"的培育创建单位——学前教育本科生党支部组织委员,她协助党支部书记落实支部计划,组织支部活动,成为骨干引领的扛旗人,在2021年党支部民主评议中获评"优秀"等级。

在党团工作中王梦琪得以不断锤炼党性、磨砺意志。通过朋辈帮扶,她为同学服务。通过讲述榜样故事,她传递红色声音。她担任"入党启蒙班"的先锋导员和驻班党员,组织开展理论实践"1+1"、谈话考察活动百余次,为300多名学弟学妹开展了朋辈帮扶服务。她给大一新生上"做自己的雷锋"微党课,录制"补齐民生短板——建设美好城市新天地"微团课。

关注弱势儿童　传递志愿之光

基层是最好的课堂,实践是最好的老师。4年来,王梦琪参与"暖星扶幼"、"雨花孝老"、社区防疫、新生入学和老生返校等十余项志愿服务,累计志愿服务时长超700个小时。她尤其关注儿童中的弱势群体,组建"全心全益·童心环游"线上支教团队,为马鞍山和县8名抗疫一线家庭子女和留守儿童量身定制云旅游路线,开展线上专属"旅行",团队事迹被"中国大学生在线"、中青校园报道。她参与创立"暖星扶幼"志愿团队,为"星星的孩子"孤独症儿童提供高质量陪伴和辅课指导。共计150余名学前教育专业的同学前往暖星小镇孤独症干预中心辅助教学活动。

磨炼师范本领　接力教育之棒

人生百年,始于幼学。作为一名学前教育专业的师范生,王梦琪时刻将自己看作教师队伍的预备军。她踏实专注学习专业知识,连续4年获校一等、二等奖学金。她认真夯实专业基础,苦练幼儿教师"弹、唱、舞、画"四项技能,在教科院师范生所能参加的最高级别竞赛——长三角师范生技能大赛中荣获二等奖。在大四上学期，她成功推免至南京师范大学攻读学前教育学专业硕士研究生。她也在各种文体活动中释放着自己的青春活力，获得"I·天使"幼儿故事创编大赛一等奖、"I·演说"青年演说家二等奖、"青春系列微团课"一等奖、"创青春"大学生创业大赛一等奖、红歌比赛一等奖等荣誉。

　　艰难方显勇毅，磨砺始得玉成。每个勤学苦练的夜晚，每滴压力催生出的泪水，每次灰头土脸的跌倒，都在王梦琪的奋斗青春里留下了最美的印记。她将始终坚持向美向上向善的价值追求，保持拼搏向上、奋斗进取的精神，为祖国幼教事业奉献青春力量！

学生工作处

2022年6月23日载于安徽师范大学官网

榜样师大人

李绮华

"教"灌育人之林 "技"绽绮丽之华

李绮华,女,中共党员,教育科学学院2018级教育技术学(师范)专业本科生,现任班级心理健康委员,2022年安徽省普通高等学校优秀毕业生。

自强奋斗强历练　学以致用促提升

4年以来,李绮华孜孜不倦,博学笃志,连续4年专业成绩排名第一。无论在学习上还是生活上,李绮华同学都严格要求自己,锐意追求进步,始终增强"四个意识"、坚定"四个自信"、做到"两个维护",并引领身边同学积极向党组织靠拢,是2018级首批发展的中共党员;曾荣获校优秀学生一等奖学金4次、被评为"三好学生"标兵、优秀学生干部标兵、优秀共青团员等,2021年国家奖学金、2020年朱敬文奖学金等多项荣誉,并于2022年3月被评为教育科学学院"教科之星"十佳大学生。

坚持学以致用,竞赛成果显著。李绮华同学在校期间多次代表我校参加各类专业比赛和创新活动,曾荣获2019年首届全国师范生微课大赛特等奖、2020年"iTeach"全国大学生数字化教育应用创新大赛二等奖、第14届中国大学生计算机设计大赛国家级三等奖等校级以上奖项十余项,主持省级大学生创新训练项目1项。2021年7月,入选分别由北京师范大学、华中师范大学、上海外国语大学举办的全国优秀大学生夏令营活动,与外校优秀学子研学交流、合作项目,并获得华中师范大学夏令营"优秀营员"称号。

道德示范展风采　暖心护航传温情

4年以来,李绮华关爱集体,乐于助人,有效构建学院学生的良好心理健康防护网。作为学院发展辅导站学生负责人和班级心理委员,李绮华同学在日常生活中主动关心身边同学,积极搜寻校内外可利用的心理援助资源进行"线上+线下"的介绍,曾参与开展学院心理服务活动20余次,组织学生进行心理排查30余次;在"倾听、真诚、给予爱和接受爱"这一助人宗旨的指引下,曾帮助20余名同学解决心理问题,是同学信赖的"心上人"、班级可靠的"排雷兵"和师生点赞的"服务员"。

工作交流展风采,互鉴互学促提升。2021年5月,李绮华同学在我校举办的首届心理委员风采展评中被评为"优秀心理委员"。同年11月,她入选"第四届全国百佳心理委员论坛"成员（全校仅2名），当选为首批全国百佳心理委员，并作特色工作经验分享，助力推广我校心理健康中心"1+2+N"心语系列活动。

社会实践勇担当　知行并进善作为

4年以来，李绮华热心公益，服务社会，累计志愿服务时长800余小时。课外，李绮华同学还积极参与学生工作、社会实践活动来不断提高自己的实践能力，全面发展自我。2020年8月，李绮华同学担任了校级重点暑期社会实践团队的队长，结合专业特色与优势，策划并实施了以"STEAM教育"为核心，以"动手实践"和"科技体验"为抓手的系列科创类课程，活动反响热烈，获师生一致好评，本人因表现突出被评为"暑期实践先进个人"。

强化知行并进，积极投身实践。作为我校"向阳花"青年志愿者团队成员，李绮华同学还积极参加了我校与芜湖市教育局共同开展的青年志愿者课后服务项目，为芜湖市推进落实"双减"政策贡献自己的力量！

一路成长，厚积薄发。4年的时光很短，但4年的收获颇丰，每一次经历都是一个学习交流的平台，都是一个充满机遇的平台，也是一个展示自己从而更深刻认识自己的平台。在未来，李绮华同学将以更加饱满的热情和笃行不息的态度投入学习与实践之中，努力提升个人能力与综合素质，争做每个阶段最好的自己！

学生工作处

2022年6月16日载于安徽师范大学官网

李绮华　『教』灌育人之林　『技』绽绮丽之华

胡宸琰

立可为之志 成有为青年

胡宸琰,女,中共党员,外国语学院2018级英语(非师范)专业本科生,现任校招生就业处学生助理、外国语学院本科生第二党支部宣传委员,曾任英语之角协会志愿服务部部长、"蒲公英支教队"队长,2022年安徽省普通高等学校优秀毕业生。

学无止境　夯实专业基础

　　大学四年时间，胡宸琰励志笃行、开拓奋进，奏响一曲矢志求学、躬行践履的青春强音。自进入大学以来，胡宸琰秉承严谨的求学态度，怀揣高涨的学习热情，刻苦钻研，多思好问，取得了优异的学习成绩。大学4年，她的专业成绩排名位列专业第二，2021年获得国家奖学金，先后获校一等奖学金、"三好学生"标兵荣誉称号三次，校二等奖学金、"三好学生"荣誉称号一次。她注重英语读写能力培养，分别以超过600分、590分的分数通过大学英语四级、六级考试并以"良好"等级通过英语专业四级考试。她积极参与学科竞赛，获第三十二届韩素音国际翻译大赛汉译英优秀奖、安徽省翻译大赛三等奖、"外研社·国才杯"全国大学生英语阅读比赛初赛特等奖等十余项奖项，一次性通过高中英语教师资格证笔试面试，现已被成功推免至广东外语外贸大学攻读硕士研究生。

学有所用　磨炼意志品质

　　本着对教学热爱，胡宸琰一直怀有一个支教梦，立志运用所学为孩子们带去更多知识，为孩子们插上梦想的翅膀。大一时，胡宸琰主动申请加入学院"蒲公英支教队"，坚持每周末前往芜湖市虹桥社区进行爱心支教活动。她用心备课，为孩子们拓展丰富的英语知识，辅导孩子完成各科课后作业；她陪伴孩子们玩耍，与孩子们谈心沟通，用真心帮助留守儿童敞开心扉、接纳更精彩的世界。在大二学年，胡宸琰凭借支教经验和支教热情，留队担任支教队长。她组织成员对支教活动进行革新和改进，除常规教学外，还为孩子们准备丰富的素质拓展活动，拓展孩子们的视野，发展孩子们多元的兴趣爱好，增强学习动力。此外，胡宸琰积极参加党支部及班级各类社会服务工作，在校期间志愿服务时间累计700余小时。

仁为己任　厚植为民情怀

作为人民警察的子女,为民服务的决心和使命从小便扎根胡宸琰心中。2020年的夏天,一场突如其来的暴雨袭击黄山南部的小城,县城内主河道水位猛涨,多条道路严重积水,低洼地区居民人身安全受到极大威胁。在这急需人力的紧要关头,作为新时代大学生党员,作为民族未来的脊梁,作为两名公安干警的女儿,胡宸琰向组织提出申请,志愿加入救援队,与战士们一起在防汛第一线并肩作战,尽最大努力保障家乡群众生命和财产安全。在暴风疾雨中,胡宸琰逆流而上,用"背、抬、扶、拉、推"等姿势诠释了新时代大学生的良好风貌。在一天一夜的暴雨及一线抢险工作后,胡宸琰主动加入灾后隐患排查和清理工作,来到沿河小区及受淹地区的住户家中搬杂物、铲淤泥、运垃圾,努力让居民的生活恢复正常状态。生活中,胡宸琰一直牢记党员先锋模范作用,热心公益、乐于助人,不断用实际行动传递正能量,在服务中贡献青春力量。

昨日征途漫漫,未来任重道远。作为一名外语专业学生,胡宸琰在专业领域不断夯实基础、突破自我,成为一名奋进的向学者、实践者和奉献者。在发展的道路上,胡宸琰将继续保持昂扬斗志,坚定理想信念,力争将青春奋斗融入国家发展事业当中,以语言为桥梁,传递中国声音、弘扬中国文化,为成为"有家国情怀、有全球视野、有专业本领"的复合型外语人才而不断奋斗。

学生工作处

2022年6月20日载于安徽师范大学官网

胡 恒

育"英"远航 志为乡"师"

胡恒,女,中共党员,外国语学院2018级英语(师范)专业本科生,班级学习委员,曾作为本科生代表在2021级新生开学典礼上发言,现已被推免至北京师范大学学科教学(英语)专业攻读研究生。2022年安徽省普通高等学校优秀毕业生。

筑梦　立志做乡村教师

"不学而求知,犹愿鱼而无网"。胡恒出生于农村,立志做一名乡村教师。高中毕业,她毅然选择了师范院校。追梦需要激情和理想,于是她在师大锤炼师范生素养,开启了追梦北师之旅。她勤勉上进,除了课堂学习学科教学知识,她自主学习的步伐从未停歇——每周观摩全国优秀教学课例视频,学最好的别人,做最好的自己;心系乡村教育热点问题,参与线上线下前沿讲座100余场,撰写心得笔记3万余字;研读心理学书籍,了解乡村孩童的心理特点;检索积累优质教学资源,建立个人教学档案袋……功不唐捐,在校期间她连续4年获校一等奖学金,获得国家奖学金、叶圣陶奖学金和2次国家励志奖学金,荣获省优秀毕业生、校优秀毕业生荣誉称号。

追梦　锤炼师范生素养

修学之路不止理论学习,更是实践检验。为打牢英语基本功,胡恒积极参加竞赛,获全国大学生英语竞赛B类三等奖等10余项国家级、校院级荣誉,以考促学,获国际英语人才证书。为增强教育研究能力,她主持省级双创项目,探索高中英语课程思政;为锻炼教学技能,她参加师范生教学技能竞赛,从胆怯局促到从容淡定,从院赛一等奖到外教社杯一等奖、省赛一等奖、长三角一等奖(冠军)、国赛一等奖,是指导老师日夜陪伴她迎难而上的结晶,更是她个人拼搏奋斗的结果;为使教育实习收获最大化,她在外院一间间找空教室,立三脚架,执笔试讲,不断磨课,直到满意。课后制作的学生评教问卷中有这样一道题:"这节课你最不喜欢的地方是____?"有这样一个回答:"说下课的时候。"学生的喜爱、老师的"优秀"评定,都让她坚定了追梦之路。

有一份热,便要发一份光。作为中共党员,她担任地旅学院民族班授课教师,帮扶少数民族同学提升英语;作为暑期社会实践队长,她带领团队调研疫情影响下中小学生暑期英语学习习惯,为孩子们提供建议。中国青年网的报道、校优秀重点团队一等奖、优秀调研报告三等奖、"先进个人"都是对她莫大的鼓舞。此外,她跟随"向阳花"外语支教团队前往荷塘社区支教,积极参与"乡村支教,美丽中国"捐赠项目,主动申请做长三角师范院校教师智慧教学大赛志愿者……这些经历,让她认识到教师不仅是一份职业,更是一份坚守,一份信仰!此时,种子,已茁壮成长。

圆梦 笃行不怠再出发

一分耕耘,一分收获。广东外语外贸大学、中南大学、苏州大学、南京师范大学以及她一直向往的北京师范大学都向她发起邀约。从安师大到北师大,她圆了求学之梦,但乡村教师之梦还在前方,她并未就此停下脚步,而是笃行不怠再出发。她不断提升自我,旁听外国语学院研究生课程;作为本科生代表在2021级新生开学典礼上分享自身成长经历,勉励学弟学妹们做追光的少年;还与数统学院新生、各学院师范生国赛选手、外国语学院学子交流经验。种种分享,只愿能播下一粒粒种子,就像她的老师们那样。

回首四年,从课内到课外,是她对"成长型教师"的不懈追求;从理论到实践,是她对"专业型教师"的底线坚守;从个人到他人,是她对"人本型教师"的本心认同。而从师大到师大,从乡村至乡村,则是她对"人民教师"的无限热爱,人民教师,从人民中来,更要到人民中去。敢于筑梦,不懈追梦,终以圆梦!

学生工作处

2022年5月27日载于安徽师范大学官网

胡恒育『英』远航 志为乡『师』

蔡张飞

以青春之我　砺大国之剑

蔡张飞,男,中共预备党员,体育学院
2018级社会体育指导与管理专业本科生,
2022年安徽省普通高等学校优秀毕业生。

逆境成长不忘感恩回馈

蔡张飞出生于合肥的一个农村家庭,12岁那年,家庭发生重大变故,他为了给家里减轻负担,勉强把学业坚持到初中毕业,便决定辍学打工。逆境下,他没有退缩,在老师和学校的帮助下重返校园,他深知只有努力学习,才能给家庭带来希望,就这样一步步奋力向前,最后成功考入安徽师范大学。艰难的生活让他对留守儿童有了特殊的情感。上大学后,他多次参加"五四"爱心学校志愿者服务,义务帮助社区的孩子们。暑期积极参加阳光体育爱心夏令营社会实践活动,致力于扶贫助困,坚持感恩反哺,帮助更多的贫困儿童走出乡村。当问到蔡张飞为什么会这样做时?他这样说道:"每一次支教看到孩子们就让我回想到了我的童年,渐渐地也明白了:走出乡村,不是为了远离乡村,而是为了感恩乡村,改变乡村。"平凡的语言道出了深刻的道理,他用实际行动践行新时代青年大学生的责任与担当,立起了新时代大学生好样子。

献身国防携笔建功军营

成为一名军人一直以来都是他的梦想,他想去更艰苦的地方磨炼自己。2017年8月他决定报名参军入伍,去做更加有意义的事。到部队以后,他刻苦训练、积极工作。不怕脏不怕累,以高标准高质量去干,每次训练都竭尽全力。在部队期间,蔡张飞认识到自己虽然是在和平年代选择当兵,但他坚决不做一名"和平兵",时刻要求自己居安思危,每天中午别人在休息的时候,他独自一人加强体能训练;每天晚上坚持1小时的力量训练,只有比别人更加努力,才会更加幸运。功夫不负有心人,2018年5月,他通过层层选拔参加支队第二季度"魔鬼周"集训,残酷的训练中,都是技能与耐力的比拼。无论是射击,还是器械,或者是负重奔袭,他都是咬着牙与别人比。即便在考核中,不小心从单杠上摔下来,导致双腿脚踝韧带断裂,他用自己坚强意志参加完第2天的5公里考核。因表现突出被中国军视网(中国人民解放军专业军事互联网站)、CCTV-7国防军事频道互联网传播平台报道。2年的军旅生涯中,蔡张飞从一名大学生迅速成长为一名优秀的武警战士。

学思践悟谱写青春华章

退役复学后,他保持着在部队的优良作风。每次上课都认真听讲,认真完成老师留下的作业;他从来不会无故耽误每一节课,这不仅仅是对自己负责,更是对老师的尊重。每个细节他都力求做到一丝不苟,严谨踏实。通过自己的努力,他在历次考试中成绩均列班级前茅,连续3年获得校一等奖学金,获得国家奖学金、国家励志奖学金和中国大学生新东方自强奖学金,他通过自己的努力以优异的成绩通过了大学英语四级考试以及安徽省一级社会指导员证书等多项专业技能证书,现已被推免至安徽师范大学体育学院攻读硕士研究生。他深知"学如逆水行舟,不进则退"的道理,只有不断地努力,扎实掌握专业知识技能,踏实勤奋才能取得更优异的成绩。有人说能够登上金字塔的有两种动物,一种是鹰,一种是蜗牛,但无论是鹰还是蜗牛都离不开一个字,那就是"苦",俗话说"学海无涯苦作舟",不管在以后的求学路上有多少艰辛苦楚,他坚信自己会坚强地走下去。

主动担当续写奋斗青春

2019年9月,蔡张飞退役复学归来。他积极发扬部队优良作风,继续走在为国防建设服务的道路上,主动参与我校2019级和2020级新生军训助训工作;为更好地帮助退役大学生士兵尽快适应退役后职业和发展规划,组织5名我校大学生退役士兵共同发起大学生创业项目;在担任校"青春导航"优秀大学生宣讲团成员和我校征兵大使的同时,他积极开展宣讲活动10余次,带动更多有志青年走进军营,携笔从戎。在军队,争做听党指挥、能打胜仗、作风优良的好战士;在校园,争做全面发展、有理想担当的好学生。他自觉地将人生价值与国家需要紧密融合,体现出新时代青年学生的担当与使命。

从农村到城市,从学生到军人,他的成长环境在变化,他的身份在变

榜样师大人

化,他的生活阅历在变,但他艰苦奋斗,负重前行,昂扬向上,大爱不止的初心没变。作为一名大学生,他踏实勤奋,积极投身志愿服务;作为一名军人,他忠诚勇敢,积极投身强军实践;作为一名退役大学生士兵,他初心不忘,积极投身学校国防建设。初心不忘,他一直在路上。

学生工作处

2022 年 5 月 26 日载于安徽师范大学官网

蔡张飞 以青春之我 砺大国之剑

关鑫鑫

拼搏逐梦　果言育行

关鑫鑫,男,中共党员,体育学院2018级社会体育指导与管理专业本科生,院本科生第二党支部纪检委员、班级班长;曾任本科生导生、院学生会主席、团委学生副书记,现以专业第一名的成绩被推免至苏州大学攻读硕士研究生。2022年安徽省普通高等学校优秀毕业生。

心怀热火　尽心将爱延续

鲁迅先生曾经说过："有一份热发一份光,不必等待炬火。此后如竟没有炬火,我便是唯一的光。"关鑫鑫怀有感恩国家、回报社会的远大志向,4年来长期参加各类志愿活动120余次。投身第四届中国青年志愿服务项目大赛金奖——阳光体育爱心支教行列,担任负责人连续3年投身暑期"三下乡"校级重点团队支教共计82天。积极响应"体育强国"战略号召,发起助力退役运动员职业发展志愿服务项目,得到中国红十字基金会——冠军基金公益机构资助。成为该组织成立以来的首支大学生志愿团队,3年间组织动员近50名同学服务全国千余名退役运动员,被中国青年网等媒体报道。连续2年入选校级优秀重点团队,荣获校级一等奖,个人获先进个人、冠军基金志愿服务之星称号。

特殊的成长经历让他对孤独症儿童群体有着特殊的情感,他担任团队负责人带领百余名同学深入社区关爱近50个家庭,开设篮球、舞蹈等课程,获第五届安徽省青年志愿服务项目大赛一等奖。带领团队开展绿色引航全国学生环教行动,在校内外进行环境教育宣讲50余场,事迹被人民日报等媒体多次报道,连续2年获评全国优秀志愿队,个人获优秀志愿者。入校以来,他积极投身全国青年U20田径锦标赛等国家级、省级重大赛事志愿服务20次,获评优秀志愿者5次。

青春热血　彰显担当奉献

因为淋过雨,所以他懂得为别人撑伞。作为一名特困生,他一直带着感恩的心回报社会。疫情归乡,关鑫鑫第一时间就到社区报到,他共计加入4支疫情防控青年志愿者队伍。披上红马甲在社区值班、提醒人员戴口罩、维持疫情秩序……参与抗疫工作20余次,服务2000人次。他说:"既然我们终会离开,不如以遗体器官捐献的形式,让生命得以延续,助他人重获新生。"2020年他注册为中国人体器官捐献管理中心志愿者。同时还注册为中国青年志愿者,中华儿慈会蓝信封留守儿童书信陪伴项目通信大使和联合国儿童基金会志愿者。

他一直坚持用实际行动影响身边人,担任校"青春导航"优秀大学生宣讲团成员等,累计受邀主持各类分享会近30场,使4000人次受益,他希望能为更多人带来温暖和方向。自2018年入校以来,关鑫鑫用时间见证了自己的坚持和热爱,他累计加入志愿公益组织14个,志愿时长超4000个小时,被团省委授予第十三届安徽青年志愿者优秀个人称号,被安徽师范大学授予十佳青年志愿者称号。

毛主席说:"做一件好事容易,难的是一辈子做好事。"之所以能一如既往地做下去,对关鑫鑫来说,并不是一次次的简单陪伴和帮扶,更多的是发自内心的热爱和奉献!

努力生长　绽放奋斗底色

打开关鑫鑫的个人简历,学习标兵、学生骨干、公益达人……"把优秀成为一种习惯"是他的座右铭。在校期间,关鑫鑫认真学习,刻苦钻研,连续4年学业、综测成绩专业双第一,以专业第一名的成绩被保送至苏州大学攻读硕士研究生。获得安徽师范大学十佳自强之星、"三好学生"标兵(4次)、院十佳大学生、校优秀毕业生等荣誉称号。

他善于创新,投身创业,授权1项国家实用新型发明专利,参与安徽省哲学社会科学规划课题1项,主持双创省级项目1项,连续3年获校级"双扶"资助项目结项。获第二届全国大学生体育产业创新创业大赛铜奖、华东赛区一等奖,全国大学生组织管理能力大赛三等奖等奖项103项(国家级7项、省市级11项、校院级85项),考取高中体育教师资格证、国家游泳救生员证等共计9项证书。

熟悉关鑫鑫的老师和同学都知道,他是不折不扣的榜样学长。入校以来,他先后担任校新媒体网络评论员、院团委学生副书记、院学生会主席、班级班长、本科生导生等职位14个,不断在奉献中实现自己的价值,得到老师、同学们的好评。其间参与组织活动超百场,开学典礼、毕业典礼带头布置会场,迎新生、校运会积极服务同学,用奉献把感动留给他人,累计服务同学达60000人次,所在集体获评优秀学生会、院级优秀班集体。连续三年教育评议等次为"优秀",个人获校优秀团员、优秀团干、优秀本科生导生等荣誉10次,因表现突出,他受学校校长助理邀请,为全校2020级班长作经验分享报告。个人事迹被中国青年网、中国大学生在线、中国县域经济报等主流媒体宣传报道。

关鑫鑫一直用实际行动在奉献社会的实践中实现自我价值,他把"奋斗"作为自己的代言词,在追梦的道路上奋斗不息,砥砺前行。

学生工作处

2022年6月16日载于安徽师范大学官网

关鑫鑫　拼搏逐梦　果言育行

237

刘　毅

00 后羽坛小将　国际赛场上的师大力量

　　刘毅,2018 年毕业于安徽体育运动职业技术学院,安徽师范大学体育学院 2020 级运动训练专业本科生,中国国家羽毛球队队员。曾先后获得 2022 马来西亚羽毛球国际赛、2022 越南羽毛球挑战赛、2023 世界羽联巡回赛超级 100 赛中国赛站(瑞昌)国际羽毛球大师赛男子双打冠军、世界羽联 SUPER300 法国奥尔良大师赛男子双打冠军,在国际级竞赛中获冠军达 4 次。

赤子之心不改，为冠军梦坚持拼搏

10岁进省队，18岁入选国家队，羽毛球对刘毅来说，既是热爱，也是责任。2003年出生的刘毅从小便酷爱羽毛球。7岁接触羽毛球的他，一开始只是想把打羽毛球当作业余爱好，但刘毅很快体验到了羽毛球带给他的愉悦和成就感——那是热爱的种子在心中萌芽的迹象。

十余年来，刘毅忍受着训练的艰辛和单调，在一次次的挥拍、扣击中，勇敢地、幸福地追逐自己的体育梦。天赋的种子在汗水的浇灌下很快绽放出绚丽的花朵。2019年全国青年羽毛球锦标赛团体比赛，在湖南对阵安徽的决赛中，安徽队大比分落后，年仅16岁的刘毅和搭档刘阳以21:19和21:18连胜两局，将两队大比分扳为1:1，最终帮助安徽队勇夺全国青年羽毛球锦标赛团体冠军。在安徽队的3年训练后，刘毅成功入选国家羽毛球队。进入国家队后，刘毅也是一门心思埋头苦练。"国旗的分量很重，要肩负起使命"，没有人可以随随便便成功，刘毅深知成功的背后需要的是努力和付出，唯有汗水才能担得起国旗的分量。

走进师大校园，在奋斗中茁壮成长

2020年9月，刘毅考入安徽师范大学2020级运动训练专业。步入校园，刘毅没有放松对自己的要求。在努力提高自己的竞技成绩的同时，他也面临着繁重的学业压力，对他而言，平衡学习和运动训练之间的关系也是一个难题。"近几年随着国家队征战各种赛事，在校的学习和课程，一直是靠学院老师在比赛休息期间给我授课和考试，学习是稳步进行。"在完成训练和比赛任务之余，刘毅坚持完成学业和考试任务，各门课成绩均为优秀。刘毅还将运动训练的理论方法运用到实际训练中去，让学习和运动相互促进，相辅相成。在安徽师范大学学习期间，刘毅在各大比赛中屡次夺冠，被国羽寄予厚望，他也始终把师大作为自己坚强的后盾。

刘毅在采访中表示："想让所有人看到中国男双的水平，既然踏入赛场就要为祖国和人民增光添彩，能够代表国家站上领奖台是一种莫大的荣誉。"2022年，经过不懈努力，刘毅迎来国际赛场首秀，在东南亚四站赛中，首次踏入国际赛场的刘毅便斩获两连冠。在2022年马来西亚羽毛球国际赛、2022年越南国际羽毛球挑战赛男双决赛中，刘毅和搭档陈柏阳分别战胜马来西亚和菲律宾组合夺冠，这对00后国羽小将惊艳国际羽坛。2022年3月，刘毅和陈柏阳携手出战世界羽联中国瑞昌羽毛球大师赛，在男双决赛中以2∶1击败马来西亚组合，获得生涯首个超级赛男双冠军。2023年4月，世界羽联SUPER300奥尔良大师赛在法国展开了决赛的最后争夺，连续征战的刘毅克服长途奔袭的疲劳，一路从资格赛过关斩将，闯入了最后的男双冠军争夺战，最终以2∶0击败去年全英公开赛男双冠军、印尼强档菲克里/毛拉纳，首次登顶SUPER300级别的男双冠军，这是本次赛事国羽获得的唯一一枚金牌。由于在国际赛事的出色表现，刘毅被寄予厚望，被誉为"希望之星"。而出彩的背后，是刘毅日复一日的奋斗和努力，是刘毅用热爱和汗水浇灌出的胜利果实。

"当听到国歌响起的时候内心是充满自豪的，其实站在领奖台上的那一刻是蒙的，兴奋到什么都忘记了。但是走下领奖台就是从零开始，我还要更加努力训练，争取在后面更高级别的赛事上站上领奖台。"年少成名的刘毅并不骄傲，面对如此优异的成绩反而是更加谦卑。"我现在的成绩还不是特别好，还有一大段距离，这才是刚开始，我还有很长一段路要走。"刘毅对于自己未来的学习与训练有着明确的目标和规划。在学习上，他表示希望在师大继续读研，努力学习，提升自己的专业理论知识。在训练上，他说自己短期的目标是希望能出现在奥运会赛场上，长期的目标则是拿更多的冠军。

不忘使命初心，坚守信念回报社会

作为一位在校大学生，刘毅时刻怀有感恩之心，不忘回报社会。他总会抽出训练和学习之余的时间，参加各类主题教育、公益活动。在"学习宣传贯彻党的二十大精神"主题教育活动中，刘毅随所在国羽队前往雅安宝兴红军长征翻越夹金山长征纪念馆，参观学习伟大长征精神。通过微课堂进一步学习了党的相关知识，体会长征精神，缅怀革命先烈，增强爱国意识。把从伟大的长征精神中汲取的能量，转换为日常训练的动力。刘毅希望在未来能够登上奥运会的领奖台，让世界看到我们"中国精神"的磅礴伟力！

热爱可抵岁月漫长，这句话在刘毅身上体现得淋漓尽致。"我能坚持这么久，大部分还是因为热爱这项运动。我从小就特别喜欢羽毛球，直到现在也还是一样。因为热爱，才会让我有继续钻研羽毛球的动力。"成为一名运动员的道路从来都不是一帆风顺的。一次又一次的比赛中，他克服困难并取得瞩目成绩，在这无人知晓的背后，更多的是训练的艰辛，"我相信这些困难都会为我的成功铺路。欲戴其冠，必承其重。"

"希望一切为之努力的事情都有好结果，把握当下，珍惜在师大学习、生活的机会，不要给青春留下遗憾。"这是刘毅给学弟学妹们送上的寄语，这既是刘毅的祝福，也是他对自己的期许。

校团委

2023 年 6 月 19 日载于安徽师范大学官网

刘　毅　00后羽坛小将　国际赛场上的师大力量

潘志成

映"新"时代 "传"媒体魂

潘志成,男,中共党员,新闻与传播学院2018级摄影专业本科生,任班级班长,2022年安徽省普通高等学校优秀毕业生。

转思维　在多份任职工作中成就自己

班级班长、摄影协会主席、校长助理，这些都是潘志成身上的任职标签，不同于一些人在"学习与任职工作如何两全"中苦恼，他积极在工作中汲取个人成长的经验，在工作中找到与专业学习所契合的内容。"于我而言，或许我一直在思考如何在每项工作中发挥这个职位的作用，帮助我的专业提升。担任校长助理，让我提升了统筹与沟通的能力；担任摄影协会主席，是在本专业的平台上让自己的能力得到拓展；担任班级班长，是让我更理解待人接物和组织群体。"学习和工作不是矛盾的，与其苦恼，不如寻找突破口，成就自己的价值。

练代学　在坚定方向后突破自我

与很多人一样，刚进入大学的潘志成对摄影专业、对自我都没有清楚的认知，辅导员的指导和专业主任的一句"以赛代练，以练代学"让他意识到，专业竞赛是他努力与实践的赛道。从大一到大三的3年里，潘志成收获了全国高校数字艺术设计大赛一等奖等国家级奖励19项、安徽省大学生摄影作品大赛一等奖等省级奖励20项、"互联网+"一等奖等校级奖励76项。

"我觉得，参加这些比赛就要先采取海投战略，然后就是要在多尝试中探索出自己最擅长的方向，并致力于把它做精。在探索中，了解各类比赛的异同，抓住时代特点并与比赛命题相结合。在创作时，也要考虑评委群体的观点取向。"成功的果实从来不会属于一个盲从者，也不会属于一个空想家，用脑子学、用心去做、用实践去打磨精品，潘志成在求索的路上一直在践行这三点。

俯下身　在扎根泥土中奉献自我

2020年是不平凡的一年，而潘志成也在这一年实现自己的一次"飞跃"。2020年初,新冠疫情暴发,他主动参与家乡疫情防控宣传工作,担任志愿者。2月的暴雪天气,早上六七点钟他就扛着摄像机出了门,双手冻得发紫。深入隔离病房救护现场,与医护人员同吃住,接援鄂医疗队回家……他用镜头近距离记录抗疫的历史瞬间,事迹被人民网、中国新闻网、安徽日报等媒体报道20余次。

"只有离得近,才能拍得真。"2020年7月洪水泛滥,王家坝闸打开,濛洼大地变为一片泽国。潘志成牵头组建实践团队第一时间赴王家坝开展志愿服务、进行深入调研,与武警官兵、当地百姓同吃住。7月的炎热天气,太阳毒辣,潘志成被晒得皮肤黝黑,褪了一层又一层的皮。但一位阜南老乡手写的感谢信,让他觉得一切辛苦都是值得的,让他更加意识到摄影人的使命就是为人民奉献、为时代记录下更多真实的美丽诗篇。

如果要用一条线来比拟潘志成4年的成长,他想用一根在不断上升的直线来形容;如果要用一个形象来概括潘志成4年的经历,他想用不断攀升的信号格来形容;如果把大学4年当成一张试卷,他想给自己打60分,在保持自谦的同时,感恩学校、学院、老师、同学每一方给予的十分关心。

大一、大二时的他听到"自强之星"跟很多人的想法一样,可能家境的影响占比大,但当他在二食堂对面的宣传栏里看见"师大骄子"十佳大学生、师大"自强之星"的事迹的时候,他受到了震撼,同时也有了很多思考。他用手机把一位优秀前辈的资料拍下,以他们为榜样鞭策自己,努力成为一个更加强大的人。当他在2021年评选上"师大骄子"十佳大学生、师大"自强之星"和中国大学生"自强之星"的时候,他领悟到"自强"就是让自己的价值能够最大化体现,自己能在时代的奔腾发展中发光发热。

前路漫漫亦灿灿,师大4年的学习生活,是潘志成树理想、长本领、勇担当的4年。他也深刻认识到唯有真学真练、成长成才,才能不负韶华。未来他也将不懈努力,让青春在为祖国、为人民的奉献中焕发出绚丽光彩。

学生工作处

2022年5月30日载于安徽师范大学官网

榜样师大人

244

郭 昊
在文化自信中向世界展示中国之美

郭昊,中共预备党员,安徽舒城人,高中毕业于安徽省舒城中学,现为安徽师范大学新闻与传播学院2020级网络与新媒体专业本科生,安徽省第十五次团代会代表,2022年度安徽省大学生年度人物,获得第十七届全国大学生年度人物入围奖。2022年6月,《篮球少年》被时任外交部新闻发言人赵立坚点赞转发。2022年7月,《清晨宏村》视频被人民日报国际官方账号全平台转载,获共青团中央点名表扬。2023年1月,《塔川秋色》《千里江山图》作为国家文旅部对港澳台地区推广安徽的作品向外推广。2023年两会期间,《千里江山图》入选双语中国风宣传片向全球展播。他用镜头讲好中国故事的事迹被中央电视台、中国青年报等媒体报道,为当代青年大学生在国际平台讲好中国故事树立了榜样。

于实践中坚定青年自信

郭昊与航拍的缘分起于高中语文课堂上播放的一部纪录片——《航拍中国》。辽阔的疆土、绵延的山脉，从碧水青山到古街小巷，《航拍中国》用镜头展现出的生命律动在郭昊心中埋下了航拍的种子。

"70后、80后、90后、00后，他们走出去看世界之前，中国已经可以平视这个世界了。"2021年，习近平总书记的这席话，打动无数国人的心，也同样打动着时为大一新生的郭昊。他问自己："平视这个世界的新一代，底气从哪里来？"最终，他选择在实践中找寻并坚定"平视世界"的自信。

进入师大后，郭昊选择成为一名新闻传播工作者，他立足校园，奔走在学校的各种活动中，记录属于师大人的青春记忆。他走遍安徽大小山川，追寻秀丽奇峻的风景。在这期间，他不断学习相关理论知识，踊跃参加实践活动，汲取经验，提升拍摄能力，磨砺品性。在日复一日的积累中，他对航拍也有了全新的理解："前期拍出来只是觉得好看想要拍出来，想要记录，后来拍出来是希望更多的人可以看到，更想传播。因为视频不仅是一帧帧图画，更饱含着情感和温度。"

于传播中展现文化魅力

"坚守中华文化立场，提炼展示中华文明的精神标识和文化精髓，推动中华文化更好走向世界"是党的二十大报告中对文化事业建设提出的要求。郭昊也无疑是执着的践行者。

2022年暑假，郭昊参加了安徽师范大学组织的赴黄山"调研黟县非遗，弘扬徽派文化"暑期社会实践活动。在实践活动期间，郭昊为了拍到心目中的水墨江南，他早早拟定了计划，先学习、了解宏村的历史文化，然后反复使用无人机起降观察，研究最好的拍摄机位并且时刻观察气象变化。最后，他选择在7月10日的早晨5点30分日出的时间升起了无人机。江南日出的瞬间、恰到好处的晨雾、意想不到的"丁达尔光线"，构成了一幅人与自然和谐共生的《清晨宏村》。当晨光穿过云雾，被分割成一缕缕的光线照在宏村之上,一幅人与自然和谐共生的画面徐徐展开。视频发布1周内全网累计播放量突破3亿,被人民日报国际官方账号在Twitter和Ins等全平台转载。2023年两会期间,该视频入选双语中国风宣传片向全球展播。网友惊呼:"这是来自东方的神秘力量!"

于勤勉中厚积发展根基

成功的背后离不开经验的积累。"其实,你们看到的视频只是我所拍摄过的一千分之一,甚至几千分之一。偶尔我也有想要放弃的念头,但是看着天气好,光线合适还是想出去拍拍,可能还是因为热爱吧!"郭昊的作品之所以会火,除了优秀的拍摄技巧、辛勤的努力,更重要的是作品中饱含全身心投入的情感。他说:"我觉得获得成功还是因为我的作品里有更多的感情,我很爱我的家乡,爱我们的文化,就想把它们最好的样貌展示出来,所以和其他的视频比起来就会有不一样的感受和不同的审美角度。"

讲好中国故事,除了会用镜头记录,更要有扎实的专业知识。郭昊先后获得中国电影基金会"全民国防教育"公益片特等奖、教育部"悦读青春"特等奖、新华社"寻找中国之美"大型新媒体互动征集活动一等奖等多个省级以上奖项。自2022年以来,他还获得第十七届全国大学生年度人物入围奖、安徽省大学生年度人物、安徽省大学生自强之星标兵、安徽省优秀共青团员等称号,并担任安徽省第十五次团代会代表,认真履职。

于行走中展示青年力量

"行是知之始,知是行之成。"郭昊始终将著名教育学家陶行知的话记在心间,用一部部有力的作品,阐释着对这句话的理解。

1年多来,郭昊将镜头对准安徽地域文化,聚焦安徽乡村振兴发展。他将目光聚焦在家乡舒城,为了拍摄万佛湖的风光,郭昊多次凌晨两三点独自一人背着设备到处踩点,直到找到合适的机位。当万佛湖的风光出现在他的镜头中,更像是一幅写实的《千里江山图》,层层叠叠的山峦,青绿千载,山河无垠,千里江山在他的视频中活了过来。2022年9月,在安徽省文

郭昊 在文化自信中向世界展示中国之美

化和旅游厅举办的安徽文旅线上推广大会上,《千里江山图》荣登安徽文旅推广作品榜首,并且成为安徽省文旅厅主导的话题"美好安徽Dou起来"中影响力最大、传播度最广,推介安徽文化最有代表性的一部作品。除此之外,《非遗鱼灯》《塔川秋色》《清晨宏村》等多部反映徽派文化中人与自然和谐相处理念以及中华优秀传统文化的作品也取得了巨大的成功。

谈及未来,郭昊更是胸怀壮志:"独行快,众行远。我希望可以发挥自己的力量集结更多的新媒体爱好者,带动更多的人拍出更优质的视频。除了展现美丽安徽,我也积极从邻近的省份中探索,争取拍遍全国,讲好中国故事,向世界传播中国之美。"

时代昂扬向上的轨迹,也是中国青年积极向上进取的轨迹。郭昊坚持脚踏实地,以激情拼搏之姿响应时代号召,于实践中坚定青年自信,于传播中展现文化魅力,于勤勉中厚积发展根基,于行走中展示青年力量。他说:"未来我将始终坚持以人民为中心的创作方向,怀抱梦想又脚踏实地,在文化自信中向世界展示中国之美,传递中国声音,讲好中国故事!"

校团委

2023年6月19日载于安徽师范大学官网

榜样师大人

李正书

做数梦青春的 π 递者

　　李正书,女,汉族,安徽淮北人,中共党员,数学与统计学院2018级数学与应用数学专业学生,现任2018级数学与应用数学专业2班团支书、数学与统计学院本科生第二党支部宣传委员、校第二课堂运营中心主任,已通过研究生支教团推免至本校继续深造。荣获芜湖市优秀科普志愿者、校优秀学生干部标兵、三好学生、暑期社会实践先进个人、优秀团干、"爱暖师大"十佳志愿者称号。积极参与社会实践和志愿服务,作为暑期社会实践校级重点团队队长,带领团队获全国"百强公益项目"。作为团支书带领团支部获评"全国活力团支部"称号。作为宣传委员,所在党支部获评"全国样板党支部"。

专业与技能双开花

在日常的学习生活中勤奋刻苦,李正书连续四年获校一、二等奖学金、叶圣陶奖学金、华是奖学金,荣获优秀学生干部标兵、"三好学生"荣誉称号。通过第二十四届"研究生支教团"被推免至本校继续深造。作为师范生,她不断磨砺技能,获"长江三角师范生技能大赛"三等奖、"全国大学生微课制作大赛"优秀奖、"安徽师范大学第十七届师范生教学技能大赛"一等奖。成功申请国家级创新创业项目1项:《地摊经济高质量发展前景与研究—— 以长江经济带为例》,参与建模"安徽师范大学心理预警模型",获"全国大学生数学建模竞赛"三等奖、校"大学生职业生涯规划比赛"三等奖。

党建与团建双结果

"纸上得来终觉浅,绝知此事要躬行"。作为团支书,李正书积极做好班级团建工作,带领同学们组织举办特色团日活动70余次,如"雷锋精神伴我行"户外团日活动、"让青春在民族复兴中飞扬"主题团日活动等,号召同学们共同投身到志愿服务之中。她带领团支部先后获国家级、校级奖6项:"全国活力团支部""优秀团支部""五星级团支部"等。同时,作为"青春领航"学生代表,她深入十余个班级开展志愿宣讲,累计服务1000余人次。

作为学校第二课堂运营中心主任,她专注贯彻落实二课"以实践育人为载体,以服务大家为宗旨"的工作理念,举办"挑战杯"大学生创业计划竞赛校级选拔赛、"三字书法"大赛等比赛,进行全校第二课堂素质拓展学分审核。疫情期间,她带领第二课堂运营中心委员,配合学校进行核酸检测,响应号召冲锋抗疫前线,担当核酸检测志愿者,累计服务上万人次。

"党建带团建,团建促党建"。作为学生党员,她发挥带头模范作用。作为志愿者,她协助"智慧课堂"参赛教师完成课堂教学任务;她深入贯彻落实石榴籽计划,关心和帮助新疆室友一起成长;组织班级同学平稳完成宿舍搬迁任务;担任入党积极分子培训班班长,并获得党校优秀学员称号。作为党支部宣传委员,她积极做好支部的宣传工作,所在党支部获评"全国样板党支部"。

需求与志愿双融合

　　社会实践是大学生思想政治教育的一个重要环节，也是磨砺专业素养的重要平台。作为数梦青春的π递者，李正书走进科技馆玩起数学嘉年华，走进中小学与社区弘扬数学文化，实践期间服务公益课堂活动50余次，累计服务大众人数达1000人次，服务时长达到500余小时。她录制了35G线上公益课堂视频，并得到安徽师范大学与芜湖市科技馆的肯定，获得10余项荣誉。为了响应国家"停课不停学"的号召，她将最便捷的学习资源π递给广大学生，并担任暑期社会实践队长，带领云端公益教育实践团队获全国"百强公益项目"。

　　"数学π递"经过一届届地传递，不断丰富内涵。她带领团队在"数学π递"基础上打造"蜜糖π递"，关爱唐氏综合征患儿唐宝宝。志愿服务就是用一颗心去温暖另外一颗心。团队成员们在孩子们稚嫩的脸上看到了灿烂的笑容，他们小小的身体里载满了大大的能量，他们同样热爱着生活和美好的明天。"蜜糖π递"入围感动师大校园精神文明十佳事迹，获第五届青年志愿服务项目大赛省级一等奖、国家级银奖。

　　过去4年，在各个场景都留下了她参与志愿服务的身影：在周末前往春江绿岛社区公益讲课，辅导学生作业；前往李巷社区关爱老人，给他们带来温暖；在易班举办的"榜样力量·青春领航"优秀学子"云端"分享会中，担任志愿主持人讲述榜样的力量；在芜湖作为东道主举办的G60科创走廊会议中，作为学校代表志愿者，协助此次会议顺利圆满完成。

　　习近平总书记曾经说过，"当代大学生要志存高远，脚踏实地，勇于到基层一线和边远地方去，善于在平凡的岗位上创造不平凡的业绩"。正是在这一光辉理念的指导下，李正书加入研究生支教团，"用一段不长的时间，去做一件终生难忘的事情"，在明年的夏天奔赴祖国的西部支教，将数梦精神π递给大山里的孩子们。

学生工作处

2022年6月20日载于安徽师范大学官网

李正书　做数梦青春的π递者

陈　曦

勤学苦练　金牌师范生的养成之路

陈曦,女,2019年毕业于南京金陵中学,现就读于安徽师范大学数学与统计学院,在校期间成绩优异,担任团支书一职,专业学习成绩名列前茅,获一、二等奖学金,连续获得优秀学生干部标兵、优秀学生党员、优秀团干部等荣誉称号,曾多次在师范生技能大赛中荣获一等奖,获国家级、省级学科竞赛奖励共计5次。在第八届"田家炳杯"全国师范院校师范生教学技能竞赛中,以数学组全国一等奖第1名夺冠,创下我校在该项赛事中的最好成绩。

在积累中夯实金牌师范生基础

作为一名师范专业的学生,陈曦始终有着明确的目标和自己对于师范生的理解。"我觉得师范生要成为教育理论和实践的双向构建者,用知识的全面掌握和深刻理解来充实自己。"教书育人、立德树人,一直是陈曦成长路上所追求的一个目标。"我们为什么会说,师范生学高为师,身正为范?因为在对学生传授知识的过程中,一个有理想有担当、有扎实而又全面的综合素养的教师,对于学生的影响非常大。这要求我们不仅有良好的专业知识,更要有优秀的师德品质。"

除此之外,在金牌师范生的养成之路上,陈曦也认为自己需要在前进的道路上不断突破。"从大一开始,从师范生技能培训、教具设计大赛到数学 π 递思维训练课程比赛,从师范生的"三字一话"、教师资格证备考到 GeoGebra(动态教学软件)各类教学软件的使用。经历了许多挑战,克服了许多困难,也为成为一名优秀的师范生打下了坚实的基础,我觉得这一路走过来是比较踏实的。"

在苦练中砥砺金牌师范生养成

作为国家一流本科专业创建单位的数学师范生,陈曦积极响应"基础教育振兴行动计划"的要求,先后斩获校师范生技能大赛一等奖第1名,安徽省师范生技能大赛一等奖第1名,长三角师范生教学基本功大赛一等奖第1名。在第八届全国"田家炳杯"师范院校师范生教学技能竞赛初赛中以全国第1名的成绩晋级决赛,以数学组全国一等奖第1名夺冠,创下我校在该项赛事中的最好成绩。

完整训练时长超420小时,院内模拟比赛10余次,磨课长达185小时,教学设计12000余字。数字之下被隐去的是时间的沉淀,经验的积累。备赛之路漫长又艰难,陈曦对一堂课的设计有着异常严苛的标准,她精益求精,无数次地打磨,要求自己用更严谨的语言去表述,去讲解、钻研教材。

陈曦偏向于用情景导入的方式增强学生的体验感。她坚持以学生为中心去设计一些有效的问题来引导学生思考从而导入模型。但是除了传统教学，陈曦在教学方法上还有一些创新设计令人眼前一亮，比如在准备椭圆标准方程的教学中，考虑到更便于学生理解，她会利用教学软件去制作出用一个平面去截圆锥的过程，通过观察截口曲线的形状来研究圆锥曲线。通过Java把它设计成动画，让它有更好的视觉效果。不仅能更好地体现数学文化，也能让学生直观地去感受数学的魅力，可以说此时的她不仅仅是作为一个师范生，更是换位思考将自己代入了学生的角色，以学生为中心展开教学。

一份令人满意的课堂设计需要多少投入，陈曦用自己的行动给出了答案。是在重复中重拾初心，是在基础上不断创新，是在有限匮乏的资源里杀出重围。或许在她心里没有一份完美的课堂设计，她总觉得自己可以准备得更充分，更早一点。

对于今天所取得的成绩，陈曦始终心怀感激和庆幸，她说："我特别感谢学校能够给予我们一个又一个登高望远的阶梯，让我们有能力，更有底气在更高的舞台不断成长。"她始终在前进之路上完善自我，在夺冠之路上杀出重围，在备赛之路上砥砺前行。

在奉献中贡献金牌师范生能量

从服务全校新生早锻炼"晨起大作战"的工作人员、"蜜糖π递"关爱唐氏综合征儿童志愿服务的爱心使者到疫情防控志愿者，她累计开展爱心家教500余小时，志愿服务时长超1000小时，获评南京市"最美志愿者"。谈及那段令她难忘的志愿者经历，陈曦用了"治愈"、"力量"、"传递"来概括。

"很多事儿并不在于我们坚持了多久，而是在比较艰难的时候依然选择了坚持。"在4年的成长间，这一句话陪伴着陈曦走过了漫长的奉献岁月，她依靠在志愿服务中收获的那些温暖，一路前行。

在医院帮忙打印检查报告单，是陈曦志愿服务的工作内容。在这份看似简单，但重复性强且枯燥的工作中，陈曦帮助存在文字障碍、语言沟通障碍的病人解决了很多问题，每一次收获求助者的感激，陈曦都视作对生活的一次充电赋能。"完成好这件小事，然后得到别人由衷的感谢，我感觉很快乐。"

志愿服务工作也让陈曦坚定了真正以教书实现育人的理想。在寒暑假期与周末时光,陈曦总是给小朋友们提供辅导或赶赴外地进行支教。孩子的笑容是温暖的太阳,点亮了陈曦的生活。每次给孩子们授课,她总是提前做好备课工作,将课堂视作她的舞台。给孩子讲解问题,她会选择贴心地俯下身去,指着题目逐字逐句解读。在孩子眼里,陈曦不仅是他们的良师,更是贴心陪伴他们成长的大姐姐。"我是带着很多人的善意一路走到今天的,也希望今后能够把温暖传给更多的人。"

采访的最后,陈曦寄语学弟学妹们:"你尽管去做,未来自有答案。我们第一次走进校园的时候,第一次做自我介绍的时候,第一次看见学校日出的时候,第一次努力争取的时候,一颗种子就已经悄然埋下。在4年后的今天,有的种子开出了漂亮的花,有的种子结出了饱满的果实,有的种子已经长成了参天大树,它们的模样各不相同,但它们都在肆意生长,这就是我们五彩斑斓的青春。"愿我们都能够不负青春,放肆生长!

校团委
2023年6月19日载于安徽师范大学官网

陈　曦　勤学苦练　金牌师范生的养成之路

胡申奥

挺膺担当　在奉献中激扬青春

胡申奥，男，中共党员。计算机与信息学院2019级计算机科学与技术专业学生。曾任芜湖市湾沚区阳光社区兼职团委副书记、计信学院学生会主席团成员、团委委员。安徽师范大学2023届优秀毕业生。

甩开膀子，做"疫"往无前的防疫者

他热心公益，累计参加志愿活动60余次，其中市级志愿活动10余次，志愿服务时长近1000小时，服务居民50000余人次，获评滁州市"最美儿女"称号，团队服务事迹获中国青年网、安徽广播电视台等数十家媒体报道60余次。

滁州市疫情期间，他成为社区首批志愿者，从凌晨三四点钟开始，完成社区近6000名居民的核酸采集工作。在组织一声令下，他奔赴芜湖市湾沚区全员核酸采集现场，配合社区完成近6000人的核酸采集工作，在疫情防控工作中贡献自己一份力量。

寒假返乡，得知火车站需要志愿者，他第一时间报名参加"暖冬行动"。在火车站志愿服务中，对来往人员进行测温及安康码检查，为乘客提供咨询服务，助力春运有序进行。他还发挥书法特长，用笔墨书写心声，声援武汉，作品获安徽师大共青团公众号宣传，以绵薄之力，共克时艰。

迈开步子，做春风化雨的教育者

他立足家乡，积极参加滁州市团委的各项活动。在滁州市实验小学报告厅给超过400名学生就垃圾分类和个人卫生等问题进行科普，提倡保护环境；在文昌花园大讲堂给超过300名中小学生义务授课，讲解文化民俗等方面知识，倡导弘扬传统文化，因表现突出获得社区好评。

他走向农村，作为团队队长，带领团队前往安庆市岳西县琥珀村进行少儿编程支教活动。团队服务儿童50余人，制作授课教案45份，人均实践127小时。因表现突出，团队获安徽师范大学暑期社会实践优秀重点团队二等奖，胡申奥获评"优秀个人"称号，所撰写的调研报告获"互联网+"大学生创新创业大赛校级二等奖。

胡申奥　挺膺担当　在奉献中激扬青春

撸起袖子，做传统文化的宣传者

倡导勤俭节约。他参加滁州市"厉行节约 反对浪费"荧光夜跑主题活动，以体育运动的方式宣扬社会主义核心价值观、倡导文明用餐等风尚，吸引附近居民3000余人参加。

传承传统文化。他依托赭麓书画社"徽风皖韵"培训班，开展软笔书法义务授课，服务同学近百人；参加滁州市"迎新春，送祝福"活动，以写对联、送对联等方式展现传统艺术魅力，辐射周围居民近2000人。

弘扬传统民俗。他参加安徽省"村晚"活动，协助现场民俗表演节目展示，进行直播讲解，普及相关传统民俗，直播全程近50000人观看，点赞超20000次。

情系文明家园。他参加滁州市文明城市创建活动，给居民耐心讲解相关政策。在夏日午后，他头顶烈阳，入户宣传200余户；在菜市场等地发放宣传单，助力家乡文明建设。

沉下身子，做接地气的基层工作者

他参与芜湖市首批"青耘计划"（仅14人入选），成为湾沚区阳光社区学生兼职团委副书记，在社区参与社会治理、文明创建、青年发展等工作。

他结合专业贡献力量，工作期间，对社区的计算机设备进行维护；他和社区工作人员合作，进行Office使用技巧教学，帮助他们提高办事效率。他与同学合作，就本次志愿活动的所见所闻，撰写1篇资政报告，对湾沚区新丰村乡村文旅业的发展提出自己的看法和建议，助力乡村振兴；他还介绍湾沚区企业参加学院春季双选会，助力校企合作。

他关心老人身心健康，克服方言交流困难，和社区同事合作完成近300名老人的国家医保服务平台的注册和人脸检测工作；疫情严重时，入户为社区的老人宣传防疫政策，关心独居老人生活情况；帮助社区菜市场进行卫生检查10余次，确保居民的"菜篮子"安全。

他为旅游发展献言献策，为湾沚区龙尾张村设计海报，提出的湾沚镇春季旅游节创意被采纳。他在新春座谈会上作为"青耘计划"志愿者代表，分享近3个月来转变角色、融入基层、搭建桥梁、开展工作的收获与体会。

虽然他所做志愿活动都是一件一件小事，但初心易得，始终难守。从滁州到安庆再到芜湖，他挺膺担当、奉献社会的初心不变。作为青年党员，他争做"一颗永不生锈的螺丝钉"，哪里有需要就"钉"在哪里，在奉献中激扬青春，书写新时代雷锋故事，做新时代好青年。

学生工作处

2022年6月载于安徽师范大学官网

胡申奥 挺膺担当 在奉献中激扬青春

解　谦
秉承"学创精神"扬帆起航

解谦,男,中共党员,物理与电子信息学院2018级电子信息工程专业本科生,现任班级组织委员,注册青年志愿者,中国自动化学会会员,曾任电子爱好者协会副会长,2022年安徽省普通高等学校优秀毕业生,现已被保送至西安电子科技大学攻读硕士研究生。

专心学习 志做专业"排头兵"

本科阶段,解谦深入地学习了电子信息方面的理论知识,学习成绩在专业始终名列前茅。大学前3年,综合测评成绩专业排名第4名(4/103),连续3年获校级一等奖学金以及校"三好学生"标兵荣誉称号。在校期间,累计获"沐坤"创新奖学金、"思源"专业奖学金等校院级和社会奖学金6次。

用心比拼 争当竞赛"领头羊"

4年来,解谦十分注重对自身综合实践能力的培养,多次在国家级和省部级A类竞赛中获得优异成绩。累计获得国家级奖项7项,省级奖项10余项,校级院级奖项20余项的优异成绩,他曾在校创建"破风者"创新实践团队,并带领团队参加"全国大学生智能汽车竞赛"。该团队在2019年暑期与众多高校的参赛团队在全国总决赛的赛场上同台竞技,并最终斩获第十四届全国大学生智能汽车竞赛国家级二等奖(全国次高奖项),破我校同年级历史最好纪录。2021年,解谦以个人形式参加了"蓝桥杯"全国软件与信息技术专业人才大赛。比赛中不乏国防科技大学等知名强校的对手,经过3个多月的备战,他以小组第二的成绩成功晋级全国总决赛,并最终摘得国家级奖项,实现了学院在该项赛事国家级奖项"零"的突破。2022年暑期,解谦带领"破风者"团队参加中国工程机器人大赛暨国际公开赛,与清华、北大、东南、哈工大等传统强校同台竞技,这也是我校历史上首次实现走上全国乃至国际机器人竞赛,最终在全国总决赛的赛场上斩获国家级二等奖的优异成绩。

此外,解谦还曾获得第十五届全国大学生智能汽车竞赛省级二等奖、2021年安徽省机器人大赛省级二等奖、2019年全国大学生电子设计大赛省级奖项以及第五届"百度"深度学习训练营优秀学员证书等各类奖项20余次。

解谦 秉承『学创精神』扬帆起航

潜心钻研　争当科研"代言人"

通过理论学习和实践锻炼的结合,解谦逐渐形成了良好的专业素质、较强的科研潜力、规范的学术思维以及吃苦耐劳的科研精神。曾主持1项国家级"大学生创新创业计划项目",并发表国家级相关成果3篇。

其中,主要成果包括:国家级期刊发表论文《非接触式红外温度检测系统的设计与实现》;核心期刊投稿论文《基于BP神经网络的超短电磁前瞻导航系统》;以及1个国家级实用新型专利,名为《一种用于社区疫情防控的智能门禁装置》,现已获得授权。

尽心服务　勇为志愿"先锋者"

作为一名中共党员,解谦始终牢记要让青春在奉献中增光添彩。2020年,在物电学院新生开学典礼上,他曾作为院学生代表分享个人学习和实践经验,树立了良好的模范先锋形象。

作为学院导生和班级组织委员,解谦致力于学院迎新科技作品展,所在班级荣获校级"十佳班集体";作为电子爱好者协会负责人以及注册中国青年志愿者,他曾带领协会斩获"社区科技站"志愿服务项目大赛全国银奖,"金苹果科普宣讲"获全国红十字总会立项,该协会荣获校"十佳社团"荣誉称号。

美好的大学生活,培养了解谦科学严谨的思维方式,更造就了他锐意进取的创新意识。未来光辉明亮,解谦愿意秉承着"用汗水浇灌梦想,用吃苦装点青春"的理念,脚踏实地,一步一步坚定地走在发扬"学创精神"的道路上,努力奋进,为更好的明天储备力量,为回报社会做好准备!

学生工作处

2022年6月13日载于安徽师范大学官网

榜样师大人

262

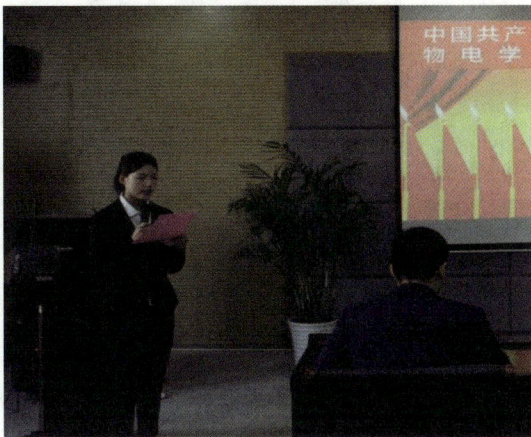

王竹林

打"通"爱心隧道　坚持"信"善致美

王竹林,女,中共党员,物理与电子信息学院2018级通信工程专业本科生,现任班级团支部书记,曾任院团委学生副书记、组织委员,校学生会委员。2022年安徽省普通高等学校优秀毕业生。

锤炼党性修养 践行初心使命

王竹林深知思想是行动的基础，保持个人的先进性首先就要保持思想的先进性。她努力进取，一满18周岁就递交入党申请书，成为班级第一批加入中国共产党的优秀青年，并在2021年度民主评议党员中被评为优秀等次。她是学院"党史青传"宣讲团成员，常常走进学院党课培训班和班级进行宣讲。她积极带头申请担任运动会、迎新生活动和宿舍搬迁的志愿者，发挥着朋辈的传帮带作用和党员的模范带头作用。她始终以优秀党员的标准严格要求自己，见贤思齐，矢志不渝。

立足学业之本 夯实专业根基

在师大的成长经历中，王竹林认真学习专业知识，积极参加学科竞赛和素质拓展活动。她先后获得3次校二等奖学金、1次校三等奖学金、"沐坤"创新奖学金，被评为优秀团员、暑期社会实践先进个人。获得"挑战杯"竞赛安徽省银奖、"中国创翼"创新创业大赛芜湖市二等奖、Office技能大赛校一等奖、"金苹果"科普知识竞赛二等奖、"426"专利知识竞赛三等奖、"青春创意秀"大赛校级银奖等一系列奖项和荣誉称号。在追梦的道路上，她始终不曾停下脚步。

扎根学团工作 练就服务本领

作为班级团支书，她积极进行团组织建设，规范团籍管理制度；积极开展文明校园行、庆祝新中国成立70周年等主题团日活动20余次。她带领的团支部获评2020年校级优秀团支部。作为院团委学生副书记和组织委员，她规范管理智慧团建系统，积极组织科技文化节、假期"四个一"、团代会等多项校院级活动，丰富学生的课余生活。同时，她也积极引领同学开展志愿服务活动，让志愿服务引领校园新风尚。她所在的学院团委获评2019年"安徽省五四红旗团委"。作为一名身兼多职的学生干部，她尽己

榜样师大人

所能、恪尽职守,让班级和学院的团学工作变得更加有温度、有力度、有深度。她个人也曾获得校优秀学生干部、优秀团干和院团委优秀委员称号。

坚守向善向上　传承志愿精神

2019年暑假,她跟随"千方爱心"支教团队,前往枞阳县旗山小学进行爱心支教。2020年暑假,她结合当时汛情形势,组建了一支云端抗洪救灾团队,并亲自参与家乡的防汛救灾志愿服务。她个人和团队的事迹被大学生网、中国青年网等国家级媒体报道10余次,团队被评为院级暑期社会实践优秀团队。她心系弱势群体,联合枞阳红十字会,看望当地的陪读老人,倾听老人们的内心感受,陪他们聊天,为他们送去一声问候。她带领班级同学前往芜湖市聋哑职业学校,为聋哑儿童带去科普实验和文艺表演,还跟随着他们学习手语。为助力精准扶贫,她跟随团队,联合枞阳团县委、共义村扶贫工作队共同开展"助力扶贫,爱心你我"葡萄义卖活动,为贫困村送去了温暖。作为"金苹果"科普宣讲公益志愿活动项目副队长和"社区科技站"项目核心成员,她带领团队成员积极开展爱心献血、科普宣讲、义务维修等志愿活动。项目获批为中国红十字青年社会实践项目并被评为第五届中国青年志愿服务项目大赛银奖。

王竹林是校院与团员青年之间的桥梁和纽带,她是践行向上向善的新时代青年。她用实际行动散发着自身的光和热,为这个社会增添一丝温暖,为这个时代、为这个国家贡献一份力量。

学生工作处

2022年6月21日载于安徽师范大学官网

王竹林　打『通』爱心隧道　坚持『信』善致美

王 一

争做第一 满分成绩单背后的故事

王一,男,中共党员,2019年毕业于安徽省阜阳第一中学,安徽师范大学物理与电子信息学院2019级物理学专业本科生,现任班级学习委员,2023年5月被评为安徽省优秀毕业生,现已被推免至中国科学技术大学粒子物理与原子核物理专业攻读硕士研究生。大学四个学年综合测评班级第一、学业成绩班级第一,大学四年平均绩点4.0,专业课绩点4.2,连续四年获校级一等奖学金。荣获优秀学生干部标兵、"三好学生"标兵称号。先后获安徽省大学生力学竞赛本科单科组个人特等奖、全国大学生数学竞赛(非数学类)二等奖等。作为班级学习委员,在备战研究生考试的关键时刻,他积极为考研同学解答量子力学、普通物理和高等数学难题,全专业172名毕业生中86人考研成功,创学院历史新高。

砥砺深耕，夯实专业根基

"刚上大学时，由于是第一次离开家独立生活，难免有些不适应，再加上刚开始当学习委员，很多工作也不熟悉，所以那段时间很焦虑，压力也大。"初入大学时的王一并没有适应大学生活的节奏，但他并没有因此而气馁，而是不断与各位老师进行沟通。"老师的关心和鼓励使我明白了，万事开头难，咬咬牙坚持到底，总会有所收获。"回望初入大学时的迷茫，王一最感谢的就是各位老师对他的关心和帮助。在老师们的关心指导和自己的努力下，王一以"生也有涯，知也无涯"作为自己的座右铭，一步一个脚印刻苦学习专业知识，坚持时时、处处严格要求自己，在淬炼思想、提升学术、服务同学等方面不断进取，不断尝试"跳出"做题者的身份，变成出题人，凡事都问个为什么，辩证地、批判地学习数学、物理理论。

最终，王一在大学四个学年综合测评和学业成绩均位于班级第一，大学四年平均绩点4.0，专业课绩点4.2，连续四年获校级一等奖学金。荣获优秀学生干部标兵、"三好学生"标兵称号。2021年5月，王一被组织接收为中共预备党员，并按期转正。此后，他更加严格要求自己：筑牢理想信念根基，勇攀科学高峰。

格物致理，沉浸学术钻研

"星光不问赶路人，时光不负实干者。"在学院开展雏鹰工程后，王一很快就被科普中经常出现的超弦理论所吸引，在充分了解物理学的各个研究方向后，王一有了明确的目标，那就是希望将来能够从事量子引力方面的研究。为了实现自己的理想，他提前自学本科阶段的物理课程和研究生课程，并将理论知识应用到各个方面。在校期间，王一先后获安徽省大学生力学竞赛本科单科组个人特等奖、全国大学生数学竞赛（非数学类）二等奖、安徽省大学生物理学术竞赛三等奖等多个竞赛奖项。

为进一步提升科研能力，王一先后在学院多位教授课题组下学习交流，撰写多篇论文，与学院教授合写的教研论文已成功投稿《大学物理》杂志。谈到这些学术成就时，王一也一直强调学院老师们对他的指导和帮助："老师们勤奋钻研和精益求精的学术态度，以及耐心解惑和悉心指导的育人品格使他收获颇丰，深受鼓舞。"

2022年7月，王一凭借 A 的面试成绩加入中国科学技术大学物理学院夏令营优营，在与几位教授的交流过程中，他认识到自己还存在很多不足，这也更加激发了他对未知的学习和探索。最终，他顺利推免到中国科学技术大学粒子物理与原子物理专业攻读硕士研究生，他提前自学研究生课程并进入研究生课题组学习交流，在老师的指导下撰写毕业论文，并被评为优秀毕业论文。

臻于至善，"研途"教学相长

"天下难事，必作于易；天下大事，必作于细。"作为班级学习委员，王一坚持当好老师的助手，服务同学，促进学风建设，为老师和同学架起沟通的"桥梁"。特别是在备战研究生考试的关键时刻，他积极为考研同学解疑释惑，有时不惜花费自己的学习时间上网查阅资料或向专业老师请教，再耐心地给同学讲解。在他们的共同努力下，全专业 172 名毕业生中 86 人考研成功，其中 22 人被保送至中国科学技术大学等知名高校攻读硕士研究生，创学院历史新高。同时，王一还自发组织有共同兴趣的同学，创设理论物理讨论班，采用剑桥大学理论物理学系教授的公开讲义，给低年级同学讲授学校课程教学内容之外的理论物理知识，在教学和交流中与同学们共同进步。

谈到兴趣，王一表示："一路走来，我觉得支撑我的最大动力是对物理的热爱。我热爱理论物理，对于探索未知世界、寻找宇宙本源、追求自然和谐统一之美有浓厚的兴趣。我享受思考的过程，享受新的思想、理论给我带来的冲击感和新鲜感。做科学研究尤其是基础理论研究，如果没有兴趣支撑，是很难坚持下去的。"他希望学弟学妹们都能够找到自己生活中的热爱，并一直坚持下去，也希望理论物理讨论班能够延续下去，成为物理学专业同学互相学习交流的基地。

"少年当有凌云志，万里长空竞风流。"谈到对未来的展望和规划时，王一郑重地回答："未来几年,我会致力于对量子场论数学结构的深入研究,尤其是费曼积分中椭圆积分的计算以及重整化方法背后的物理机制。如果有机会,我也会尝试研究一些自己感兴趣的其他方向,比如量子引力。"王一坚信,有老师和同学们一路相伴,自己一定能够在探求物理学奥秘的道路上勇攀科学高峰,为强国建设、民族复兴伟业奉献青春力量。在临近毕业之际,王一和学弟学妹们相约在科学研究的道路上相伴而行。

校团委

2023年6月9日载于安徽师范大学官网

王 一 争做第一 满分成绩单背后的故事

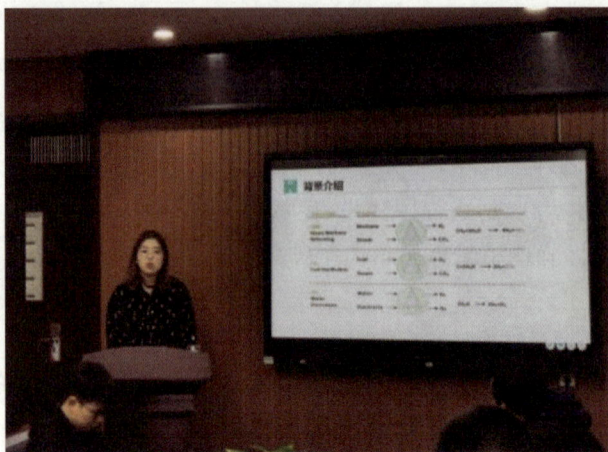

顾雪薇

薇亦作止　履践致远

　　顾雪薇,女,中共党员,化学与材料科学学院化学工程与工艺专业2018级本科生,先后担任班级团支书、班长,获得推免攻读研究生的资格,并获得了哥伦比亚大学、宾夕法尼亚大学、卡耐基梅隆大学、新加坡国立大学等国际名校的硕士录取资格,2022年安徽省普通高等学校优秀毕业生。

向下扎根用勤学笃志定义青春

"每一个优秀的人,都有一段沉默的时光。那段时光是付出了很多努力,却得不到结果的日子,我们把它叫作扎根。"大学四年,深耕学业是顾雪薇定义青春的方式。她始终坚信,唯有以学业为重,才能真正领悟大学之道,才能充实自己,长出坚实的臂膀,翱翔天空。作为学生,她踏踏实实地扎根专业学习,认真地听每一节课、努力地学每一门学科、勤奋地钻研每一章节的知识,大学四年专业排名、综合测试排名均名列前茅,连续3年获得校一等奖学金,并获得优秀学生干部标兵、"三好学生"标兵、"三好学生"等荣誉称号。先后获"郭锐评""陈礼勤"学生干部奖学金、学业奖学金、科研达人、学科竞赛奖学金等7项奖学金。同时,她参与学院同新加坡国立大学苏州研究院联合培养项目,圆满完成各项课程。化学学科的学习研究,需要具备较好的外语能力。在专业学习之外,她积极提升英语水平。高分通过英语四六级,雅思拿到7.5分,连续3年在全国大学生英语竞赛中获奖,2021年荣获全国大学生英语竞赛C类特等奖,在第五届全国大学生学术英语词汇竞赛中获二等奖等。

一分耕耘,一分收获。渺小的量变可积累惊人的质变,平凡的脚步可以丈量遥远的旅途。她成功被推免至苏州大学攻读硕士研究生,同时获得哥伦比亚大学、宾夕法尼亚大学、卡耐基梅隆大学、新加坡国立大学4所国际名校的录取资格,并被评为2022届安徽省普通高等学校优秀毕业生。

向上生长用拼搏创新诠释梦想

化学的英文名是Chemistry,即Chem is try,化学是一门以科学实验为基础的学科。她积极参加学习实践,投身科学研究,用拼搏创新诠释梦想。

她积极参加学科竞赛,化所学为所用。作为项目负责人,她所设计的"江苏新化化工有限公司年产11万吨异丙醇"项目,获2021"天正设计杯"第十五届全国大学生化工设计竞赛二等奖;科普项目氢能的转化与利用,获"微瑞杯"第二届全国大学生化学实验创新设计竞赛二等奖;她针对实验

顾雪薇　薇亦作止　履践致远

室课题开展学术论文撰写,阶段性研究成果获安徽师范大学第九届"挑战杯"大学生课外学术科技作品竞赛银奖。她在比赛中锻炼自己的科研能力,更在比赛中拓宽自己的创新思维。

主动投身学术研究,努力攀登科研创新高峰。大二期间,她积极加入导师课题组,累计阅读文献200余篇,实验操作时长达1200小时,成功申报本科生优秀毕业生论文培育计划,获批国家级大学生创新创业训练计划1项。在假期中,她并没有选择停下追求科学研究的脚步。大三暑假,她成功入选全球仅80人能入选的西湖大学"暑期科研实习"项目,与来自剑桥大学、密歇根大学安娜堡分校等国际知名学府的学生一起开展科学创新研究。她加入王建辉老师课题组,针对超快光谱问题进行调研。同时,她加入首都师范大学陈郑博教授团队,针对新型金包铜纳米颗粒/碘化物的阵列传感器用于含硫氨基酸鉴别的课题开展研究。

丰富的科研经历,是她对自我学术道路的不断探索;多元的学术交流,是她对自我提升的不断尝试。本科期间,她以第一作者身份在 *Food Analytical Methods* 上发表SCI学术论文1篇,另作为主要成员参与导师课题,在 *Frontiers of Materials Science* 发表SCI学术论文1篇。成功申报国家发明专利1项,并获安徽师范大学第十三届学生专利发明大赛优秀奖。

向阳绽放用暖心付出践行担当

有人说:"对人来说,最大的快乐,最大的幸福是把自己的精神力量奉献给他人。"在专注学习和科研创新的同时,顾雪薇还努力地成为一个温暖的人。

作为一名党员,她积极投身志愿服务活动,努力发挥党员作用,参与联合国儿童基金会月捐项目,持续为贫困儿童奉献爱心;主动在"水滴筹"平台为陌生人捐款,为需要帮助的人送去温暖。在疫情之际,她加入防疫志愿服务,为抗击疫情贡献自己的力量。她还主动加入学院党史宣讲团,激扬青春,奋进力量。她积极参加学习经验分享会,与学弟学妹交流分享学习经验,及时耐心解答他们的疑惑,为他们提供力所能及的帮助。

在学生工作中,她先后担任班级团支书、班长,尽职尽责做好班级各项事务,通过开展主题团日、关爱互助、学习帮扶等活动营造优良班风学风,努力让班级成为和谐融洽的大家庭。在她的带领下,班级先后获校优秀团支部、院十佳班集体等荣誉称号。同时,她积极参与社会实践,先后参加水质调研、科普宣传、义务支教等实践活动。

"薇亦作止",顾雪薇如同破土而出的新生绿植,在师大的呵护下成长。她在勤学笃志中向下扎根,努力求知,吸收养分;在拼搏创新中向上生长,探索未知,追求梦想;在暖心付出中向阳绽放,无私奉献,践行担当。"履践致远",在未来的道路上,她将怀揣着对老师、同学的感激之情,继续探索自身的疆界,让生命变得辽阔而更有价值。

学生工作处

2022年6月1日载于安徽师范大学官网

顾雪薇　薇亦作止　履践致远

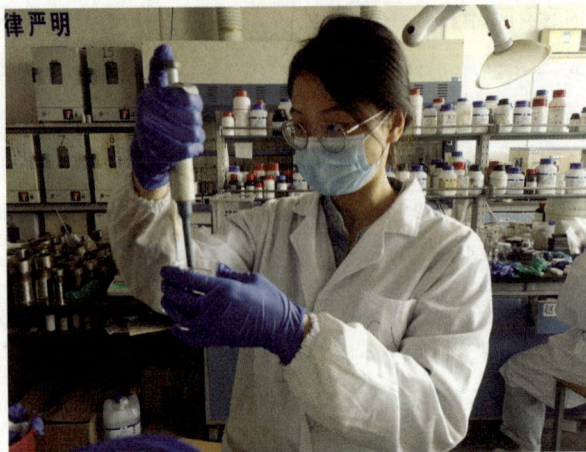

黄宁宁

循梦而行　路致远方

黄宁宁,女,中共党员,化学与材料科学学院 2018 级材料化学专业本科生,2022 年安徽省普通高等学校优秀毕业生。

立学风于劲 慎思笃行求真知

黄宁宁勤学苦读,学业成绩优异。综合测试成绩3年位居专业第一,算术平均分92.4分,GPA(平均学分绩点)位居同年级第一,现以专业第一的成绩保送至中国科学技术大学化学系。她连续4年荣获校一等奖学金,曾获国家奖学金、朱敬文奖学金等各类奖学金11次。荣获"三好学生"标兵、优秀学生干部标兵等称号,她学以致用,积极参与学科竞赛,曾获全国大学生英语竞赛国家一等奖、全国学术英语词汇竞赛国家二等奖、全国高校英语口语大赛省三等奖等校级及以上奖项20余次。她求真务实,第一学年便成功获得英语四级(597分)、六级(600分)、计算机二级(良好)、普通话(二甲)等技能证书。她弘扬优良学风,带动集体学习氛围。作为寝室成员,她着力引领室风建设,同寝室成员学业排名连续3年位于专业前十,3人"上岸"中国科学技术大学;作为班级骨干,她以身作则加强班级学风建设,使得2018级材化1班的总体成绩始终位于专业和年级前列;作为榜样学姐,她连续3年受邀参加"学霸宣讲团",前往低年级班级进行学习经验交流分享。

创学术于精 臻于至善觅真理

严谨、细致、耐心、创新,让黄宁宁在实验课程中的成绩始终名列前茅,大二学年受本科导师的邀请,黄宁宁进入课题组深入学习,参与国家级大学生创新创业训练项目和本科生优秀毕业论文培育项目。在实验室的学习中,她的勤奋与努力受到了老师和师兄的充分肯定,也收获了丰富的科研成果,已发表SCI论文2篇,曾作为团队负责人参加安徽省第七届"互联网+"大赛产业命题赛道。持之以恒的科研训练背后是心中的科研梦,她曾在第十二届职业规划大赛中以"化学研究员"项目荣获校级银奖。

黄宁宁 循梦而行 路致远方

守初心于坚 肩负使命勇争先

黄宁宁连续4年任2018级材化1班团支书,积极开展支部工作,组织团日活动30余次,曾带领团支部获得院最暖团支部、优秀新生团支部等荣誉称号,连续3年获得五星支部荣誉称号,连续3年获得校优秀团支部荣誉称号。所在班级连续3年获院先进班集体一等奖并获得2021年校级十佳班集体荣誉称号。作为同级最早一批发展的党员,她现任材化系本科生党支部组织委员。在建党一百周年之际,她被聘为学院"党史宣讲团"成员,多次前往班级、党校班进行宣讲。此外,她曾是校学生会生活权益部的成员之一,曾荣获优秀团干、优秀本科生导生等荣誉称号。

铭担当于诚 风华正茂赴山海

四年来,黄宁宁利用寒暑假和课余时间积极参与校内外多项志愿服务。2020年新冠疫情防控工作期间,她积极响应社区号召,作为第一批成员志愿值守疫情防控第一线,服务时长超200小时,因表现突出被社区和学院授予"优秀青年志愿者"称号,个人事迹先后被人民网、今日头条、安徽广播等主流媒体报道近10次。2020年暑期,她作为骨干成员参与大学生暑期"三下乡"社会实践校重点团队并获评校级二等奖。2021年,她组织发起校园爱心义卖活动,为乡村贫困儿童捐款近2000元。2022年,她成为校团委发起的"学习伙伴"志愿服务团队成员之一,为在外工作的防疫人员的孩子进行线上课业辅导。

青衿之志,履践致远。4年来,黄宁宁同学始终坚定理想目标,以梦为马,不负韶华,不负期许,用奋斗擦亮青春底色,书写出属于自己的青春华章!

学生工作处

2022年6月15日载于安徽师范大学官网

榜样师大人

吴泓婧

我的志愿故事未完待续

吴泓婧,女,中共预备党员,安徽合肥人,化学与材料科学学院2019级应用化学专业本科生。现任安徽师范大学青年马克思主义者培养中心主任、安徽师范大学学生委员会委员、化学与材料科学学院团委(学生)副书记、2019级应用化学专业2班本科生团支部书记。现已入选中国青年志愿者扶贫接力计划——安徽师范大学第25届研究生支教团,被推免至安徽师范大学攻读分析化学方向硕士研究生。2023届安徽师范大学优秀毕业生。

脚踏实地，勇攀理想高峰

2019年初入大学，吴泓婧便立志要让自己的青春不留遗憾。4年光阴弹指而过，在本科阶段的学习生涯中，她刻苦钻研，勤学慎思，用实际行动去践行"既然没有过人的天赋，那就选择加倍努力"的座右铭。她始终相信"越努力，就越幸运"。只要一步一个脚印，日复一日地坚持，最终定能登上理想的高峰，乘热爱之船到达梦里那方彼岸。4年来她累计获得校优秀学生干部标兵、"三好学生"标兵、优秀团员、优秀团干等荣誉称号10余次，并于2022年7月收获中国科学技术大学、华南理工大学自旋科技研究院等4所高校的夏令营邀请。

谈到学习经验，她说："首先，你要清楚明确地知道自己的目标，你要什么？你为了什么？这样就不会在繁杂的事务中迷失自己的方向。其次，充分合理地利用好自己的时间并在执行的过程中保持专注和专心。"对于如何最大效率地去利用时间，吴泓婧有她自己独到的方法。在学习的时候，她会选择把手机关机，不去想与学习无关的事情，在其他时候，她亦是如此。在这种方法的指引下，她的每一分每一秒都被汗水赋予了独有的意义。大二学年她加入高峰教授课题组开展科研实验，累计课外阅读文献超过300篇，实验时长超过1500小时，独立主持"大创项目"，获国家级立项并顺利结题。

岁月不会苛待每一位追赶星星的人。无论是学业还是学术，她的成绩单上无一不是硕果累累。专业成绩上她名列前茅，她连续4年获校优秀学生奖学金，多次获评校优秀学生干部标兵、"三好学生"标兵、优秀团员、优秀团干优秀毕业生等荣誉称号，毕业论文入选本科生优秀毕业论文培育计划；科研学术上她追求创新，截至目前，她已在SCI一区期刊上发表论文2篇，累计影响因子15.36，另有1项专利也已进入受理阶段。她作为团队主要成员参与的"挑战杯"大学生课外学术科技作品竞赛获校级特等奖，"互联网+"大学生创新创业大赛获校级二等奖。一项项荣誉的背后，是她矢志不渝的奋斗和拼搏。

"热爱可抵岁月漫长，热爱可平山海跌宕。"她现已通过研究生支教团被推免至安徽师范大学攻读分析化学方向硕士研究生。这个夏天,她即将奔赴下一段征程,开启她人生的新阶段。面对充满挑战和未知的未来,她心怀万分期许,也饱含着深深热爱。潜心科研,积极实践,为化学学科的建设贡献属于自己的一份青春力量是她对未来的规划和期待。

奋斗是石,敲出星星之火

"在奋斗中书写'化'样青春",奋斗是吴泓婧最亮丽的底色,而担当则是她最有效的磨炼,她的青春因奋斗与担当而熠熠生辉。作为学生骨干中的一员,作为党员中的一分子,她积极发挥青年的先锋力量,牢记初心使命,自觉担当责任,勇做青年学生群体的排头兵,让青春在学校和同学需要的地方绽放绚丽之花。

从学生会新闻部的部员到团委宣传部部长、团委学生副书记,本着热心为同学服务,努力做好学生工作态度的她,牢记学生工作人员使命的她,尽职尽责地完成各项学生工作;她是有追求、有担当、有作为的积极引导者,组织各类学生活动70余场,协同带领分管部门和学院学生会获得优秀学生会工作部门、优秀学生会等多个荣誉称号。

"学业导航,当朋辈群体的知心人"。吴泓婧利用假期成立了化材学院第一支寻访宣讲团,为学院新生制作专业入门手册和超2万字的化材青春故事集,让满怀憧憬的化材新生不再迷茫于未来,让化材的漫漫青春故事印刻在他们的心间,她的青春是勇毅开拓、满腔热爱的创新路。

"服务助航,当青年工作的热心人"。作为一名学生骨干,她在学生工作上锲而不舍,追求卓越,最终取得优越成绩。作为一名青年大学生,她以功在不舍的奋斗实现自己的人生价值,不断提升幸福感和获得感,"在学生工作中收获了成长,也遇见了更好的自己。"她的青春是笃志前行,虽远必达的奋斗路。

行稳致远,圆梦志愿初心

"乐于奉献,做志愿服务的先行者","红色小马甲的陪伴已经超过700

小时"，吴泓婧的志愿事迹如点点星光，她的志愿精神如同和煦阳光，温暖着无数人的心，因为这份坚守，她收获了许多平凡与不平凡的瞬间，这是吴泓婧"微光汇聚，温暖播及"的温情传递。

"我愿成为点点繁星，有一束光便坚持闪烁"，她是热衷于科普宣讲的科学传播者，参与组建"化"梦之源线上科普课堂，为初中生讲授化学实验知识，受众人次超过5000人；并利用假期时间走进安徽省科技馆进行航天、能源等多个专题的科普宣讲。她是新冠疫情暴发时的防疫排头兵，从芜湖海螺医院的"方舱接种室"、合肥市包河区王大郢社区的疫情防控登记员，再到校园内组织核酸检测、准备检测耗材，累计志愿服务时长超过200小时。她是校内志愿服务的先行者，迎新生、话别毕业生、倡导光盘行动、整理试剂药品库……她的志愿服务身影遍布校园各地，校内累计志愿服务时长超过800小时。

"畅谈理想，做芜湖青年人才的代言人"，她的志愿服务事迹已被中国青年网、安徽青年报等多家主流媒体报道，并获得安徽师范大学第九届"爱暖师大"十佳青年志愿者荣誉称号，在未来，吴泓婧将继续让这份暖意延续下去，让这份温暖播及更多的人。这是吴泓婧"不忘初心，走向万丈光芒"的光明未来。接下来，吴泓婧即将奔赴祖国西部开展支教志愿工作，她的志愿故事未完待续……

校团委

2023 年 6 月 19 日载于安徽师范大学官网

榜样师大人

孙雯杰

仰望星空渡过生活难关　钻艰微研提升专业素养

　　孙雯杰,女,中共预备党员,地理与旅游学院2018级地理信息科学专业本科生。现任安徽师范大学第十四次学生代表大会宿舍文明委员会委员,班级宣传委员,曾任无人机飞行协会副会长,校青年传媒中心视觉创意部部长,辅导员助理。现已被推免至南京师范大学地图学与地理信息系统专业攻读硕士研究生。2022年安徽师范大学优秀毕业生。

天行健，自强不息渡难关

孙雯杰原本生活在一个清贫却幸福的家庭，家里租了间小摊位做生意。2014年，家庭生意失败导致40万元积蓄全部损失，并欠下许多债务，直接影响家庭生活。为挣钱还债，父亲背井离乡前往江苏、四川、上海等地四处打工。孙雯杰的父母及兄长三人租住在上海50多平米的出租屋内，由于屋内灰尘大，母亲甚至每晚只能戴着口罩睡觉。在她高三那年，父亲遭遇车祸导致脚踝骨折，不能承担重活，只能做着收入不稳定的中介工作。今年年初，母亲体内查出卵巢畸胎瘤并进行了开刀手术，在家休养，同时母亲还患有肺结核，但家里已经没有多余积蓄进行治疗，沉重的生活负担全部压在了父亲一人肩上。孙雯杰深刻体会到父母的艰辛和生活不易，每当看到父亲为家庭债务和经济生活烦闷苦恼时，孙雯杰便在内心更加坚定要好好学习，为父母分忧。

2018年9月，孙雯杰以优异的成绩进入安徽师范大学。大学四年成绩均位于班级前列，大四综合测评成绩位于班级第一，学业成绩位于班级第二。在学好专业课的同时，她还积极提升综合素养，一直坚持英文学习，现已通过英语四六级、雅思考试等。除此之外，她还利用寒暑假时间在家进行兼职辅导、绘画约稿补贴家用。在校期间共获国家励志奖学金、校一等奖学金、雷忠平笃行奖学金等各项奖学金10余项，累计3.8万余元，并获得"三好学生"标兵、校优秀团员、校资助宣传大使等荣誉称号。

苦心志，钻坚研微长才干

经历过苦难生活的孙雯杰深知学好专业知识是未来发展的重要根基。在勤学课堂知识之余，她积极参与学科竞赛，将理论结合实际，不断提升专业素养和研究能力。在大二参加第九届全国大学生GIS应用技能大赛（全国第二，B类学科竞赛），在3个多月的备赛期内对"空间数据的采集编辑与集成处理"与"空间分析技术的应用"进行高强度训练，扎实掌握了地图数据采集、遥感信息解译以及ArcGIS软件操作，能够灵活运用多种空间分析技术。作为核心成员，她主要负责比赛文档撰写，编辑完成团队其他成员的操作过程文稿，最终获得全国特等奖的优异成绩。

作为团队负责人，孙雯杰带领团队凭借"民俗旅游综合服务系统"项目获得SuperMap杯高校GIS大赛开发组三等奖。除了统筹赛前准备，推动项目进程外，她还具体负责利用Python进行微博评论和百度地图POI（Point of Interest，兴趣点）的数据爬取，并以词云图、热力图等形式在系统上进行展现，提高了数据的可视化水平，为团队的后续工作开展提供有力支持。

她自学无人机、偏振相机和深度学习的相关知识，使用Yolov4的目标检测算法和语义分割，获取已知地物信息的内在规则，推断未知地物类别，获得第十七届"挑战杯"全国大学生课外学术科技作品竞赛黑科技专项赛卫星级奖（全校唯一）、第九届"挑战杯"大学生课外学术科技作品竞赛校一等奖，并根据研究成果成功申请《基于无人机平台偏振相机地面目标变化检测系统V1.0》软件著作权。

此外，她还获得第七届安徽师范大学"互联网+"大学生创新创业大赛二等奖、安徽师范大学2020年校级大学生创新创业训练计划项目省级立项、《基于ArcEngine的洪泽湖及淮河水环境健康评价系统V1.0》软件著作权。这些科研竞赛经历极大地锻炼了她的专业能力，同时也培养了她严谨细致的科研思维以及探索钻研的科研精神。

守初心，勇担使命做贡献

孙雯杰在求学过程受到政府补助，来到学校之后更是感受到了学校对贫困学子各方面的"隐形资助"，使她能够安心求学。她深知这是党和国家对自己的关怀，心怀感恩地前行，并主动担任2019 — 2020安徽师范大学资助宣传大使，为贫困学子答疑解惑并宣传资助政策。在班级担任宣传委员，并获得校"优秀团员"称号。

孙雯杰多次参加志愿活动，累计志愿服务时长200小时。曾在GIS省赛、GIS国赛中分别担任计时员和酒店引导组签到记录员。2020年初新冠疫情暴发时和2020年7月洪涝灾害期间，孙雯杰作为校团委青年传媒中心的一员，为募集全校抗疫志愿者、抗洪志愿者进行宣传，组织志愿服务工作。2021年5月,孙雯杰担任地理与旅游学院红色旅游数字地图材料整理员。该项目受到中国青年报、中国教育网等10多个国家级媒体报道。在收集相关党史资料过程中,她学到了很多党史相关知识,感受到革命先烈坚定不渝的理想信念,也加深了她的爱国情怀、民族自豪感和责任感。沐浴在中国共产党的阳光下,孙雯杰感受到了党带来的无限温暖,这就更加坚定了她为国家、为社会服务的决心。

在2022年3月,她成为安徽师范大学第十五期发展对象,积极提高理论修养和道德素养,不断加强自身建设,目前已经成为一名中共预备党员。她积极参与学生工作,曾担任无人机飞行协会副会长,校青年传媒中心视觉创意部部长,组织策划各类无人机活动,并为校团委制作提供各类海报、图片摄影、新媒体推文及新闻稿等。目前孙雯杰担任班级宣传委员,为班级的各类团日活动、集体会议撰写新闻稿。此外,她还担任为期2年的辅导员的工作助理,协助辅导员进行日常工作,做事认真严谨,赢得师生的称赞。

没有波涛的海洋,绝不是真正的海洋;没有波折的生活,也绝不是真正的生活。山高高不过脚底,海宽宽不过航灯。纵使深陷泥潭,但仍要仰望星空;纵使生活沉闷,但跑起来就会有风。孙雯杰面对生活带来的磨难与风雨,依旧在追梦的道路上奋勇前行,书写着属于她的青春光彩。

学生工作处

2022年6月13日载于安徽师范大学官网

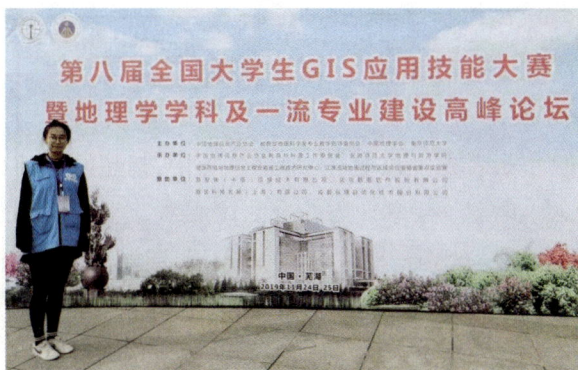

褚超群
投身乡村振兴的青春力量

褚超群,女,中共党员,毕业于蚌埠市第二中学,地理与旅游学院2019级地理信息科学专业本科生,现已被推免至合肥工业大学攻读硕士研究生。曾先后担任过地理与旅游学院学生会执行主席,党支部宣传委员,入党积极分子培训班副班长,地理信息科学专业素质拓展委员、学习委员。

创办安徽超朋智慧农业科技有限公司并任执行董事、法人代表。曾获省级及以上学科竞赛奖项近10项,获国家奖学金、国家励志奖学金、校一等奖学金,荣获优秀共青团员、优秀学生干部、"三好学生"标兵、自强之星、地旅之星校等荣誉称号,2023年安徽省普通高等学校优秀毕业生。

业精于勤，以学促研长才干

百舸争流，奋楫者先。在本科4年的学习中，褚超群勤奋好学，成绩始终居于年级前列，连续2年学业与综合测评成绩专业第一，在校期间获国家奖学金、国家励志奖学金、校一等奖学金、百瑞德行知奖学金、百瑞德风华奖学金、雷忠平奖学金、雷忠平笃行奖学金等国家级、院级奖学金累计10余次。立足专业学科，她将学习到的知识转化为科研成果，在中文核心期刊《中国生态农业学报》(北大核心、CSCD)发表论文1篇，1篇论文投稿在《地理研究》(北大核心、CSSCI、CSCD、AMI)期刊并已被录用。除去专业课程的学习，她在英语学习方面也十分用功，先后获得第五届全国大学生学术英语词汇竞赛三等奖、第二届全国高校创新英语挑战活动三等奖和第六届全国学术英语词汇竞赛二等奖。

行稳致远，久久为功。4年的努力让她收获了合肥工业大学的推免录取通知书。回首过去的学习之路，她并没有因为所取得的成绩沾沾自喜，而是觉得自己仍需学习和提高，在学术研究和专业实践上久久为功。在接下来的研究生学习中，她要求自己不仅能够深入理解所学的专业知识，还能跨学科、跨领域地扩展自己的知识面和技能范畴，了解更多前沿信息和新兴技术，并将其应用于实践中。

学赛相长，以赛带学结硕果

无论是专业实践还是科研竞赛，都不是一帆风顺的，但凭借着踏实的态度和肯干的作风，褚超群克服了许多困难，走出了属于自己的一条"学赛相长"之路。

穷理以致其知，反躬以践其实。在推动农业新兴技术下乡的过程中，依托暑期社会实践，她作为队长带领团队深入到田间地头，深化研究。功夫不负有心人，团队成果先后获得第十届"挑战杯·华安证券"安徽省大学生创业计划大赛银奖、第八届安徽省"互联网+"大学生创新创业大赛铜奖、第十届"青苗杯·工商银行"安徽省项目资本对接活动银奖、第六届安徽省青年志愿服务项目大赛铜奖、2020年安徽省大学生GIS应用技能大赛一等奖、2021年安徽省大学生GIS应用技能大赛二等奖、"智汇中江"芜湖市大学生科技创新创业大赛优秀奖。获国家级大学生创新创业训练计划项目立项。她自己将成果总结，申报本科生优秀毕业论文培育计划项目，以优秀等级结题。

"每一项竞赛成果的背后，都有长期的默默努力。在学术方面，我努力提高个人学科素养、拓宽专业视野；在团队建设上，我注重人才培养和集体协作；在实践落地上，我时刻关注行业趋势和社会需求，将理论知识和技能运用到实践中。"通过不断地努力和研究，她坚持做到把知识技能运用在农业现代化进程里，把科研成果投入到乡村振兴的发展中。

当然，这些竞赛经历不仅是对她持续奋斗的认可，而且也极大锻炼了她的专业能力，培养了她探索钻研、严谨善思的科研精神。想象和好奇心是她找到科研灵感的源泉，发现和解决问题是她前进的航向。行而不辍，屡践致远，褚超群用自己的方式书写着乡村振兴的青春故事。

守正创新，以心益农显担当

"初心可鉴超凡风骨，热爱可抵岁月漫长。"用这句话来概括褚超群的创新创业之路再合适不过了。

出身于农村的她，一直牢记习近平总书记所说的"农业强国是社会主义现代化强国的根基，强国必先强农，农强方能国强"，致力于通过产学研结合的方式带动乡村振兴。作为一名地理信息科学专业学生，发现农业农村转型升级却面临着标准化、规模化、信息化水平低和新型技能农人少、技术资本积累少的困境后，她立志成为乡村振兴大学生梯队的先锋队。她通过实践自己所学，为乡村振兴培养新型技能人才，为农民和农业生产提供遥感监测等信息化服务。

她于2021年带领团队创立了安徽超朋智慧农业科技有限公司，近期又成立芜湖超朋科技有限公司。通过这些平台，褚超群利用暑期社会实践、同地方政府合作等契机，推动遥感监测等技术下乡，培训农民进行精准化施肥和农机作业系统运作。如今，她在蚌埠市怀远、五河、固镇等县区设立了新型农科技能人才培训中心,深入田间地头普及推广农业科技和为农民提供农业灾害预防信息化平台服务,不仅提高了乡村产业发展的规划建设水平、农民的种养殖收益率和幸福指数,还打造了"校政企合作、民技信互通"的商业模式。已累计培训近8000名新时代农民,直接带动江淮地区高校大学生6000多人次下乡。

当谈到在创业之路上自己最可贵的能力时,她说:"自我调节能力对于创业者来说非常重要。如果没有足够的自我调节能力,就很容易陷入情绪低落或焦虑等状态中,从而影响创业的进程和效果。因此,我一直注重培养自己的心理素质和情绪调节能力,学会自我认知、自我管理和自我激励,以更加坚定的心态去面对挫折和失败,保持积极乐观的态度。"创业之路艰难,无数的拒绝和失败也曾让她怀疑自己选择的道路是否正确。但为农村培养一批新时代农业人才贡献力量的理想和凭借自身实力让企业看到项目推动农村就业的前景,都成为她继续坚定不移走下去的动力。

当谈起未来规划的时候,褚超群给予自己美好的祝愿:"在未来希望自己能继续保持一份好奇和激情,无论在学术还是职业发展上,都需要不断地更新自己的认识、思维和方法,适应快速变化的环境和挑战。在创业的道路上,继续探索追寻自己的目标,让对所从事工作的热爱可抵岁月的漫长。在新时代,为乡村振兴奋斗终身。"

学术为刃破除农业陈旧藩篱,创业为船满载青春力量回乡。责任与担当,勇敢与不懈,青春花朵因历风雨而更显瑰丽,乡村振兴因有创新而赓续华章。褚超群创业之路的故事还在继续,更多的创新之花将绽放在祖国最需要的地方。

校团委

2023年6月19日载于安徽师范大学官网

韦绮雯
逆转赛场的"追风少女"

　　"她在那里！近了，更近了！"操场上，所有人的目光都聚集在一个蓝色身影上，只见她从落后的一百余米奋起直追，接连超过了3位选手，最后第一个冲过了终点，夺得了冠军！这是在安徽师范大学第51届校运会4×400米接力赛的决赛现场。带领团队逆风翻盘取得冠军的，是地理与旅游学院2021级地理科学（师范）专业的韦绮雯，她用精彩的表现，让全场观众热血沸腾，上演了一场惊心动魄的"超级逆转"。

逆转赛场勇往直前

韦绮雯在校运会4×400米接力赛决赛里负责最后一棒,比赛十分激烈,在起跑时她就已经落后对手14秒。在拿到接力棒后,韦绮雯稳定气息坚定地冲向前方。渐渐地,她超过一个又一个对手;渐渐地,全场的目光聚焦在她的身上。在一阵呐喊声与掌声中,她向终点飞奔,成功逆转夺冠。

"看到前面落后比较多,我的心情肯定会有一点波动,但当时只想着拼尽全力,争取拿到第二,没想到最后超常发挥,拿到了第一名。"韦绮雯开心地笑着说。在4×400米接力赛的1个小时前,韦绮雯刚刚打破校运会800米的纪录,在前1天还获得了1500米的冠军,距离校运会纪录仅差2秒。高强度的体育竞技,突破自我的极限。韦绮雯表示,所有成绩的获得都是集体努力的结果,离不开学院的高度重视。学院在运动会前的1个月专门组织运动员们进行赛前训练,在运动会前夕,还为每位参赛运动员准备了1箱纯牛奶,学院党委副书记乔静几乎每一场比赛都来观看,辅导员韩红豆陪跑韦绮雯最后的几十米,见证了最后的大逆转。"没有学院老师们的关心和鼓励,我们不会取得这么多好成绩。"韦绮雯真挚地说道。

破茧成蝶突破自我

韦绮雯在去年的校运会上获得佳绩,入选校田径队,后来为准备安徽省第十五届运动会每天不断坚持训练。2023年夏天,她在省运会800米比赛中斩获银牌。光荣的成绩背后是日复一日的努力,在暑假集训的2个月里,韦绮雯接受了烈日和高温的考验,汗水浸透衣服,皮肤被晒得发烫。她每天都要进行3组1600米+900米+300米+150米的训练,这对于非体育专业的她绝不容易,但她还是凭借坚韧不拔的意志坚持下来,甚至为达成目标给自己加练到深夜。

韦绮雯的家乡在广东省清远市,暑期由于集训和受疫情影响,她难以回到家乡。突变的考验不单是对家乡的思念,还有赛程的进展,她的训练计划被打乱,重新适应节奏又是不小的挑战。"现在1年才能回家1次,非常想念家里人,但是我的父母一直鼓励我、信任我,非常感谢他们的支持。"韦绮雯动容地说。韦绮雯的妈妈也曾取得过县级田径冠军,"我继承了妈妈的运动基因。"她笑着说。作为非体育生取得这样优异的成绩,一方面是由于天赋,更多的则是源于韦绮雯做事持之以恒的品质。努力终有回报,流过的汗、吃过的苦都化成一个个荣誉和奖牌,成为韦绮雯大学生活里闪闪发光的回忆。

前方的路并肩作战

韦绮雯在加入田径队之前并没有参加过系统的训练,省运会训练期间,张信春教练给了她莫大的帮助。"没有教练就没有今天的我。"韦绮雯感动地说,"教练给我们特制了计划,而且一直支持我,相信我能够达到目标。"韦绮雯也没有辜负教练的期待,成绩一路进步,从刚进校队800米2分50秒的成绩,到参加省选拔赛时的2分38秒,最后在省运会上跑出2分30秒的优异成绩,成功摘取银牌。每一秒的进步都在突破自我,挑战极限。训练并非一帆风顺,韦绮雯也遇到过瓶颈期,800米一直很难达到教练给出的2分30秒的目标。每当这时,她都会和教练、队友们积极沟通交流,根据他们的反馈不断调整自己。在2个月的训练里,队员们并肩战斗,共同进步。"训练完的傍晚,大家一起吃西瓜,是一天中最幸福的时刻。有了队友们的陪伴,我的训练也不会觉得很累,每当看到他们努力的样子,我都很振奋和感动。"韦绮雯回忆道。

学习运动之余,韦绮雯还是校大学生记者团的一员。同为记者团的伙伴和老乡,陈谊分享道:"经常在南体育场看到韦绮雯同学训练跑步的身影,才知道她在练体育。看到她笑容满面地热身、跑步,觉得她一定是热爱体育、热爱生活的人。"韦绮雯待人和善,聊天常常给大家一种亲切温暖的感觉。因为是同省老乡,他们有时也会用粤语沟通。"聊到家乡的风土人情,她总是热情地邀请我假期去她家所在的城市游玩。"

在记者团中,韦绮雯对待工作也非常认真严谨,"她对待工作一直都是非常认真严谨,给新部员们做足了榜样,她对待工作的态度非常值得我学习。"陈谊很受鼓舞,"未来并肩工作一起奋斗,一起成为最好的自己!"

体育精神薪火相传

因为出色的跑步能力,韦绮雯被大学生记者团的同学们称为"大记团王春雨"。对此韦绮雯表示,非常感谢大家的认可,王春雨学姐是她的偶像和榜样。省运会训练期间,她经常在宿舍看王春雨学姐比赛的视频,看到春雨学姐的奋斗历程,韦绮雯愈发坚定了信心。校运场上,韦绮雯会去向春雨学姐交流经验,王春雨亲和有力的话语为她注入了强大动能。

"更高,更快,更强,更团结"的奥林匹克精神不断激励着韦绮雯奋勇向前。她表示,"更高"是指有很高的德育和智育水平,"我要为体育生正名"。韦绮雯笑着说:"我认识的大多数体育生各个方面都十分优秀。体育运动是用进废退的,所以要做到坚持恒心,永不停息,不断超越自己,突破极限,才能'更快'。'更强'是指体育运动磨炼了我们的内心,增强了我们的心理素质,而只有做到'更团结'才能和队友们团结一心,不断取得进步。"

"体""教"融合齐头并进

现在,韦绮雯既是大学生记者团的成员,又加入了校田径队。她不仅擅长田径,工作优秀,而且成绩也十分出色,大一学年综合评测成绩位列班级第7名,在第十三届"新东方杯"中学教具制作比赛中获得了特等奖,并将参加省赛。她坦言:"除了记者团工作和训练以外的时间,大多数时间都泡在图书馆里看书学习。"生活充实忙碌,每一段艰苦难熬的岁月,都会有一个水到渠成的未来。

提起未来规划时,韦绮雯回答道:"因为一直受老师和教练的影响很大,所以希望以后能成为一名人民教师。"她在初中曾经萌生过走体育特长生的道路,但是为了实现成为一名教师的理想,一直在坚持文化课的学习。跑步是她不可割舍的爱好,带给她的不仅是身体素质的提高,还是全方位的成长。"跑步是我释放压力、调节情绪的重要途径,也是强健体魄的重要方式。"未来她还会继续参加体育训练,参加更多比赛,享受体育竞技带来的快乐。

"体育教会我，即使摔倒了也要重新站起来奔跑。"韦绮雯坚定地说。巾帼风采绽放青春芳华，青春拥有无限可能。逐光而行，一路芬芳，相信韦绮雯未来一定会成为更好的自己。

（李佳媛　赵睿）

2022 年 10 月 29 日载于安徽师范大学官网

韦绮雯　逆转赛场的「追风少女」

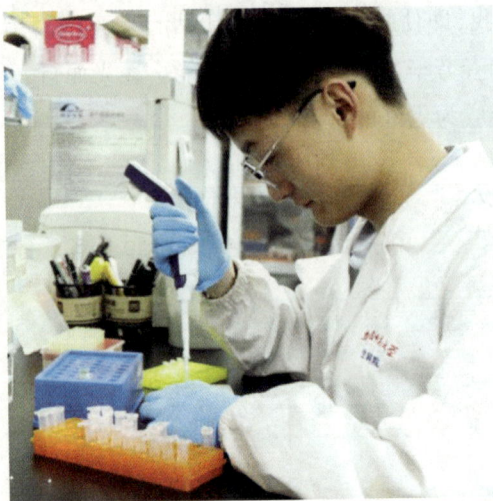

周 威

基因家族的直博生 探索生命奥秘 科技圆梦报国

周威,男,中共党员,安徽芜湖人,2019年毕业于安徽省无为中学,生命科学学院2019级生物科学专业(师范)本科生。曾任班长、安徽师范大学校学生委员会赭山工作部干事、优秀本科生导生等职务。现已被推免至浙江大学(直博)。2023年安徽省普通高等学校优秀毕业生。

定位靶基因，培养专业素养

作为一名生命科学学院的学子,周威将自己比作"基因家族",把确定"关键靶基因"作为他的首要任务,将培养自身专业素养作为大学生活的主要方向。在求学4年中,周威始终将专业学习作为核心,孜孜不倦,连续4年获得校本奖学金,打好了坚实的专业基础。

习近平总书记要求当代青年"走技能成才、技能报国之路"。周威牢记使命,力争成为新时代的"四有好老师",他考取高中生物教师资格证,在师范生实习中取得专业最高分,获第二届师范生教学资源设计大赛校一等奖。同时他还一次性通过大学生英语四六级考试,荣获全国大学生英语竞赛国家级三等奖,考取高中生物教师资格证,荣获2023年安徽省普通高等学校优秀毕业生称号。

寻作用元件，开展学生工作

"当靶基因被确定后,发挥其作用元件在实践中的功能则至关重要。"作为班长,周威带领班级获十佳班集体、五星级团支部、活力团支部等荣誉。他依托党支部启动学院首届青英培训班,实现培训组同学教师资格面试和班级英语四级通过率均100%,英语六级和教师资格合格率创学院历史新高。他在学院作经验分享报告会,覆盖面超千人,获评优秀本科生导生等。

在周威的学生工作经历中,班长一职令他最为印象深刻且受益匪浅。在自身定位上,周威有自己的独到的见解。作为班长,周威并没有把自己放在一个管理者的角色上。他热衷于与大家交朋友,努力成为老师与同学们之间沟通的桥梁。他积极联动班委和辅导员,呼吁全班同学集思广益,组织了每一场精彩圆满的班级活动。令周威记忆最深刻的是,在每一年的班级"新年祝福"活动中,总能得到大家对其工作的认可,这无疑是同学们对他最大的褒奖。

在集体定位上,周威也因班长这一身份感慨良多。在为班级同学服务的日子里,班级同学多次出现身体意外的突发情况,正是这一次次的意外,改变了他对优秀班集体的观点——"我认为我们班每一位同学都能身体健康,互帮互助,为实现自己目标而努力,便是最好的班集体"。

绘制表达谱,收获学业成果

作为"基因家族"的周威,经过4年的锻炼,在各个方面都取得了傲人的成绩。周威积极响应学校"以赛促学"的重要方针,充分发挥专业特色。他率队参加了2022年全国大学生生命科学竞赛(创新创业类),代表我校首次成功入围全国决赛并获得全国一等奖。

2021年,他在全国大学生生命科学竞赛(科学探究类)中,获得了安徽省一等奖和全国二等奖;制作的防核科普视频,代表学校获得2021年校园结核病防治科普大赛安徽省二等奖;首次在国内将皮影与生物标本制作融合,参加安徽省大学生生物标本制作大赛并获得安徽省三等奖;参加第九届"青苗杯"获得安徽省优秀奖,第十届"挑战杯"和第八届中国国际"互联网+"大学生创新创业大赛均获得安徽省银奖。同时,他还申报了3个科研项目,均以优秀等级结项或获得国家级奖项。

快节奏的生活下,往返于教室和实验室,刚开始的确很难安排好时间,周威的成绩出现了很大的波动。慢慢摸索后,周威发现觉得学习搭档非常重要,他和好朋友每天早上约定好时间一起去食堂先背会单词,之后再转至图书馆或者自习教室,晚上则利用时间去实验室。周威表示自己对新知识的掌握速度比身边人都要慢,决定加大投入以确保步伐。早上6:50前出宿舍门,晚上10:15回宿舍,朝六晚十的节奏一直伴随着他走到大学的终点,也绘就了一张张漂亮的成绩单。

他主持大学生创新创业项目,带领团队在生理水平上阐明了低盐胁迫下菌剂接种对番茄耐盐性的调节作用和促生机制,并以第一作者发表SCI论文1篇。每每谈到这里,周威总要提到自己的本科导师朱先灿老师和队友。朱老师带着团队从早上7:30到晚上10:30一直进行实验,也与周威分享自己读博期间的故事。最难忘的是完成论文的时候,正好是春节,朱老师在老家虽然信号不好,但是也随时帮团队看论文,在线上帮助答疑解惑。

大年初二的时候,队友们也非常给力,一起完成论文修改。每一分汗水都浇筑出科研的大厦,每一次挫折都磨砺出强者的锋芒。

挖掘新基因,展望未来规划

周威在基因研究上从未停下脚步,他说:"靶基因的解析不会是我们生命科学研究的终点,挖掘新基因建立属于国人的基因资源库是我们的目标。"为了追寻热爱,优秀的周威被保送至浙江大学攻读植物病理学博士学位,继续在自己喜欢的领域攻坚克难。

谈及未来的目标,他以"成功在于坚持,执着创造奇迹"作为答案,将未来与理想紧紧联系在一起。他认为自己还需要投入更多的时间,努力把实验做好,丰富自己的理论知识才能一步步踏上梦想的阶梯。

作为师大骄子的周威始终怀着一颗感恩之心,时刻铭记母校的栽培。独行快,众行远。师大深厚的人文底蕴、浓厚的学习氛围、导师的殷殷教诲以及无数个奋斗的日子拼凑出周威的大学岁月,磨砺他成为一名卓越的师大骄子!临别之际,周威借用高中的毕业寄语送给学弟学妹们:"如果你觉得眼下不够好,那你要相信只是时候未到,继续努力前进!"因为他相信,每一次失败都是为后面的收获打基础,怀信念而行,为理想奋斗,则山海皆可平!

校团委

2023 年 6 月 19 日载于安徽师范大学官网

周　威　基因家族的直博生　探索生命奥秘　科技圆梦报国

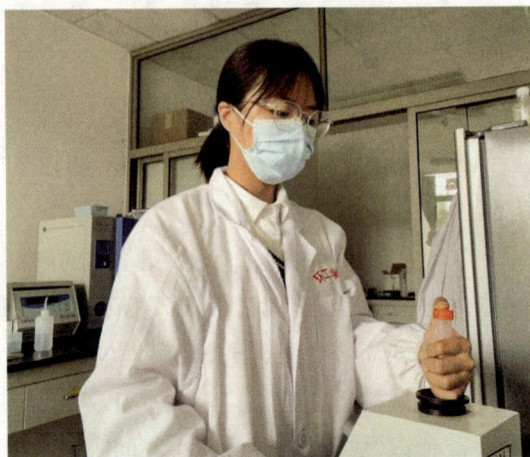

黄 琦

踔厉奋发 笃行不怠

黄琦,女,中共党员,生态与环境学院2018级环境工程专业本科生,现任班级团支书、环境工程专业本科生党支部组织委员兼纪检委员,2022年安徽省普通高等学校优秀毕业生。

思想端正，为同学服务

黄琦思想端正、积极上进，政治素养良好，具有较强的服务意识。大一入学她就提交入党申请书，积极向党组织靠拢，政治信念坚定，思想素质高，现已发展为中共党员。她遵守党的纪律，在同学中起到了较好的先锋模范带头作用。目前在环境工程专业党支部委员会中担任组织委员兼纪检委员，协助党支部书记完成党支部的各项工作。作为班级的团支部书记，她曾获优秀团员和优秀团干的荣誉称号。她遵守学校、学院的各项规章制度，带领班级广大团员青年完成上级团组织交办的任务，组织各项团员活动，在活动中学习理论，在活动中实践理论。她定期组织班级团支部大会，听取团员对支委会工作的意见，完成支部建设、民主评议等工作；组织班级开展党史学习教育、主题团日等活动二十余次，利用线上和线下结合的方式开展主题团日活动；引导团员青年向党组织靠拢，向党支部推荐优秀团员，已发展党员22人，入党积极分子21人；协助班委会及辅导员落实"智慧思政请销假""晚点名""晨午晚检""离返校登记"制度等，帮助同学养成良好的班级习惯。同时，作为学生会副主席，她全心全意做好学生工作，工作作风和团队精神良好；推进学生干部队伍的建设，强化部门职能分工协作；配合学院的学科建设，举办各项特色活动培养和锻炼同学们的综合素质，例如"最青春"寝室文化节系列活动等。2019年黄琦参与组织学院"迎新年迎新生"文艺晚会，排练"垃圾分类"主题的舞台剧在学生中受到极大的欢迎；2019、2020年参与学院迎新生活动，组织给新生发放相关材料、帮助新生运送行李等。

积极上进，专业基础扎实

黄琦学习刻苦，成绩优异，专业技能多样，能力突出。大学期间她的专业学习认真、刻苦钻研，取得了较好的成绩，四年的智育成绩和综合测评成绩均保持专业第一，四年学分绩点均在4.0以上，总学分绩点为4.3，专业课总平均分94.15。获国家奖学金、朱敬文奖学金，并连续4年获校优秀学生

黄琦 踔厉奋发 笃行不怠

一等奖学金,获奖"三好学生"标兵、优秀学生干部标兵等荣誉称号,获"环工之星"中勤学奋进标兵荣誉称号,通过国家英语四六级、计算机二级考试。目前已被推免至中国科学技术大学生态学专业攻读硕士研究生。她实验技能优良、操作细致,具有清晰的实验思路,并且注重理论与实际相结合,积极投入实践。她曾获安徽师范大学第十六届"趣味"化材化学实验技能大赛获二等奖;组建以环保宣讲为主题的校级暑期社会实践团队,获校"三下乡"暑期社会实践二等奖以及大学生暑期社会实践"先进个人"的荣誉称号等。2020年6月,她作为第一主持人申请了国家级大学生创新创业项目,课题名为"高新区横江生态湿地系统的设计与恢复";2021年9月作为作者之一于 *Global Ecology and Conservation* 期刊发表英文学术论文一篇;2021年10月设计了一种流体力学的综合实验装置,获安徽师范大学十四届大学生专利发明大赛三等奖等。

热心公益,投身社会实践

黄琦积极投身于公益实践,参加志愿服务活动,热心服务群众,发挥师大学子的优良作风,弘扬师大精神。她曾任环境与健康协会的理事与副会长,组织"碳币宿舍"活动;任蒲公英环保协会理事,参与幼儿环保教育活动;任新雷锋青年志愿者协会理事,参与"十二五"义卖活动。她利用假期时间,参加校外举行的各项志愿服务活动。2019年她参加芜湖市镜湖区鸠兹广场推广垃圾分类活动,成为芜湖市垃圾分类志愿者;2020年利用假期时间前往家附近的敬老院,关爱留守老人等。作为环境专业的学生,她连续2年参加以生态保护为主题的暑期社会实践活动。2019年参加环境工程学院赴黄山市"环聚绿动"生态环境保护现状调研及环保宣传团队,调研黄山景区开发带来的生态影响并提出可行性建议;参观新安江水域监测中心,了解地区性生态保护的具体措施;前往黄山市休宁县流口镇开展爱心支教,宣传生态环境保护知识。2020年她组建环保"云宣讲"及垃圾分类调研团队,开展环保教学实践和垃圾分类调研。她通过街头采访、实地调研等方法,调研各地区垃圾分类的现状;做到"线上小知识"和"线下小课堂"相结合,利用微博、微信、QQ等线上平台宣传环保小知识,并联系相关教育机构开展环保内容的教学,取得了一定的效果。

　　大学生涯即将结束,但黄琦的追梦之旅还在继续。她将笃行不怠,不断提升自己的专业能力,成为更好的自己。

学生工作处

2022 年 6 月 6 日载于安徽师范大学官网

黄　琦　踔厉奋发　笃行不怠

王玙璠

学微知彰　化合自然

　　王玙璠，女，中共党员，生态与环境学院2018级生态学专业本科生，2022届安徽师范大学优秀毕业生。2022年安徽省普通高等学校优秀毕业生。

专业知识扎实 践行勤学求知

"夏学三伏,冬学三九"是她的真实写照,从教室到自习室,从实验室到图书馆,总能看到她的身影。她4年智育成绩与综合测评位于专业排名第一,其中43门专业基础与必修课取得90分以上的高分,平均学分绩点(GPA)4.0,平均分91.1,现已被保送至中国科学院动物研究所攻读研究生。

她以优异的成绩连续4学年获得校优秀学生一等奖学金,并获"三好学生"标兵、优秀团员、优秀团干等称号,获朱敬文奖学金,获得生态与环境学院"学院之星"等一系列荣誉,共计获得校级及以上奖励30余项,顺利通过大学生英语四六级考试,并获得第五届全国大学生学术英语词汇竞赛国家级三等奖。

在她眼中,要走得更远更长,需要相对清晰、执行力高的规划和管理。每个学期她都会制订科学、合理的学习计划,在落实一个个目标的过程中看到自己努力的价值所在,更有前进的动力。

学风优异乐群 实干奋进敬业

她学习态度认真,乐于助人,在提高自己成绩的同时与班级同学成立了学习小组,帮助同学们答疑解惑,与同学们一起交流学习经验、共同监督鼓励,小组成员总课程、四六级等通过率均为100%,全部成员加入专业教师实验室参与课题的研究,在安徽省大学生生命科学竞赛、安徽省大学生生态环境创新创业大赛中取得了若干奖项,其中2人分别被顺利保送至中国科学院水生生物研究所和华东师范大学,成员考研率100%。在2021级新生开学典礼上王玙璠作为老生代表发言,用亲身经历鼓励新生树立远大目标,明确发展方向,在大学学习生活中艰苦奋斗、砥砺前行,做一个德智体美劳全面发展的新时代大学生。

王玙璠在校能够发挥模范带头作用,带动同学们共同进步。她在班级中担任团小组组长、寝室长的职务,认真完成班级里的各项工作,督促同学们观看"青年大学习"网上主题团课,协助支部开展各类团日活动,2021年

王玙璠 学微知彰 化合自然

度被评为安徽师范大学优秀团干部。在寝室中她以身作则,严格遵守学校的各项规定,带头养成良好的生活习惯,与舍友相互关心、共同成长,2018—2019学年带领寝室获得安徽师范大学"文明寝室"荣誉称号,在"文明校园"活动中多次被评为一等寝室。积极培养志愿奉献精神。她利用寒暑假时间多次为家乡中小学生提供无偿学习辅导,并在2020年疫情期间主动向社区申请参加防控工作,对出入车辆进行登记,为居民测体温等,在平凡的岗位上发挥着光和热,贡献自己的一份力量。

热爱科学研究 践行生态创新

"纸上得来终觉浅,绝知此事要躬行。"源于对科研工作的兴趣与热爱,她于大一下学期加入昆虫进化生态学胡好远教授的课题组,结合自身专业特长,在锻炼与思考中,明确青年责任,矢志生态创新,引导更多同学重视生态、生物多样性保护。在参加的各类学科竞赛上,她积极主动,将所学理论知识应用到实践中,课余时间不断学习相关技能,在老师的指导下,主持、参与大学生创新创业训练计划项目2项,2019年参与课题《铃木氏果蝇与黑腹果蝇之间的种间竞争关系研究》,探究了铃木氏果蝇与黑腹果蝇种间竞争的具体表现,利用竞争物种的直接干涉,长时间将铃木氏果蝇的种群数量控制在较低水平,实现了铃木氏果蝇的生态化防治,并以此课题参加了第二届安徽省大学生生命科学竞赛,获得了二等奖。

2019年她主持课题《利用辐照家蝇蛹作为替代寄主繁殖肠缘金小蜂》,参加"同兴杯"安徽省生态环境创新创业大赛,获得二等奖,带领队员探究了一种更优良的处理蝇蛹的技术,对家蝇的天敌进行规模化繁殖,从而实现对家蝇无化学残留、无环境污染的生物防治,有利于生态环境的保护。作品旨在解决规模化繁殖昆虫天敌遇到的客观问题、提高了繁殖效力和生防效力,为我省生态文明建设提供有力的产业基础和技术支撑。

在2020、2021年专业暑期实践中,她带领小组成员完成了黄山植物群落考察、铜陵尾矿厂污染物检测等工作,并对当地居民进行环境保护知识的普及。这些课题,不仅可以增强大学生的专业素养和技能,也提高了团队之间合作、解决问题等能力,促进同学及社会公众关注到环境保护、可持续发展与生态文明建设的重要性。

　　她始终保持对生活的热情，抬头看路，低头做事，尽力挖掘着自己的无限可能。在她备忘录中始终置顶着一句话："年轻人最重要的是建立好自己的名声。这里的名声不是指沽名钓誉，而是每一篇论文，每一次演讲，每一份交接给同事的工作。凡是给别人看的东西，都要在能力范围内做到至善至美。慢慢养成习惯，就会越做越好。凡是糊弄人的人，是走不远的。"

学生工作处

2022 年 6 月 20 日载于安徽师范大学官网

王玙璠　学微知彰　化合自然

谢宗璠

全面发展的"神仙"学长

谢宗璠,男,中共党员,安徽六安人,2019年毕业于安徽省六安市霍山中学,生态与环境学院2019级环境工程专业本科生,获第19届安徽师范大学"师大骄子"十佳大学生标兵,生环学院"学院之星"勤学奋进标兵等荣誉20余项。被评为2023届安徽师范大学优秀毕业生,2023年安徽省普通高等学校优秀毕业生。现已被推免至中国科学技术大学攻读硕士研究生。

在明丽山水间,有一个被称为"毛竹之乡""蚕桑之乡"的地方,便是谢宗璠的故乡霍山县。从少年时期开始,他便受到山川自然之美的熏陶,生发出要成为一名环保工程师的理想。

"我的家乡安徽省霍山县是全国文明县城,风景优美、山水秀丽。在这样的环境熏陶下,我想去学习环境保护方面的知识,所以决定报考环境工程专业。"

刚进入师大时,他就立志运用自己所学的专业知识,为生态环境事业贡献出一份力量。经过专业学习,他在实践中更加坚定了自己的理想。

勤学,夯实专业素养

大一刚入学,在许多大学生还对未来感到迷茫的时候,谢宗璠已经确立了自己的目标。大一第一学期,谢宗璠主动联系老师,申请加入安徽省水土污染防治与修复工程实验室,4年来参与科研课题6项。参与省级重点大学生创新创业项目,获评优秀结项;后主持全院唯一国家级重点大学生创新创业项目,并顺利结题。

无数科研的夜晚,谢宗璠也有感到迷茫的时候,但美好的理想就像是旅途中的路标、茫茫大海中的灯塔,为他指引前行的路。"在科研中遇到过实验数据不理想以及专业课压力大、时间分配困难等问题,有动过放弃的念头,但是想到自己成为环保工程师的理想,又有了坚持下去的力量。"

功夫不负有心人,谢宗璠以共同作者的身份于2021年在 *Colloids Surfaces A* 发表第一篇SCI论文,2022年在 *Journal of Environmental Chemical Engineering* 发表第二篇SCI论文。

奉献,践行志愿服务

谢宗璠连续2年参加生态环保类暑期社会实践活动,2020年加入黄山市"环聚绿动"调研宣传团队,调研黄山景区生态影响,获评校级二等奖。2021年,她组建芜湖高校、社区"碳币宿舍"环保宣教团队,开展环保教学、垃圾分类调研等活动20场。他每周组织"碳币宿舍"回收志愿活动,总时长600小时,组织总人数2000余人。

身处异乡,每一处山水各有不同的景致,但对于谢宗璠来说,想要保护它们的心情与少年时期站在家乡的心情并无不同。眼前他乡,尽是故乡。

"在芜湖各大高校、社区以及鸠兹广场等,发放我们制作的生态环保宣教的问卷传单,宣传我们的'碳币宿舍'和垃圾分类回收理念,以及在幼儿园,中央城、淳良里社区进行宣讲活动,对大家的日常垃圾分类回收产生了一定的促进作用。希望在今后的日子里,学弟学妹们可以把生态环保宣教、宣讲活动发扬光大,实践范围可以扩大到芜湖市乃至安徽省的其他地方,把我们'碳币宿舍'和垃圾分类的理念以多元化的方式宣传给大家。"

担当,争做楷模表率

4年来他积极投身校内外各项志愿服务。作为心理委员,他组织心理健康班会活动20余次,开展心理健康交谈100余次,寝室走访活动总时长达200小时。他任生环学院本科生导生,参加新老生经验分享交流会10余场,指导新生200人次,获评优秀本科生导生。他关爱空巢老人,免费辅导留守儿童,完成老年人智能手机授课,新冠疫苗接种电话回访等工作;参加霍山县"青春志愿行,温暖满山城"暖冬志愿服务系列活动20余场,被县团委授予优秀青年志愿者荣誉称号。

2020年他主动担任疫情防控志愿者,志愿时长300小时,霍山县政府对他予以表彰。在这段艰难的时期当中,许多人和事都给他留下了深刻的印象。"2020年担任疫情防控志愿者,当时参与社区出入人员测温、车牌号登记等任务,当时虽然任务很重,也有对病毒的恐惧,但是大家都在有条不紊地做着这些事情,严守阵地,配合社区人员检测部分楼栋人员体温。最让我印象深刻的是在测温时候,一位大爷每天在房间里打太极锻炼,练书法自娱自乐,从来没有见到大爷不开心的时候,他还会鼓励我们:会过去的,慢慢等春天来了就好了。"

随着疫情的寒冬过去,努力奋斗的谢宗璠也迎来了自己的春天。连续4学年,他的综合测评、智育和专业课成绩排名均保持专业第一。其中43

门课程达90分以上,四年总评成绩达93.17分。荣获国家奖学金,被评为2023届安徽师范大学优秀毕业生、2023年安徽省普通高等学校优秀毕业生,生环学院"学院之星"勤学奋进标兵等荣誉20余项,连续4年获评"三好学生"标兵称号、荣获优秀学生一等奖学金。这样优秀的谢宗璠收获了北京师范大学、哈尔滨工业大学、西安交通大学等多所名校的入学资格,最终他被推免至中国科学技术大学攻读硕士研究生。"希望在研究生阶段,能继续保持在师大的这份初心,继续在学业和科研领域,踔厉奋发,勇毅前行。"

"大学4年的时光转瞬即逝,但是有很多事情需要且值得我们去做,希望各位学弟学妹们勇敢追逐自己的梦想,不懈努力和拼搏,人生如路,需从荒漠走向繁华,希望学弟学妹们把握好在校的学习生活,巩固好自己所学的专业知识,学会将专业知识与实践相结合,在未来走得踏实、走得沉稳。也希望学弟学妹们记住刚迈入校园时对自己美好未来的憧憬。"

对谢宗璠而言,理想就是把梦变成现实的过程,这也是他对学弟学妹们的美好祝福。

校团委

2023年6月19日载于安徽师范大学官网

谢宗璠 全面发展的『神仙』学长

檀江瑶

心怀广宇矢志行　长路未央向明月

　　近日,安徽师范大学生态与环境学院2020级环境科学专业本科生檀江瑶成功被推免至北京大学深圳研究生院攻读硕士研究生。她逆水行舟,摘得复试资格;跋山涉水,只为环保大志。在校期间,她荣获国家奖学金;连续3年荣获校一等奖学金,荣获"三好学生"标兵称号;以第二作者身份发表2篇学术论文,作为核心成员取得1项发明专利,多个科研作品获得省级奖项。

风雨不改凌云志，振衣濯足展襟怀

有个词叫"斜杠青年"，或者叫"六边形战士"，他们在各个方面都做得很好，任职、志愿服务、比赛、社团爱好、专业学习各个方面无一落下。"我打心眼里佩服这些人，但我发现自己真的很难做到同时兼顾多项事务，耗费大量精力最后却一事无成。"这样残酷的事实让刚进入大一的檀江瑶十分迷茫，她不禁向自己发问："我真正想要的是什么？"

檀江瑶谈起自己一路走来的坚持和努力感触颇深。"说实话我大一的成绩离保研还有一段差距，但是当我了解到保研政策后我决定冲一冲。"确立保研这个目标后，檀江瑶决心专注于提升自己。"我觉得知道自己想怎么走的人是很酷的。"她说。

檀江瑶开始全身心学习专业知识。日常学习中，她课上认真做笔记，课后及时整理；专业实验课开始前，她会预习操作流程，在老师正式授课时便能够加深印象做到真正掌握；实验课程后，她会根据结果查阅文献多加思考分析。每次考前1个月，檀江瑶就开始执行自己制订的复习计划，因此拿到了综合测评、智育双第一的成绩。在此之余，檀江瑶还根据自己的学术计划积极参加相关学术竞赛、认真完成科研实验，一步步打牢基础、不断积累经验，这也为她后面的推免之路提供了很大帮助。

保研的路上布满了荆棘和挑战，檀江瑶忆及当时所面临的最大困难，就是心态的调整。

正巧夏令营投递遇上了期末考试，而大三下学期的专业课难度较大，在整理好文书之后，檀江瑶就投递了一些985学校，之后也收到了北师大和厦大等学校的夏令营Offer。在7月份拿到北大夏令营优秀营员之后，檀江瑶便开始准备预推免的面试。"我想没有一个人会拒绝北大的诱惑。"她毅然放弃了其他高校的Offer，选择背水一战——预推免只报了北大。繁杂广泛的专业知识，外界的质疑和猜测，曾一度让檀江瑶动摇。但她并未轻言放弃，而是不断地自我调节、重塑信心，通过练习书法等方式缓解压力、调整状态。

忆及此，她神情动容地说道："不是所有的坚持都有结果，但总有一些坚持,能从冰封的土地里,培育出怒放的蔷薇。"

感恩同行葆初心，恣意人生有姿态

"如果想征服生命中的焦虑,那就要活在当下,活在每一个呼吸里。"檀江瑶选择的"活在当下"便是追寻所爱并勇敢奔赴。对她而言,在大学期间,参与建立人工生态系统来修复退化生态系统这项专利的经历十分珍贵。

在问到怎么萌生建立人工生态系统来修复退化生态系统时,她回答道:"因为被污染或被破坏严重的生态系统的自我修复能力微乎其微,要想恢复到之前的状态需要很长时间,我们想采取人工干预也就是通过构建人工生态系统的方式来促进生态修复。"

任何成果起初都只是一个想法,能否抓住灵感并付诸实践就显得十分重要。这项研究的灵感源于檀江瑶和小伙伴们在实验室里和老师无意间的一场聊天,大家当场画下草图,檀江瑶随后跟随团队一起查阅资料深入完善,在基本构思后,使用CAD画图并进一步优化,在和团队成员的共同努力下最终实现理论到现实的蜕变。

"感触最深的就是一项技术理论到应用中间还有很长的路要走,从看似完善的理论知识,到做出满意的作品,中间会遇到很多很多问题。而解决这些问题,又会是别有一番风趣。"檀江瑶感慨地说道。答疑解惑,诲人不倦,在她排除万难的奋斗历程里,导师陶海升的点拨给了檀江瑶极大的帮助。

在谈及最想感谢的人时,她感谢这一路走来所有帮助过她的人,但最感谢的是她的导师——陶海升教授。"不是说进了实验室就要埋头做实验,更重要是找准自己擅长且感兴趣的东西。"檀江瑶讲述了老师独特的教育理念对她的影响。在这种轻松开放的理念下,檀江瑶根据自己的兴趣爱好、能力特长找到了自己真正想要做的事情,一路坚持走到现在。"不论是课题的引领,比赛的指导还是后来文书的修改,陶老师都付出了非常多的时间和心血,老师于我,亦师亦友。"直到现在,檀江瑶仍记得陶海升老师那句格言:"努力学习,勤奋工作,终身运动,优雅生活。"

心怀热忱求所爱，善于规划展未来

如今尘埃落定,檀江瑶也并未就此懈怠,停下追梦的脚步。她十分期待在南国燕园的研究生生活,并介绍了自己未来的规划:"首先我还是会专注学习提升这一块。现在我已经提前进组远程办公,所以会在此基础上多阅读文献和提出一些问题,多跟课题组的师兄师姐学习交流。"檀江瑶希望能够早日明确方向,为后面读博做准备。

在夏令营期间,北大的一场师生联谊会打破了檀江瑶对传统学霸以及教授的形象认知,"表演正式又精彩,游戏环节气氛热烈,老师和同学们一起唱歌一起游戏,他们有多会学,就有多会玩。"她这样描述道当时的场景。所以在学习之余她还表示要利用闲暇时间多锻炼身体,强健体魄,她笑着说:"身体和灵魂都要在路上。"

已经准备好启程再出发的她,也不忘师大的栽培恩情,导师曾经送她一句话"走自己的路,少空谈,多做事",如今,她也希望将这句话送给学弟学妹们。"勇敢的人先享受世界,尝试想尝试的,做自己喜欢做的事,我希望学弟学妹们可以在合法合理范围内大步向前走,尝试了或许没有结果,但不尝试只会在某个夜晚后悔,所以请保持热爱,勇敢奔赴山海。"

"生态环境没有替代品,用之不觉,失之难存。"说到自己所热爱的专业研究,檀江瑶进一步表达了对我们国家环境保护的期许和愿景,"生态环境保护是一个久久为功的过程,急不来,这与我们每个人的行为密不可分,我希望绿色环保理念深入到每一个人的心中,体现在每一个人的行动上。"

"敢于尝试,打破常规,才能翱翔天际;而行稳致远,奋楫笃行,必将有所作为!"檀江瑶始终以梦为马,臻于至善,以更加坚定的步伐踏上人生新征程。

(王佳睿　李容　涂欣怡)

2023年12月4日载于安徽师范大学官网

檀江瑶　心怀广宇矢志行　长路未央向明月

校友篇

厚重朴实　至善致远　追求卓越　自强不息

檀传宝
用专业给世界添光明

　　2023年9月9日,我校隆重举行2023级新生开学典礼。北京师范大学教育学部教授兼学部学术委员会主席、北京师范大学公民与道德教育研究中心名誉主任、全国德育学术委员会名誉理事长,我校1983届政教系校友檀传宝,应邀作为校友代表对2023级新生表达了热情的欢迎和真诚的祝福。我校大学生记者团对檀传宝校友进行了专访。

宽广自由求学路，专业温暖育人情

"作为游子归家，我非常开心、自豪。"檀传宝作为师大校友，对母校感情颇深，曾多次回母校讲学的他十分激动地将此次开学典礼的邀请视作游子回家最荣耀的一次。尽管正值开学之际，身为北京师范大学教授兼中国音乐学院特聘教授的他十分繁忙，"但母校的召唤不容推辞，我还是克服困难，站在了这里，就为了表达一个安徽师范大学政教79级学子对于母校的真诚感恩、对最新一代安师大人的由衷祝福！"面对初入学的新生们，回首在师大的青春岁月，檀传宝感慨颇深。

"师大宽口径培养的本科教育为学生提供了更多发展可能。"檀传宝介绍道。当年他本科就读的政教专业，不仅有哲学、经济学、历史学方面的核心专业课程，还学习了逻辑学、伦理学、美学、法学等几乎所有人文学科的概论课，以及师范生所必修的教育学、心理学课程。正是这些课程为他打下了广阔而坚实的学业基础。檀传宝的许多同班同学在不同行业都卓有成就，也都得益于师大教育提供的广阔的人文背景。

"师大自由的学习空气对我的发展起到了重要影响。"在当时的社会氛围下，檀传宝在文学、史学和外语的学习上投入了大量精力，并怀揣着对文学的梦想在杂志上发表自己的文学作品，他回忆道："有的老师说我'专业思想不稳固'。在我压力很大的时候，系主任文秉模教授在路上遇到我时却专门为我的小小说的发表竖起了大拇指。"文秉模教授具有极高的哲学修养和学术地位，作为系主任的他颇受学生敬仰。文秉模教授的认可自然为檀传宝增添了莫大的自信。"除了文教授，张茂新、吴鹏森等教授也都曾给予了我莫大的关切和呵护。"自由的学习空气给足了檀传宝成长的空间，丰富的阅读量和优良的外语素养为他后来的深造奠定基础，写作更是成为他学术发展的一大优势。"若没有母校自由的学习氛围，这一切都不太可能发生。"檀传宝感慨万千。

"师大朴实的学风校风为我提供了丰厚的滋养。"忆起师大，檀传宝总能想起生化楼永不熄灭的灯光，那时他常常挑灯苦读到凌晨两三点，虽然身体疲惫却精神充实。令檀传宝怀念的不仅是当初一头扎在梦想里的自己，更是那个年代纯真踏实的学习风气。在那个信息并不发达的时代，不同学校、不同地区的教育资源差距很大，同学们都竭力利用身边的资源去提升自己。"当时文老师推荐我们读黑格尔的《小逻辑》，我们班80个人将芜湖市新华书店所有存货都买光了，我幸运地抢到了一本。"那本堆满锈迹的"新书"，檀传宝一直视为珍宝。学风塑就学习品质。也正是这样一种质朴、踏实的学风，为师大人提供了不断向前的能量。

正如檀传宝在他的文章《一个时代的群像——我的大学老师们》中对师大的感念："温暖，从来都是好教育最突出的品质。"这是他作为师大校友对母校的回忆，亦是他作为教育学前沿学者对师大教育品质的评价。

浪漫笃行品经典，敢想敢做惜时光

作为从师大走出的学子，回首自己的求学之路，檀传宝为师大学子提出两点建议，首先就是"葆有浪漫"。在他看来，人生之路鲜有一帆风顺，有所起伏实属常态。"慢就慢点，跌倒不怕，重要的是要有能力爬起来。"此外，心怀浪漫，应成为师大人能量的源泉。忆起自己整整4年坚持英语学习的往事，檀传宝说，当时促使自己每天刻苦背诵英语单词、啃英语文献的动力，并非如其他同学那样主要是为了考取研究生，而是深藏于心中的做"大文学家"的梦想——直接阅读英文文学原著，将自己的作品自译成英文等浪漫梦想。"对未来，要大胆地去想、去做，不要限制自己发展的可能性。"每一个师大人的能量都可能是无限的，要做的便是心怀理想并不断努力前行。

檀传宝特别看重阅读对提升青年一代的学习生活质量的作用。当今碎片化的信息增多，越来越多的青年学子阅读质量下降，一些低劣的视频、快餐式的阅读悄无声息地侵蚀了大家的价值观，而优秀的文史哲经典作品却无人问津。"真正有价值的阅读，是需要人们细嚼慢咽去品味，需要开动脑力去思考、建构的。"沉迷于浅显的快乐，依赖于粗加工的信息，失去的将是宝贵学习时光里本应积淀的基础知识和思考、想象、创造能力。檀传宝叮嘱师大学子们："将世界上最璀璨的经典摆在自己的书桌上，静下心来做真正有价值的阅读！"

檀传宝　用专业给世界添光明

319

弦歌不辍传薪火，专业报国添光明

在檀传宝北京师范大学办公室的黑板上，一直保留着他在20年前用红白两色粉笔写就的两行自勉。红粉笔写着"厚德、敬业、担当"，白粉笔写着"用专业为世界添光明"。这是檀传宝"学为人师"的自勉，也是他作为德育研究者的心得。"如果不严格要求自己，不光是我个人的失败，更是让学生遭罪，让国家的教育事业蒙受损失。"面对师大这一师范生培养重地，檀传宝对师大学子有着深深期许。"我们安徽师范大学保有我们安徽老乡陈独秀先生的铮铮铁骨、一往无前的勇气，也有我们安徽的另外一位杰出学人邓稼先先生的睿智忠诚、专业报国的赤诚。更重要的是，有新一代安师大人势不可挡的青春之伟力、青春之精神。"他表示，在如今竞争激烈的国际环境下，正值青春年少的同学们应具有远大抱负，勇敢坚定担负起中华民族伟大复兴的伟大重任。

檀传宝认为，在大学的教学、科研、社会服务和对外交往中，"教学"始终应是排在第一位的。"一个人的有效科研年龄是有限的，但是经过传道授业解惑，科研能力就可以传递到学生身上，这种科研能力再生产的可能性是无限的。"正是一代代人的传承接力，知识创新才会生生不息，国家发展才能历久弥新。他高度赞赏师大实施"两大振兴行动计划"，认为稳抓狠抓基础教育振兴与学科振兴，有利于学校不断提高教学与科研能力，从而有助于提升大学社会服务的价值，并促进对外交往，最终有助于师大不断向前大踏步迈进。

"我不仅祝福，而且坚信：安徽师范大学，一定会成为中华民族伟大复兴中祖国教育事业一道最靓丽、最独特的风景！"结束采访时，我们的耳边不禁响起檀传宝校友在学校2023级新生开学典礼上向母校发出的郑重承诺："我愿意永远和母校站在一起，永远给学弟学妹们的健康成长、给母校的鹰击长空以最响亮的掌声！"

（陈玥羽　孙裕）

2023年9月14日载于安徽师范大学官网

方 小 培
做教育是一件幸福的事

　　2022 年 9 月 24 日，我校 2022 级新生开学典礼在花津校区北体育馆举行，全国优秀教师、全国模范教师，合肥一中党委副书记、副校长、瑶海校区执行校长，我校 1985 届地理教育专业校友方小培作为校友代表致辞。我校大学生记者团对方小培校友进行了专访。

回首当年求学路，幸福满满感师恩

回到母校的方小培心情非常激动，他说："回首在师大求学的青葱岁月，仿佛就在昨天。师大的学风纯正，那时候同学们都抓紧点滴时间刻苦学习，自习课都抢着去占领阅览室和自习室的席位，在充盈书香的环境里，安静地读书，真是非常的享受！"图书馆藏书丰富，课余时间大家特别喜欢去图书馆借阅图书资料，方小培借阅了大量地理、数学方面书籍，这些积累为日后专业成长夯实了基础。学校一直坚持以学生发展为中心，忆起自己当年做毕业论文时情景，方小培激动不已，当时学校机房有一台"宝贝"DJS130计算机，为了支持他做论文，老师专门为他向学校机房提出使用申请。一个多月的潜修苦练，他运用时间序列分析方法编制程序，完成了关于人口经济发展的预测与控制的毕业论文。师大求学时练就的思维习惯和学习品质，为他后来在教学中跨学科担任机器人队主教练，辅导学生参加青少年科技创新活动打下了坚实的基础。

"母校老师言传身教，率先垂范，指引着自己一路前行。地理系卢村禾、王宗英、韩也良、顾也萍、查良松等教授的治学精神、师德风范，俞士超书记等领导的仁爱之心、育人情怀令人难以忘怀。"方小培深情回忆道。

"当年争做新长征突击手，为实现四个现代化而奋斗是师大学子的信念和追求！"方小培感怀师大求学的如歌岁月，他和同学们一起高歌《年轻的朋友来相会》，相约再过二十年我们来相会，自豪光荣属于80年代的新一辈！中国女排夺冠大家激动地连夜上街游行庆祝，同学们喊出"振兴中华"的时代强音……

文化传承，奋发踏实谋创新

"母校的精神和文化，潜移默化地浸润在每一个学子灵魂深处。地理系老师们、同学们踏实求学刻苦钻研，形成了严谨勤奋的学风。"在母校"厚德、重教、博学、笃行"的精神引领下，方小培毕业后先后自学了计算机、机器人、人工智能和大数据等专业，利用假期自费到各高校学习专业技术。

教学中,他刻苦学习,与时俱进,改进教学方法,充分运用各种教学手段,提高教学效果,让课堂始终充满活力。他说:"只有保持不断学习、奋发向上的状态,才能永立时代潮头!"

谈起教育,方小培眼里充满了光芒,那是属于教育者的幸福与自豪。谈起育人情怀,他深有感触地说:"老师要公平地对待每一位学生!对学生要充满爱心!只有对学生真正付出爱心,才能赢得学生的信任和爱戴!"从师大校园走向三尺讲台,方小培用自己的行动努力传承着师大的教育情怀,38年一直扎根在教育一线,深受学生爱戴,得到社会各界的广泛认可。2003年,方小培创建机器人队,带领学生在全国甚至世界机器人赛场驰骋,在国际赛场上取得八连胜的佳绩。他注重培养学生创新思维能力,指导学生推进科技创新,屡获大奖。

担当使命育新人,期盼寄语情殷殷

方小培现任合肥一中副校长,深耕基础教育一线,在基础教育领域取得骄人成绩,他热爱教育,多次婉拒高薪的工作机会,一直坚守在三尺讲台,"跟孩子们在一起是很幸福的事情"。方小培喜欢看着孩子们进步,感受学生和自己的亲近,这样的获得感给了他无限动力。

1985年,刚从师大毕业的方小培过上了第一个教师节。他感慨地说:"我赶上了一个好时代,亲身感受党和国家对教育越来越重视,亲历着基础教育跨越式发展。"

"教育是事关千秋万代的事业,是民族的希望,你们是教育的希望。青年学生要热爱祖国、服务人民,做祖国和人民需要、党和人民满意的时代新人。"方小培深情寄语师大学子,"要做高素质、专业化、创新型的新时代教育建设者和接班人,为实现中华民族伟大复兴贡献自己的青春力量。"

当前学校在校长李亚栋院士的带领下大力实施基础教育振兴计划,方小培表示,这体现了师大人为党育人、为国育才的使命担当,体现了对师范高校办学方向的坚守。"希望母校能把基础教育的研究做到最好,打造师范教育的先锋队,为长三角区域教育发展赋能。"作为深耕基础教育一线的教育工作者,方小培对安徽师大的基础教育发展充满期待。"作为一名基础教育工作者,我们要响应校长的号召,全力支持母校实施基础教育振兴行动计划,随时听从母校的召唤,努力为基础教育事业振兴发展贡献一份力量!"方小培在学校2022级新生开学典礼上向母校发出了郑重承诺。

（陈玥羽）

2022 年 9 月 29 日载于安徽师范大学官网

榜样师大人